ACTEAL DE LOS MÁRTIRES

INFAMIA PARA NO OLVIDAR

Martín Álvarez Fabela

PLAZA Y VALDES
PyV
EDITORES

Diseño de portada: Plaza y Valdés, S.A. de C.V.
Ilustración de portada: Rebeca González

Primera edición: enero del 2000

ACTEAL DE LOS MÁRTIRES

© Martín Álvarez Fabela
© Plaza y Valdés, S.A. de C.V.

Editado en México por Plaza y Valdés, S. A. de C. V.
Manuel María Contreras No. 73 Col. San Rafael
México, D.F. Tel. 705-51-20, C.P. 06470

ISBN: 968-856-744-2

HECHO EN MÉXICO

Recuerdo, recordamos.
Ésta es nuestra manera de ayudar a que amanezca
sobre tantas conciencias mancilladas...
Recuerdo, recordemos
hasta que la justicia se siente entre nosotros.

Rosario Castellanos.

"Moho çota nacôpo tarimihi
ndipaho iquitame himo,
naqhimindi mane icopamoña
iquitame himo.

En esta vida todos los hombres
padecemos, pero mucho más
padecemos los indios".

Fray Juan de Albornoz, *Arte de*
la lengua chiapaneca, 1691.

En memoria de quienes perdieron su vida en:
Acteal, Chiapas, el 22 de diciembre de 1997,
especialmente a las criaturitas de vientre
salvajemente asesinadas;
Aguas Blancas, Guerrero, 1995;
Oaxaca y Guerrero a consecuencia de Paulina.

Muertes evitables en gran medida.

A todos sus familiares.

ÍNDICE

PRÓLOGO

El 20 de diciembre de 1997, Martín Álvarez Fabela vino de Toluca para unirse en el zócalo del Distrito Federal a la Caravana Mexicana "Para todos todo" que saldría a Chiapas ese mismo día. Una semana antes, algunos miembros de la Caravana fueron a la Facultad de Humanidades de la Universidad Autónoma del Estado de México a invitar a los estudiantes a participar en la ayuda a "los más pequeños", como los llama el "Sup". Martín decidió viajar. Juntó dinero entre sus ahorros y sus clases de natación porque es maestro desde 1993 y con un *sleeping bag* y una mochila de montaña se presentó en el D. F.

En el zócalo conoció a los coordinadores de la Caravana, quienes distribuyeron a las 120 personas que ocuparían los tres autobuses. Arrancaron a la media noche cuando dijeron que saldrían a las 9. Sentado junto a la ventanilla, Martín Álvarez fue recorriendo Puebla, parte de Veracruz, bajó hacia La Ventosa para finalmente internarse en el estado de Chiapas. Durante el recorrido de 24 horas hubo varias paradas para comer e ir al baño. El viaje se alargó y la noche del domingo 21 de diciembre por fin los autobuses se estacionaron en San Cristóbal y la mayoría fueron a dormir al albergue "Don Bosco" y otros a posadas y hoteles de los alrededores.

Al día siguiente, los muchachos se toparon con una atmósfera muy tensa. En Chenalhó, la presencia de los militares hacía que estallaran los conflictos y los grupos de paramilitares priístas hostigaban a todos los indígenas que no eran priístas, es decir, a los simpatizantes del zapatismo. Martín Álvarez no lo había previsto. Pensaba que el día 21 se encontraría en alguna comunidad indígena departiendo con hombres, mujeres y niños. El día 22, el Centro de Derechos Humanos Fray Bartolomé de las Casas les dio una plática acerca de la situación en Chenalhó, a hora y media de distancia por automóvil de San Cristóbal de Làs Casas. Fueron explícitos: "La situación no sólo es tensa sino peligrosa. Los paramilitares han cercado a las comunidades zapatistas" y mostraron fotografías desoladoras de los campamentos, sus condiciones de vida precarias bajo techos de palmas y ramas de árbol, a merced del clima, imágenes muy desgarradoras, sobre todo las de los niños a merced del lodo, el humo y la lluvia.

Al finalizar la plática, recibieron una llamada:

—Tenemos que irnos porque algo malo está sucediendo en Los Altos —informaron.

De pronto se hizo como un vacío, y al día siguiente en la mañana, el radio dio la noticia del "enfrentamiento" y aclaró que el número probable de muertos era de 30 personas, entre quienes se contaban ancianos, mujeres y niños.

El desconcierto fue total. El viaje que iba a ser celebración de la Navidad dio un giro de 180 grados. El ambiente que era festivo se volvió angustiante. Primero se hizo un gran silencio, después, cuando algunos familiares de los desplazados llegaron a avisarles a San Cristóbal que muchos habían muerto en Acteal, la crisis se generalizó y el silencio se convirtió en llanto y en palabras de duelo en tzoltzil.

El Centro de Derechos Humanos pidió a los coordinadores que la Caravana viajara a la zona de Los Altos, a la comunidad más cercana a Acteal: Polhó. Salieron dos autobuses, cada uno con 30 personas y los demás se quedaron para ayudar a "Enlace Civil" a divulgar la matanza y a visitar los hospitales. Martín fue a Polhó y ya en el trayecto el ambiente se fue enrareciendo aún más. El movimiento de tropas era constante y en los retenes la inspección y los interrogatorios eran muy agresivos. A los visiblemente extranjeros les dieron citatorios para que se presentaran en San Cristóbal en la oficina de Migración en el último retén.

En los bordes de las carreteras y conforme el autobús se acercaba a Polhó las miradas de espanto en los rostros de los indígenas iban en aumento.

Esa noche, después de repartir el acopio de víveres, los integrantes de la Caravana durmieron en sus *sleeping bags* en unos salones de la escuela de Polhó. La entrega de los víveres disminuyó un tanto la tristeza de los habitantes.

Martín llevaba un diario y tomaba fotografías. Con su pequeña grabadora empezó a recoger las conversaciones y los informes en tzotzil que le dieron los habitantes de Polhó y los desplazados de Acteal.

La tarde del 24 un traductor, Luciano, se dirigió tanto a los integrantes de la Caravana "Para Todos Todo" como a algunos reporteros de diversos medios de comunicación que habían llegado a la zona, y les transmitió los testimonios que brindaban los sobrevivientes de Acteal. En la noche, los cuerpos de las personas masacradas fueron llevados a Polhó.

Eran 45 ataúdes de madera, 45 cajas alineadas sobre la explanada del centro de Polhó. El olor de los cuerpos en descomposición permeaba todo y penetraba en las fosas nasales hasta el fondo del alma. Hombres, mujeres y niños con velas en la mano se sentaron al lado del camino a esperar la llegada de los cuerpos. Antes barrieron la explanada, la adornaron con flores y esparcieron la misma juncia que cubre el piso de la iglesia de San Juan Chamula.

Totalmente consternados, los integrantes de la Caravana "Para Todos Todo" ya ni siquiera hablaban entre sí. Algunos ayudaron a bajar los ataúdes de los camiones de carga y todos se unieron a la misa de velación que dio el sacerdote Óscar Salinas.

"Yo me sentí muy golpeado —dice Martín—. Era mi primer contacto con la muerte a pesar de que vi morir a mi abuelo pero no fue lo mismo porque esta muerte era diferente. Veía yo ataúdes de niños, mujeres, hombres sólo etiquetados con una cinta que advertía: 'Hombre', 'Mujer', 'Niño' y me daba cuenta hasta dónde ha llegado el desprecio al indígena, la atrocidad de este crimen del cual yo era testigo cuando unos días antes en Toluca sólo me disponía a visitar una comunidad indígena durante mis vacaciones."

"Nunca creí presenciar un crimen de tal magnitud. Acababa yo de cumplir 22 años en diciembre y mi vida había sido tranquila. Pertenezco a una familia de clase media y nunca padecí de las carencias que hoy me lastimaban. Me sentí mal conmigo mismo, mal con mi país. ¿Cómo era posible que un grupo humano viviera en condiciones tan denigrantes casi en mis narices sin que yo me diera cuenta? Ahora mismo estaba yo respirando el dolor, la sangre de los que menos tienen y más sufren; mi interior se desgarraba, sentía la angustia de esa gente. Lo que veía y escuchaba me partía el corazón. Conforme pasaban los días conocía los rostros de la miseria y de la injusticia de los pueblos indígenas de mi país. No podía evitar el hacer mío el dolor de la gente. Sus miradas laceraban mi conciencia; su llanto taladraba mis oídos. Todo era un infierno y yo estaba en él."

"Salimos de Chiapas el 3 de enero para regresar a México en los mismos autobuses el 4. Ya no éramos los mismos. Todo había cambiado dentro de nosotros. La gente de la ciudad ignoraba lo que traíamos adentro y era muy difícil hablar de lo que habíamos vivido. Nadie parecía tener ni la más remota idea de que una parte del país se estaba desgajando. Cuando vi que tenía yo muchísima información, muchos *cassettes* grabados, mapas, fotografías, carteles, volantes, decidí escribir un libro. Como yo estaba estudiando historia, lo sentí como una obligación. 'Si yo estuve en eso fue por una razón'. No quise quedarme cruzado de brazos. Empecé a escribir cotejando mi diario con las entrevistas que hice y lo que había aparecido en los periódicos, sobre todo en *La Jornada*. Conforme iba avanzando el texto encontró su propia forma. Escribí 270 páginas que luego corregí y volví a corregir. El libro estuvo listo en agosto de 1998 y yo quería que viera la luz en diciembre para el aniversario de la masacre de Acteal."

Para un joven escritor en México por más oportuno y bien informado que sea su libro, es difícil encontrar un editor. Martín Álvarez se enfrentó con varios obstáculos. Los editores no querían entrarle al tema "político" en el que el gobierno de México quedaba tan mal parado. Pasó el aniversario, el 22 de diciembre de 1998, luego el año, Martín vino varias veces al D. F. Con su manuscrito que todos comentaban favorablemente pero no se comprometían a publicar aunque le decían: "Este libro tiene que salir. Es muy importante".

Conocí a Martín en noviembre de 1998 y me impresionó su humildad y la forma tan desgarrada en que hablaba de Acteal. El impacto que la masacre había causado en él y pensé que si los jóvenes tenían su capacidad de indignación y su deseo de compromiso, México estaba salvado. Con hombres como Martín Álvarez, ya "los más pequeños" no tendrían por qué sentirse tan solos. Leí, impresionada, *Acteal de los Mártires* y tuve que respirar hondo al adentrarme en ciertos pasajes. Historiador, Martín se preocupó por establecer los antecedentes del estado de Chiapas y particularmente de la zona en conflicto. Su sensibilidad lo llevó de la mano para seleccionar escrupulosamente los testimonios de los sobrevivientes y los de sus compañeros de viaje. Ya en la hemeroteca en Toluca, Martín Álvarez consultó periódicos, revistas, mapas y folletos. Vio múltiples noticieros y cuanto video a su alcance y escuchó programas de radio, entrevistas y reportajes. Se mantuvo en contacto a la distancia con los chiapanecos. Rastreó en Internet la información sobre Acteal y Chiapas. Reunió fotografías, caricaturas y manifiestos. Con todo este material, se sentó a redactar su libro que hasta la fecha es el más completo que podamos encontrar sobre la masacre de Acteal, porque otros han sido de testimonios y fotografías, pero nunca totalizante, es decir, que abarquen todos los aspectos de este crimen de lesa humanidad que sacudió al mundo precisamente en el momento de la Navidad.

Para mí, la tarea que Martín Álvarez se impuso es una lección de moral, y nunca dejaré de agradecerle el que me haya pedido un prólogo a *Acteal de los Mártires*, haciéndome partícipe aunque sea en forma mínima de la memoria de una tragedia que sigue avergonzándonos.

Elena Poniatowska

INICIO

Éste es un viaje, una travesía al interior del México indígena: parte del centro, que por años ha sido el corazón de este país, y llega al sureste mexicano donde el alma indígena se anima e irradia a todos de esperanza, dignidad y rebeldía.

Es un recorrido por el estado de Chiapas, en la zona de Los Altos, a través de una caravana, la Caravana Mexicana *Para Todos Todo*, organización no gubernamental de la sociedad civil surgida en 1994 a raíz del levantamiento armado en ese estado. La Caravana Mexicana se ocupa de dar y llevar apoyo —víveres e infraestructura— a las comunidades indígenas chiapanecas en conflicto, debido a sus precarias condiciones de vida; aunque también ha visitado otros puntos del territorio nacional con fuerte presencia de grupos étnicos. Además, coadyuva a esos pueblos en la búsqueda del reconocimiento de sus derechos y en la difusión de su problemática, de su cultura, tanto en el interior como al exterior. Y es ésta la duodécima Caravana.

¿Pero qué es Chiapas, qué posee, qué sucede ahí?, estas interrogantes las puede contestar de manera clara Miguel León-Portilla, uno de los más destacados académicos de México:

Chiapas formó parte de otra entidad política, la antigua capitanía de Guatemala, y eligió libremente ser mexicana. Ello ocurrió poco después de consumada la independencia nacional. Puede afirmarse así que Chiapas se unió libremente al destino de México.

El territorio chiapaneco es bastante extenso, cerca de 74 mil kilómetros cuadrados. En él existe una gran variedad de recursos naturales. Con Tabasco es uno de los estados más ricos desde el punto de vista hidrológico. Tiene abundantes lluvias y caudalosos ríos. En sus sierras, en los Altos de Chiapas y en la selva lacandona hay grandes bosques. En sus mesetas y planicie costera prolifera la agricultura. La ganadería es otro importante recurso. En el subsuelo chiapaneco hay grandes yacimientos de petróleo y gas natural. Sus extensos litorales están abiertos a la pesca.

13

En fin, sus bellezas naturales, zonas arqueológicas y monumentos coloniales hacen de Chiapas entidad privilegiada.

Pero a pesar de tan abundantes recursos, perdura en Chiapas una lacerante situación de pobreza, marginación y aun de miseria. Ello es sobre todo verdad entre los tzotziles, tzeltales, tojolabales, mames, choles, lacandones, zoques y otros. Las diferencias sociales y económicas respecto a los terratenientes y privilegios se antojan inverosímiles.

Aislada Chiapas en muchos sentidos, aunque en ella se han construido grandes presas y su capacidad de producción de energía eléctrica es la más grande de México, esto y la explotación de otros recursos poco benefician a la mayoría de chiapanecos. Corrupción, caciquismo, aislamiento, pobreza y miseria de muchos hacen recordar las lacras que denunció allí mismo hace siglos fray Bartolomé de las Casas. ¿Por qué la unión de Chiapas a México no ha hecho posible superar tantos males?

Sus pueblos originarios han alzado varias veces su voz para liberarse de la opresión en que han vivido. Así, durante el periodo colonial y luego en el siglo XIX, varias veces se levantaron en armas los tzotziles, tzeltales y otros. Vicente Pineda habla de esto en su libro *Historia de las sublevaciones indígenas en el estado de Chiapas*, publicado hace más de un siglo, en 1888. Condenando siempre a los indios, muestra cómo todos los levantamientos fueron sofocados a sangre y fuego. Nunca hubo diálogo. Prevalecieron la violencia y el desprecio.

En Chiapas, una vez más, sus pueblos originarios han levantado su voz y han tomado las armas. Son miles los tzotziles, tzeltales, tojolabales y otros que, como en tiempos pasados, se alzaron, no quedándoles, al parecer, otro camino para ser oídos. El gobierno federal ha sostenido conversaciones con los alzados. Se dijo que se había logrado unos acuerdos, los de San Andrés Larráinzar, pero éstos no han sido reconocidos. Lo que los pueblos originarios demandan —autonomía en sus territorios ancestrales, representación en las cámaras, respeto a sus lenguas y costumbres, apoyo para su desarrollo sustentable— no es una quimera... el doctor Manuel Gamio, señaló todo esto como requerida respuesta nada menos que desde 1916... Chiapas está haciendo una llamada de atención que concierne al destino de México.[1]

Así, esta es una visita a una parte del México profundo, como llamó Guillermo Bonfil Batalla al México indígena, aunque aquí es mejor denominarlo México subprofundo, con base en algunas cifras veamos por qué. De acuerdo con el censo de 1995, Chiapas cuenta con una población de 3 584 786 habitantes, albergados en 112 municipios.[2] El INEGI clasifica los municipios en siete niveles,

---

1 Miguel León-Portilla, "Chiapas en el destino de México", *La Jornada*, 20 de enero de 1998, pp. 1 y 5.
2 Conteo de Población y Vivienda 1995: Chiapas (1996), México, INEGI, tt. I y II, 1091 pp.

del más bajo (nivel 1) al más alto (nivel 7), en términos de bienestar y desarrollo; en el nivel 1 prevalecen las condiciones más precarias de educación, salud, vivienda, en suma, de marginación; en este último nivel están ubicados los estados de Chiapas, Guerrero y Oaxaca, por ser los más pobres del país.[3]

En México la escolaridad promedio apenas alcanza los 6.6 años —equivalente a estudios de primaria—, en Chiapas es de 4.3 años, mientras que en Chenalhó —municipio donde tiene lugar este trabajo— no llega ni a tercero de primaria con 2.8 años. El alfabetismo en Chiapas abarca al 69.6 por ciento de la población y en Chenalhó es del 48.4, por tanto la mayoría de la población es analfabeta, y esa cifra es casi el equivalente a la mitad del promedio nacional, 87.3 por ciento. En vivienda el país tiene un promedio de 1.46 ocupantes por cuarto, Chiapas de 2.1 y Chenalhó de 3.5 personas, aunque actualmente en comunidades con desplazados el hacinamiento es elevadísimo, pues varias familias llegan a ocupar una casa de un solo cuarto —si tienen la fortuna de vivir bajo un techo—. De cada 100 viviendas en Chenalhó sólo 6.6 dispone de drenaje, 43.5 de agua, 22 de electricidad y 52.5 cuenta con un cuarto. Por si esto fuera poco, Chiapas registra alrededor de 15 mil defunciones anuales, muchas de ellas a causa de enfermedades infecciosas intestinales, neumonía e influenza, afecciones originadas en el periodo perinatal, deficiencias de la desnutrición, tuberculosis pulmonar, bronquitis crónica, por sólo mencionar algunas; la mayoría de estas muertes son evitables. En Chenalhó, únicamente en 1995, hubo 145 defunciones y 119 en 1996.[4]

Los datos anteriores dan una idea de la miseria que priva en el sureste mexicano, en ese México subprofundo. Además, a lo largo de la lectura son expuestas situaciones fuera de cualquier lógica humana, por ejemplo: la saña de la masacre del 22 de diciembre, el atroz estado de guerra —no reconocido oficialmente— contra comunidades indígenas simpatizantes del EZLN o de la sociedad civil, el exilio de miles de hombres y mujeres de diversas filiaciones políticas, las condiciones en que viven y mueren los niños de Los Altos de Chiapas. Todo ello mediante un relato que comprende el tiempo que duró la visita de la Caravana Mexicana a esa región, del 20 de diciembre del 1997 al 4 de enero de 1998, aunque habrá amplitud de tiempos hacia atrás y adelante de esas fechas —especialmente al final, pues la fecha terminal es el 12 de enero.

Aquí hablan, toman la palabra, los hombres y mujeres del silencio, del olvido, los negados, los desposeídos, los desplazados, los sin voz, quienes para

---

[3] *Niveles de Bienestar en México* (1993), México, INEGI, 252 pp.
[4] *Anuario de Estadística del Estado de Chiapas 1997*, México, INEGI, 494 pp.

el poder sólo son números y no seres humanos: los indígenas. Hablan y cuentan su vivir, su sentir; expresan su dolor, miseria e injusticias de que son objeto; pero también dan grandes lecciones de resistencia, vida comunal y dignidad; nos remiten a cuestionar quienes son, verdaderamente, seres humanos, personas.

Poco a poco, página a página aparecerán fragmentos dispersos, piezas de un complejo rompecabezas —aún por completarse— llamado Acteal, al que cada uno dará forma; lo que ahí sucedió, sus antecedentes y repercusiones constituyen el ser de este trabajo. Con tal motivo, las fuentes y recursos empleados son: documentos, entrevistas, declaraciones, artículos de diarios, comunicados, noticias, carteles, fotografías, caricaturas y algunos otros como las canciones, que ayudan a darnos una idea de la mentalidad de los habitantes de esos lugares —de la manera como recuperan su pasado inmediato, su historia—. Así el lector tendrá oportunidad de conocer una realidad negada, oculta, y alimentará su memoria de recuerdos de un 22 de diciembre en Los Altos, de un vertiginoso fin de año 1997.

Por último, quiero agradecer el apoyo y participación de: los habitantes de Polhó, Acteal, X'oyep y demás comunidades de Los Altos; de todos y cada uno de los integrantes de la Caravana; de Antonio Cajero por su oportuna revisión de la redacción de este material, así como de otros textos; de compañeros, maestros de escuela y amigos, quienes de una u otra forma ayudaron a la realización del trabajo, que responde al mínimo compromiso posible con los pueblos antes mencionados: difundir lo sucedido durante y después de la visita de la Caravana —así como las condiciones de vida— en ese extremo del país.[5] Gracias, también, al periódico *La Jornada*, fuente de información textual y gráfica citada a lo largo de estas páginas.

---

[5] El empleo de tres asteriscos a lo largo del texto (* * *) separa el relato principal de la información complementaria, que por su contenido ha sido indispensable incluir aun cuando su extensión sea relativamente amplia.

CARTA PREVIA

París, 19 de diciembre de 1997:

Señora diputada, señor diputado:

El 8 de diciembre, mientras nuestros gobiernos europeos firmaban la cláusula democrática incluida en los acuerdos de mercados entre Europa y México, escuchaba yo en Chiapas los testimonios de las ONG y de las víctimas de una guerra de baja intensidad (hostigamiento, destrucción de cultivos, incendio de pueblos, terror y mentira) de las más perniciosas.

Testigo de tanto sufrimiento, quisiera describirles qué vi. Anexo documentos que refieren esa estrategia de eliminación.

Para quienes, entre ustedes, no hubieran seguido los acontecimientos mexicanos, un breve resumen: a lo largo de los años, una población indígena expulsada de sus tierras y mantenida en las regiones más inhóspitas se encontró excluida de hecho de la sociedad moderna y encerrada en la miseria. Cinco siglos de asfixia no pudieron acabar con la vitalidad de su cultura; por el contrario, vemos cómo renace, desde hace decenios, en muchos países de América Latina.

En Chiapas, estos últimos años, se concretó la atención en el nuevo arte de vivir, manifiesto no sólo en los discursos sino en lo cotidiano, que aportan los zapatistas. Obviamente, esta eclosión de un pensamiento renovado estorba la política oficial que apunta a la eliminación silenciosa de esos indígenas "no rentables". Escuchados por otros pueblos, igualmente clasificados "no rentables", y excluidos de los beneficios del crecimiento ¿anuncian el despunte de una alternativa?

En este mes de diciembre 1997 estoy regresando de Chiapas. La región está completamente ocupada y controlada por el ejército. Las dificultades para entrar a la zona son tales y tan numerosos los retenes que impiden la llegada a las comunidades que las ONG, para cumplir con su misión, deben demostrar gran obstinación y valor físico.

En Chiapas escuché muchos testimonios. El que aquí les entrego los junta todos.

A las 5 de la mañana, hombres armados con AK-47 y material estadunidense, vestidos de negro, penetran al pueblo Los Chorros. Entran a las casas con violencia, rompen todo, siembran el terror y hacen huir a las familias. Huye la gente, semidesnuda, sin llevarse siquiera un poco de comida.

¿Quiénes son los asaltantes? Grupos paramilitares, reclutados por el ejército, algunos entre los indígenas priístas, otros entre indígenas aterrorizados que ceden con la esperanza de salvar su vida y tener qué comer.

Los campesinos, expulsados de sus casas en plena noche, se refugiaron en lugares retirados del monte, en condiciones espantosas: la lluvia incesante, el frío, el hambre, los traumas, generan numerosas e incurables enfermedades, por la total carencia de medicinas. Son 6 mil que así viven, con hojas de plátano por único techo, durmiendo en el lodo.

A otros campesinos los detienen los grupos paramilitares, los empujan dentro de unos camiones y se los llevan a otra comunidad controlada por los priístas. Ahí quedan secuestrados. Algunos, los menos, pudieron escapar (gracias a una misión internacional cuyo informe anexo) y escuché personalmente su testimonio.

El presidente Zedillo, al que acababa de relatar los testimonios juntados en un encuentro con ONG mexicanas, me aconsejó escuchar otras versiones de la situación: la que conocía, me dijo, no debía "confundirme".

De hecho, leí la prensa mexicana. Hablé con personalidades que me opusieron tibios argumentos en los que ni ellos mismos parecían creer. La voz de las víctimas, que había yo oído, confirmada por los documentos filmados que se me entregaron, me pareció más indiscutible todavía.

Si hoy me dirijo a usted, es que creo firmemente que Europa no tiene derecho a descuidar su misión.

En los próximos meses, el acuerdo de mercado entre Europa y México deberá ser ratificado. Recuerden las repetidas intervenciones cuando muchos dábamos a escuchar la voz de los kurdos. Los parlamentarios la escucharon entonces, y nos alegramos. Ahora tómense la molestia de leer estos documentos. Encontrarán semejanzas: una población bajo amenaza de genocidio en vísperas de la firma de un tratado comercial cuya cláusula democrática no se respeta.

¿Qué harán para persuadir al gobierno mexicano que tiene que respetar la Convención 169 sobre los pueblos indígenas y tribales de la Organización Internacional del Trabajo de 1989, ratificada y firmada por México?

Es el único recurso jurídico existente mediante el que pueden pedirle al Presidente mexicano que cumpla con los acuerdos de San Andrés sobre derechos y culturas indígenas.[6]

---

[6] Carta enviada por Danielle Miterrand a los diputados europeos así como a los primeros ministros y ministros de Relaciones Exteriores de la Comunidad Europea, el 19 de diciembre de 1997. Masiosare, *La Jornada*, 28 de diciembre de 1997, p. 11.

20 DE DICIEMBRE DE 1997

Zócalo, plaza llena de algarabía, ir y venir de gente, vendedores por aquí y por allá en su constante ofrecer los más diversos productos —comida, artesanías, juguetes y otros—; lugar de encuentro entre diversas culturas: Oriente, Occidente y Mesoamérica; en fin, explanada repleta de todo. Y, ahí, una esquina sirve como punto de reunión para la Caravana Mexicana *Para Todos Todo*, que no es sino un acopio tanto humano como de víveres con destino a las comunidades indígenas de Chiapas.

Este último nombre, Chiapas, es el indicador de todo: Chiapas, lugar de un conflicto que, a cuatro años de haberse iniciado, torna a complicarse más y más; no cabe duda de que el tiempo no pasa en balde, la gente de aquellos lugares padece con mayor acentuación las consecuencias de vivir entre la presencia de dos ejércitos y de diversos grupos paramilitares. Por su parte la sociedad civil, que en un principio mostró un apoyo solidario de gran envergadura, ahora comienza a olvidarse del conflicto y sus causas: la pobreza, el hambre, la falta de justicia; situación debida, también, al silencio de los medios de comunicación. El debilitamiento del movimiento zapatista se veía reflejado en el Zócalo, pues mucha gente caminaba ahí, pero poca atendía a tal problemática, la cual era expuesta en mesas de información o, como en esta ocasión, por la presencia de la Caravana Mexicana.

En suma, la plaza y la gente constituían un todo gigantesco que ahí estaban; ahí estaban esas imágenes como han estado imágenes similares en otros tiempos. Constantemente, por los altavoces, fluían mensajes relativos al zapatismo, a las comunidades indígenas y al acopio de víveres. Al mismo tiempo, también por los aires, serpenteaban hilos de algodones de azúcar, que eran atrapados por las personas que los envolvían entre sus dedos al caer para llevárselos a la boca como un suculento trofeo o, bien, la astucia de los niños saltaba a la vista cuando se les veía correr con palos para atrapar y envolver en ellos esos hilillos de azúcar. Si uno miraba a lo alto podía ver elevarse o descender, en movimientos ondulantes y rítmicos, los blancos hilos de algodón, y como fondo el oscuro cielo o la luminosidad de los focos y lámparas, alusivas a la Navidad, de los edificios circundantes.

Una niña, de aproximadamente siete años, se acercaba a la gente, pedía un peso y a cambio colocaba una calcomanía con forma de corazón; es una inquieta y atractiva forma de aprender a ganarse la vida. Cerca de donde estaba la Caravana había un puesto de artesanías, en él una mujer indígena alimentaba a su hijo mientras otro pequeño permanecía en una caja de cartón. Ambas cosas tenían lugar en una orilla del Zócalo, en el corazón del país envuelto en puestos de comida de todo tipo, de artesanías y aromas, de hombres y mujeres de todas edades y sectores sociales, en medio de todo un poco.

Los problemas con la Caravana no tardaron en aparecer, pues uno de los dos transportes para llevar los víveres canceló su participación y, con ello, todos iniciaron la recabación de dinero por los más diversos medios: todo tipo de recipientes, desde botes de todos los tamaños hasta bolsas y sombreros, eran utilizados para tal fin. Los miembros de la Caravana, uno tras otro, en diversos relevos salían a recorrer la plaza con el objetivo de botear-recolectar, y sólo se les miraba perderse entre la multitud. Curiosamente, la gente que más apoya es la de bajos recursos; surge, por tanto, una identificación de clase entre quienes pasan muchas penalidades para sobrevivir en la capital y aquellos en condiciones similares, pero a kilómetros de distancia, conocidos como indígenas.

Cerca de la medianoche arribó el camión de carga faltante, en el tiempo transcurrido otro camión fue cargado con víveres. La plaza mantenía su algarabía y el grupo de la Caravana comenzó a organizarse con objeto de subir el resto de los víveres. Los hombres se encargaban de llevar lo pesado: bultos, cajas, bolsas grandes y otros; las mujeres trasladaron las cosas ligeras. Dada la cantidad de víveres, y por la organización natural, hubo la formación de cadenas humanas, hileras de hombres y mujeres que de mano en mano pasan los víveres para agilizar el traslado, y ahorrar tiempo y energía.

Había mucho entusiasmo, alegría, sobre todo con las peripecias de un hombre de avanzada edad quien, a pesar de su estado de ebriedad, coadyuvó como pudo; se sintió unas veces muy útil y otras incómodo —llegó a disculparse en varias ocasiones por choques o tropiezos accidentales—. Así, después de una hora el camión alcanzó su tope y aún había ropa; es revisada la otra unidad y un espacio libre es destinado para la ropa sobrante. Quienes guardaban las cosas, acomodaron todo de manera compacta y como mejor se consiguió, lo pesado quedó abajo y lo ligero arriba; los camiones estuvieron cargados con maíz, frijol, azúcar, agua, medicinas, ropa, herramientas de trabajo, hules, alimentos en general, materiales para talleres —por ejemplo, de carpintería, zapatería, artes plásticas—, y muchas cosas más.

La plaza poco a poco fue quedando vacía, ya no había gente que pasease ni vendedores, sólo estaban en una esquina los caravaneros, quienes recogieron las últimas cosas que no entraron en los carros de carga. El antes montículo de víveres y equipaje había sido levantado, en su lugar quedó una explanada vacía. A la una de la mañana partió la Caravana del Zócalo, integrada por dos camiones de carga y tres autobuses de pasajeros; atrás sólo podía verse una ligera capa de basura dispersa que se extendía a lo ancho y largo de la plaza; en el centro del cuadrante ondeaba pausadamente la bandera nacional, se dejaba mecer por el viento que la llevaba de un lado a otro al tocar su cuerpo de tela, y a lo lejos se perdían las siluetas de los últimos caravaneros que no asistieron a Chiapas, pero que ayudaron a cargar los camiones y se encargaban de las cosas sobrantes. La noche avanzaba y nosotros también avanzamos con ella.

* * *

Recomendaciones del informe de la Misión Civil Nacional e Internacional de Observación para la Paz en Chiapas, 3 de diciembre de 1997:

La ayuda humanitaria es urgente. Consideramos que la mejor manera de canalizar alimentos, medicamentos básicos y materiales de construcción, necesita realizarse a través de una instancia neutral como es la Cruz Roja Internacional.

Atención inmediata y efectiva a las necesidades básicas de las familias de desplazados (salud, vivienda, servicios, educación y alimento), en especial a las necesidades de las niñas y los niños y la indemnización de los bienes (casas, siembras, animales y medios de producción) que fueron abandonados al momento del desplazamiento por las familias afectadas y que fueron destruidos o robados posteriormente.

Garantizar el retorno de las familias desplazadas en las mejores condiciones.

Exhortamos al Alto Comisionado para los Refugiados de las Naciones Unidas, al Alto Comisionado de las Naciones Unidas para los Derechos Humanos y, en particular, a la UNICEF a considerar la gravedad de la situación de los desplazamientos internos y las violaciones a los derechos humanos que se vive como consecuencia de una guerra civil en la zona norte del estado de Chiapas, en la que las niñas y los niños son los que más sufren; por lo que se requiere hagan una visita a los lugares donde hay mayor violencia.

Que las autoridades del gobierno del Estado, desarmen a los grupos paramilitares que operan en diversas regiones del estado de Chiapas.

Se exija el apego de los cuerpos de Seguridad Pública y de elementos del Ejército Federal, conforme a derecho y se castigue a aquellos que han actuado extralimitándose en sus funciones.

Recomendamos que la policía de Seguridad Pública salga de los lugares donde no está destacamentada pues su actuación ha incrementado la tensión y la violencia.

Dado que no existen poderes de hecho en la zona norte, que los grupos armados respeten, por razones humanitarias, el Artículo 3° común a los convenios de Ginebra.

Que se propicien condiciones para que se pueda dar un verdadero proceso de reconciliación en las diversas zonas de conflicto, en la que participen los diferentes grupos afectados y se incluya como mediadores a organismos civiles nacionales e internacionales propuestos y aceptados por las partes en conflicto.

Como paso para el diálogo proponemos la liberación de los presos políticos y la anulación de las órdenes de aprehensión fundadas en motivos políticos.

La restitución del libre tránsito en las diversas regiones que comprenden los municipios de Tila, Sabanilla y Chenalhó.

La formación de una comisión independiente que investigue la situación en la zona norte y deslinde responsabilidades civil, objetiva y subjetiva contra los funcionarios que han promovido y tolerado la violencia en la zona norte.

Particularmente pedimos garantías para la integridad física y emocional de las personas retenidas contra su voluntad en las comunidades de Pechiquil, Los Chorros y Yibeljoj, del municipio de Chenalhó, quienes deben tener absoluta libertad para salir de ese lugar.

Para restablecer la convivencia pacífica en las comunidades de Los Altos y de la zona Norte es necesario crear condiciones para el retorno de los desplazados.

El diálogo a nivel comunitario será cada vez más difícil mientras no se dé cumplimiento a los Acuerdos de San Andrés, signados por el Gobierno Federal y el EZLN, y el Gobierno Federal cumpla aceptando la Propuesta de Reforma Constitucional elaborada por la COCOPA.

* * *

21 DE DICIEMBRE DE 1997

Todo el día fue de camino, con los primeros rayos de luz diferentes paisajes afloraban a la vista, especialmente aquellos de los hombres que cortaban caña muy de mañana por lo arduo de su labor y por anticiparse al intenso sol, al calor. Una cascada de paisajes van apareciendo uno tras otro, predominaba el color verde por todos lados; subir, bajar y dar vueltas era lo común del recorrido conforme avanzamos. "Silencio" predominó la mayor parte del trayecto, sólo es audible el sonido de la máquina del autobús, que se vuelve rutinario, en otras ocasiones irrumpía en el ambiente la música del chofer. A propósito del chofer, a lo largo del trayecto, sus ojos aparecían cada vez más cansados y enrojecían con el paso del tiempo; su cara permaneció, la mayor parte del camino, lo más estática posible, pero sin dejar de parpadear o espejear a cada momento.

La parada de mayor duración fue la del desayuno, en ella todos bajamos presurosos o, mejor dicho, hambrientos. En ese lugar había una gasolinería junto a un restaurante y, también, un árbol con dos cuerdas; de pronto, de entre las ramas del árbol apareció un mono, éste se balanceaba de un lado a otro para luego proceder a bajar hacia una pasajera, quien le brindó agua; el mono estaba ya bien adaptado al visitante y a sus productos, prueba de ello era la forma tan adecuada en que agarró el envase del agua, con el que sació su sed en repetidas ocasiones: se empinó el recipiente. Alguien por ahí tomó asiento y trazó con su lápiz la silueta del mono en una pequeña libreta.

Al terminar la pausa del desayuno, el camino del viaje fue retomado por los autobuses. Avanzar y avanzar era la única constante. Dentro del camión dormir y dormir era la rutina, en muchos algo placentero, duradero —cosa que a veces preocupaba, pues dormían todo el tiempo—; en otros el sueño no llegó, apenas picó y luego desapareció. Cada parada significaba una oportunidad de estirar las piernas, de levantarse y descansar de pie.

La luz del sol palidecía; ya habíamos cruzado buena parte de Chiapas, como la capital del estado, Tuxtla Gutiérrez, y otros puntos; lo único que faltaba era llegar a San Cristóbal de las Casas, para ello comenzamos a ascender; quedó atrás Tuxtla, que desde lo alto aparecía como una larga mancha de pequeñas luces. A las ocho y media, después de diecinueve horas, finalmente arribamos a San Cristóbal.

El sitio donde dormiríamos fue un albergue llamado Don Bosco, perteneciente a religiosos. En su interior poseía canchas deportivas, áreas recreativas, comedor, lugares para talleres, al menos es lo que puede observarse de noche. De inmediato, procedimos a instalarnos en los dormitorios, claro, luego de haber bajado nuestro equipaje; ahí los dormitorios eran amplios salones, las camas armatostes de madera con respaldos compuestos de pequeñas tablitas cubiertas por hule o cobijas, el techo tenía una estructura metálica con láminas, los baños estaban medio destruidos y el boiler se calentaba con madera.

Al llegar recibimos una indicación: no hablar, entrevistar ni preguntar nada a un grupo de indígenas desplazados que se encontraban en el lugar. Otra observación es que los camiones con los víveres habían partido aparte; debido a su peso y por el camino que tomaron avanzaban más lento, no era muy factible su llegada esa noche, por cierto muy clara.

Después de instalarnos buscamos lugares para cenar, esto era muy lógico ya que habíamos permanecido más de diez horas sin probar alimento —desde el desayuno a las once—, excepto alguna cosa sencilla, dulce o lo que se le pareciera. Con tal fin, procedimos a trasladarnos a San Cristóbal —una ciudad confusa de entrada—, donde algunas vueltas por el centro fueron lo primero; un festival culminaba en su plaza cívica, la gente levantaba sus puestos y comenzó a dejar vacía la zona. La presencia indígena saltaría a la vista de inmediato, estaban en todos lados con un denominador: su alta pobreza, característica reflejada en su aspecto físico —acentuado por su ropa— y por su actividad —comercio con artesanías o mendicidad a lo largo de las calles—; gran parte de la mendicidad y comercio indígena corre a cargo de los niños, otra recae en las mujeres.

La mayoría regresó luego de cenar, mientras otros quedaron en la ciudad hasta entrada la noche. Concluye otro día, el sueño nos vence; apenas nos acomodábamos y ya dormíamos, sin importar el frío o la dureza de las camas —todos pasamos una situación similar.

* * *

COMISIÓN NACIONAL DE INTERPELACIÓN
CENTRO DE DERECHOS HUMANOS FRAY BARTOLOMÉ
DE LAS CASAS.

INFORME QUE PRESENTA LA COMISIÓN FACILITADORA
DEL DIÁLOGO DE LAS LIMAS.

SOBRE EL CASO DEL SEÑOR VICENTE PÉREZ PÉREZ

En la reunión que tuvo lugar en Las Limas el día 19 de diciembre de 1997, el C. Presidente Municipal de Chenalhó, a solicitud de sus agentes municipales, pidió nuestra mediación para aclarar la situación del Sr. Vicente Pérez Pérez, de quien señalaban se encontraba secuestrado desde el pasado 18 de los corrientes. Los agentes pertenecientes al municipio de Chenalhó, señalaban que Vicente, es miembro del Partido Revolucionario Institucional y habría sido secuestrado por simpatizantes del EZLN y temían por su integridad física.

A pesar de las amenazas que, en presencia de funcionarios del gobierno estatal y de la Comisión Nacional de Derechos Humanos, algunos agentes hicieron si no se les entregaba pronto a esta persona su gente iría a buscarla por la fuerza; al final de la reunión ofrecimos hacer las investigaciones respectivas y reportar los resultados al Presidente Municipal en Chenalhó donde nos esperaría con algunos agentes y funcionarios del Gobierno Estatal, comprometiéndonos a ir a Polhó y comunicar a las autoridades del Consejo Autónomo.

Nos trasladamos a Polhó para hablar con la delegación del Municipio Autónomo en busca de información sobre el paradero de Vicente Pérez Pérez. Ahí se nos dio a conocer que esta persona se encontraba en la comunidad de Acteal, junto con los miembros de la Sociedad Civil Las Abejas, refugiados en ese lugar.

A continuación, nos hicimos presentes en Acteal y constatamos que Vicente Pérez Pérez se encuentra ahí por su propia voluntad y en libertad, sin daño en su salud y con el apoyo de los demás desplazados.

El joven Vicente sufre de limitaciones del habla pero, con la ayuda de nuestro traductor y la cooperación de la comunidad supimos que:

1. El Sr. Vicente Pérez Pérez, se encuentra en la comunidad de Acteal, por su libre voluntad y sin afectación de su salud.

2. No pertenece al Partido Revolucionario Institucional sino que, con sus padres, pertenece al grupo Sociedad Civil Las Abejas.

3. Es originario de Tzajalukum y desde el 19 de noviembre él y su familia, junto con otras familias de La Sociedad Civil Las Abejas, fueron forzados a trasladarse a la comunidad de Pechiquil y a permanecer en ella bajo amenaza de violencia por parte de los priístas.

4. Que el día 18 de diciembre fue forzado por siete jóvenes priístas armados para que robara gallinas en las casas de pobladores de Cacateal; para lo cual le dieron un canasto con maíz para que atrajera a las gallinas. Los jóvenes armados quedaron a alguna distancia de la casa a donde enviaron a Vicente.

5. Que Vicente no quiso robar y decidió huir hacia Acteal para tener allí protección y quedar libre de las presiones y el miedo a que están sometidas las familias de las abejas en Pechiquil.

Regresamos a Chenalhó para informar al presidente Municipal y a las autoridades del Gobierno del estado, quienes nos habían comunicado que esperarían la información de la investigación; sin embargo, cuando llegamos a Chenalhó nos encontramos con que no estaban presentes, ya que el Presidente municipal se había trasladado a Tuxtla Gutiérrez según lo señalaron algunos miembros de su ayuntamiento.

Encontramos al Secretario de la Presidencia Municipal en el parque, le informamos sucintamente la situación de Vicente Pérez, se dio por enterado sin mostrar ninguna sorpresa y comentó que ellos no habían asegurado que estuviera secuestrado ya que sólo era una sospecha, y reiteró que ellos tienen bajo su control a los agentes y por lo tanto no habría de que preocuparse.

El día 20 de Diciembre recibimos una llamada telefónica desde Acteal, en la cual los desplazados temen una posible agresión de parte de los priístas que se están moviendo en la zona y que habían amenazado con ir a buscar a Vicente.

* * *

22 DE DICIEMBRE DE 1997

Apenas amanece, comienza el movimiento: ligeros estirones, cese de ronquidos y levantar de cobijas. Lo primero era bañarse, para ello había que formarse, vigilar que no le faltara madera al boiler, entre otras cosas; el frío y la neblina acompañaban el amanecer —y por supuesto el baño—, al parecer, el frío matutino es a diario según los comentarios. La mañana pasó un tanto entre la confusión y la espera de una junta. En un ala del albergue entonaban canciones, mientras otros recorrían el lugar.

En las afueras de los cuartos contiguos, desde temprano, algunos de los desplazados iban y venían, pero la mayoría se ubicó en pequeños grupos; por su parte, los niños caminaban o corrían de un lugar a otro. Una de las mujeres nos mostró a su bebé de apenas tres semanas, eso resultaba algo fatal: sus primeras tres semanas de vida y ya ha tenido que huir y vivir sin un hogar seguro. También era visible la presencia de niñas de escasa edad con sus hermanitos en sus espaldas: duro camino el de ellas, aprender a ser mujeres a tan corta edad.

La junta de las 8:30 se realizó después de las nueve —en el comedor del lugar—, en ella se plantearon los talleres que se impartirían, hubo información general relativa al viaje, además, los coordinadores esperaban la llegada de personas de un Centro de Derechos Humanos de San Cristóbal, que nos informarían sobre la situación prevaleciente en Chenalhó, municipio destino de la Caravana. El tiempo pasaba y la gente de derechos humanos no llegaba, luego de esperar muchos integrantes caravaneros partieron a San Cristóbal. Pasadas las 10:30, cuando muchos habían salido, llegó la gente esperada del Centro de Derechos Humanos Fray Bartolomé de las Casas.

Las personas recién llegadas iniciaron una exposición sobre la situación de las comunidades que visitaríamos, específicamente las del municipio de Chenalhó. Apoyaron su exposición con fotografías y mapas del lugar, su charla era amena, al menos eso intentaban a cada rato, dado lo denso de la información en cuanto a datos y nombres. Menos de la mitad de los caravaneros estaban presentes. A propósito de las fotografías, cuando nos las mostraron las personas desplazadas acudieron al salón, pues había algunas de sus comunidades y, tal vez, de sus familiares o conocidos; las mujeres, sobre todo, acudían emocionadas, presurosas a verlas, era un gusto que tenían entre tanto desacierto y penalidad.

Lo primero que hicieron los informantes fue dar la ubicación de Chenalhó, situado en la región de Los Altos de Chiapas a una altitud de 1 500 metros sobre el nivel del mar.; cuenta con una superficie de 139 kilómetros cuadrados, está a unos 70 kilómetros de San Cristóbal de Las Casas; linda con los municipios de Chalchihuitán y Pantelhó —al norte—, Tenejapa —al este—, Chamula —al sur—, Larráinzar —al oeste— y El Bosque —al noroeste—. Entre sus datos demográficos tenemos una población de 30 680 habitantes; dos grupos étnicos, el tzotzil, que es el principal, y una minoría tzeltal. Sus actividades económicas son la agricultura —destaca el cultivo del café, maíz, frijol, frutales, hortalizas—, la cría de ganado, así como la explotación forestal. El municipio es considerado como de muy alto grado de marginación. La tierra está en manos de los pueblos originarios en un 95 por ciento. Al interior hay diversas organizaciones como: la Unión de Ejidos y Comunidades de Caficultores del Beneficio de Majomut, y la Sociedad Cooperativa de Productores y Apicultores, quienes exportan sus productos a Estados Unidos y Europa.

En cuanto a la situación política y electoral, constantemente fueron sustituidos presidentes municipales durante los últimos años. En octubre de 1995 se renovaron la legislatura chiapaneca y los ayuntamientos. La Comandancia General del EZLN dictaminó la consigna de no votar, lo que provocó una abstención del 75.90 por ciento del padrón —compuesto de 13 697 personas—; sólo hubo una votación de: 2 947 votos a favor del Partido Revolucionario Institucional (PRI), y 270 votos para el Partido Frente Cardenista de Reconstrucción Nacional (PFCRN). Antes de la transición de poderes municipales hubo movilizaciones y toma de ayuntamientos en Los Altos, Selva y Norte; en San Pedro Chenalhó la toma duró menos de 24 horas, pero ello representó la ruptura con el municipio. Así, el presidente municipal electo fue Miguel Arias, pero fue sustituido por Jacinto Arias Cruz —evangélico presbiteriano del PRI—. Debido a la abstención masiva de simpatizantes zapatistas, fue formado un Ayuntamiento paralelo con sede en Polhó: el Consejo Municipal Autónomo, presidido actualmente por Domingo Pérez Paciencia. El 23 de septiembre de 1996, a través de una carta dirigida al gobernador sustituto Julio César Ruiz Ferro, el Consejo notifica que no aceptará ningún tipo de apoyo.

Por otra parte, a partir del 9 de diciembre de 1992, surgió un grupo de Sociedad Civil Las Abejas a raíz de unas agresiones a personas con armas de fuego y por la violación de tres mujeres, esposas de los agredidos; por estos hechos fueron detenidos cinco campesinos que no eran los agresores y sí enemigos políticos del municipio, a quienes acusaron de los anteriores crímenes; Las Abejas se constituyen como un grupo que opta por la vía pacífica en la búsqueda del reconocimiento de sus derechos y de mejores condiciones de vida. Otro punto importante es el referente a la explotación de un banco de arena en San José Majomut. Éste fue adquirido (por la vía de fideicomiso agrario) durante 1995 por habitantes del Ejido Los Chorros que habitaban la comunidad de Yibeljoj, sin embargo, el 16 de agosto de 1996, el ayuntamiento autónomo decidió "expropiar" dicho banco "para beneficio social de las comunidades" y prohibió el uso del yacimiento a los particulares. Esta decisión provocó una fuerte tensión entre ambos ayuntamientos.

* * *

Escalada de violencia en el municipio de Chenalhó, relación extraída del *Informe especial de Chenalhó: camino hacia la masacre* del Centro de Derechos Humanos "Fray Bartolomé de Las Casas":

13 de mayo de 1996: cuatro individuos, dos originarios de San Juan Chamula, uno de Chalchihuitán y otro de Los Chorros, fueron interceptados y detenidos por gente de Yibeljoj; los detenidos confesaron ser "cortacabezas", tres fueron linchados y otro permaneció detenido.

20 de agosto: habitantes de Chenalhó irrumpieron violentamente en una posada, sacaron a cuatro jóvenes y los juntaron con otros dos; enardecidos por el alcohol, Abel López Villafuerte, Manuel Abarca Reyes, Victorio Cruz, Alberto Ruiz García, junto con Cristóbal Vázquez Vázquez y Maximiliano Pérez Ruiz, al grito de "son zapatistas" condujeron a los jóvenes a una oquedad distante unos dos kilómetros del centro del pueblo, conocida como la sima de Chixiltón —antes depósito de basura—, de unos cien metros de profundidad y de difícil acceso; en esa sima la multitud arrojó a los jóvenes. La Procuraduría General de Justicia del Estado, primero negó los hechos, al paso de los días se realizó un descenso a la grieta encontrando los cadáveres.

2 de septiembre: fueron detenidos Cristóbal Vázquez Vázquez, Maximino Pérez, Abel López Villafuerte, Manuel Abarca Reyes, José y Juan Carlos Ruiz Ruiz, Artemio Gómez Méndez, Manuel Jiménez Vázquez y Armando Jiménez

29

Ortiz; se les inició un proceso judicial y pocas semanas después fueron puestos en libertad bajo caución. Esto causó el desprestigio —por complicidad en los hechos— y renuncia del presidente municipal.

17 de diciembre: marchan más de dos mil Abejas en apoyo a la iniciativa de la COCOPA.

19 de enero de 1997: son detenidos Lorenzo Hernández Gutiérrez y Manuel Ruiz Hernández, mayoles del Municipio Autónomo, por portación de armas sin mayores argumentos, después de unas semanas obtuvieron su libertad.

En los primeros meses del año, el presidente de Chenalhó Jacinto Arias Cruz propuso a los pobladores de su ejido la construcción de una carretera de Puebla a Majosic; solicitó a los habitantes del Ejido Puebla una cooperación de $75.00 para tal construcción; los simpatizantes del PRD decidieron no darla porque los únicos beneficiados serían familiares del presidente municipal —sólo ellos poseen vehículos.

23 de mayo: tres perredistas de Puebla fueron detenidos por no cooperar, uno fuertemente golpeado y amarrado en la cancha de basquetbol; el presidente municipal convocó en las comunidades a impedir la salida de las familias perredistas del Ejido; militantes priístas, armados, impidieron el acceso a la comunidad, y en Las Limas Chitamhucum quemaron casas de simpatizantes del municipio autónomo.

24 de mayo: el Municipio Autónomo envió una comisión para gestionar la liberación de las tres personas detenidas —conformada por 16 personas—, pero fue emboscada por priístas en las cercanías de la Unión Yashemel; el saldo: un muerto, el profesor Cristóbal Pérez Medio y dos heridos de bala. Los perredistas de Yashemel huyeron de la comunidad hacia Poconichim y Naranjatic Alto; un anciano muere en el trayecto y una anciana ciega se quedó perdida, en la comunidad desierta, dos días. Decenas de priístas se refugiaron en las montañas aledañas al Ejido Puebla junto con Abejas. Simpatizantes del PRD de Yabteclum fueron hostigados por los militantes priístas. Las autoridades estatales y municipales negaron la existencia del cadáver del profesor —condición del Municipio Autónomo para dialogar.

26 de mayo: Abejas se entrevistaron con el presidente municipal, Jacinto Arias Cruz, para hablar sobre el problema de Yashjemel.

8 de junio: Las Abejas en un comunicado manifestaron que retornarían los desplazados por la violencia a sus comunidades después de una peregrinación; solicitaban presencia de prensa y organizaciones sociales.

9 de junio: tiroteo en el entronque Pechiquil-Acteal con saldo de dos policías heridos. Las Abejas cancelaron el retorno a sus comunidades.

24 de junio: reunión de agentes municipales de ambos ayuntamientos para dialogar sobre el problema del banco de arena. Simultáneamente, agentes rurales del PRI secuestraron a dos personas —Federico Ruiz Pérez y Ernesto Gómez Santiz— de Yabteclum, que fueron liberados al día siguiente, pero se interrumpió el diálogo.

Finales de julio: el regidor del PC, José Ruiz Pérez, solicita apoyo a los ejidatarios para quitar a los miembros del Municipio Autónomo el control del banco de arena.

25 de agosto: el Municipio Autónomo abrió los mojones —divisiones que había entre el banco de arena y el predio Majomut.

26 de agosto: en Los Chorros varias familias, leales al Municipio de Polhó, fueron amenazadas con ser desalojadas a causa de la apertura de los mojones.

30 de agosto: se realizó una asamblea en la Casa Ejidal de Los Chorros para discutir la problemática; Las Abejas dijeron que no querían más problemas ni más muertos; campesinos armados, de esa colonia, dispararon al aire en señal de desafío contra los habitantes de Polhó.

12 de septiembre: los restos del cuerpo de Cristóbal Pérez Medio son hallados en las inmediaciones de la comunidad de Poconichim.

16 de septiembre: autoridades de Los Chorros solicitaron una cooperación de $100.00 por familia para comprar armas y municiones a fin de poder recuperar el banco de arena; esto generó enojo y temor en sesenta familias simpatizantes del Municipio Autónomo. Las autoridades del Ejido Puebla hicieron lo mismo y seis familias simpatizantes del Municipio Autónomo y de Las Abejas que se opusieron son detenidas.

17 de septiembre: sesenta familias de Los Chorros salieron huyendo hacia Naranjatik; autoridades de Los Chorros detuvieron a siete simpatizantes del Municipio Autónomo y los encarcelaron.

18 de septiembre: en Los Chorros diecisiete casas de los desplazados son quemadas por las autoridades.

19 de septiembre: priístas y militantes del PC convocaron a una reunión a las demás comunidades. En la zona hay confusión, información tergiversada y bloqueos de carreteras.

21 de septiembre: un testimonio escrito de una mujer de Yibeljoj establece que "nos quieren obligarnos (los priístas) a que hagamos la guerra, los hombres y mujeres estamos muy tristes".

22 de septiembre: la Subprocuraduría para Asuntos Indígenas informó de la muerte de Joaquín Vázquez Pérez y Mariano Vázquez Jiménez —priístas— en las cercanías del entronque que va a Los Chorros, aunque omitió la muerte de Antonio Pérez Castellanos y Agustín Luna Gómez. Esto como resultado de un enfrentamiento cerca de Polhó, lo que provocó zozobra y decenas de familias dejaron sus casas.

24 de septiembre: querella por privación ilegal de la libertad, coalición de funcionarios y abuso de autoridad en contra del juez municipal del ayuntamiento, Manuel Pérez Ruiz, que detuvo sin orden de aprehensión a Vicente Ruiz Pérez por no ser miembro del PRI.

25 de septiembre: multitudinaria manifestación del Municipio Autónomo; José Pérez Gómez de Yabteclum fue detenido cuando desde una azotea intentó disparar sobre la multitud, después fue puesto en libertad.

1 de octubre: Ernesto Zedillo visitó San Cristóbal de las Casas, ahí las autoridades de Chenalhó le pidieron permiso para portar armas de fuego para su legítima defensa y para solucionar los problemas de su municipio.

2 de octubre: fueron asesinados Manuel y Belisario Gutiérrez Núñez, Pascuala Núñez Maldonado y la niña Marcelina Gutiérrez Hernández de seis años, y heridas seis personas más en Las Limas, Chitamucum; crímenes cometidos por entre 20 y 25 personas encapuchadas.

4 de octubre: el Consejo Autónomo denunció que la comunidad La Esperanza fue atacada por personas de Los Chorros, con saldo de varias casas quemadas y desplazamiento de 52 familias. Las Abejas marchan por la paz en Chenalhó.

15 de octubre: en Tzanembolom son asesinados Gabriel Gómez Guillén y Romeo Hernández Gómez, y heridos tres hombres más.

23 de octubre: priístas y elementos de Seguridad Pública agreden con arma de fuego a Manuel Santis Gómez en Las Láminas; 28 familias —130 personas— huyen por tal acto.

25 de octubre: son heridas doce personas de Los Chorros —militantes del PRI y del PC—; se responsabiliza al Municipio Autónomo de la agresión.

27 de octubre: un grupo armado de Los Chorros se trasladó a Chimix y dispararon al aire para amedrentar a la población, destrozaron la tienda de Manuel Pérez Luna. En Kanolal otros priístas queman viviendas y expulsan a simpatizantes del Municipio Autónomo.

28 de octubre: el grupo agresor de Los Chorros ataca Chimix, resultan heridas cuatro personas.

29 de octubre: fue detenido por Seguridad Pública Lorenzo Jiménez en Majomut y liberado horas después.

2 de noviembre: personas armadas en las cercanías de las comunidades de Naranjatic Alto, Poconichim y Yashjemel realizaron disparos lo que hace huir a la población.

5 de noviembre: priístas en un vehículo hicieron disparos contra un templo presbiteriano en Aurora Chica.

10 de noviembre: priístas de Los Chorros entran a Yibeljoj, amenazan a los pobladores; les dicen que si no pagan $335.00 pesos, como impuesto de guerra, serían desalojados de sus casas. Al día siguiente el mismo grupo atacó el barrio de Xoquilhukum de Yibeljoj y saquean 18 viviendas.

11 de noviembre: en Pechiquil, La Esperanza y Chimix hay balaceras.

12 de noviembre: en Chimix apareció el cuerpo de Benito Moreno Hernández.

14 de noviembre: fue asesinado el profesor Mariano Arias Pérez en la carretera que une San Cristóbal de las Casas con Chenalhó; era militante priísta y había expresado públicamente su desacuerdo con las acciones tomadas por sus compañeros.

15 de noviembre: es asesinado Jacinto Vázquez Luna en Bajobeltik, simpatizante del Municipio Autónomo. El presidente de Chenalhó, Jacinto Arias Cruz, amenazó de muerte al sacerdote católico Michel Chanteau.

16 de noviembre: elementos armados de Los Chorros llegan a Yibeljoj, disparan al aire durante el cortejo fúnebre del profesor asesinado y, después, detienen y golpean al agente priísta municipal de Yibeljoj, Victorio Jiménez Santis; destruyen y saquean casas, 75 familias huyen del lugar.

17 de noviembre: en el barrio de Acteal, llamado Quextic, cinco personas fueron forzadas por un grupo numeroso de priístas armados, del ejido Los Chorros, a agredir a tres personas —Manuel Pérez Pérez, Alejandro Capote Ruiz y Manuel Capote Ruiz— y sus casas son saqueadas.

18 de noviembre: el Municipio Autónomo informó que en Aurora Chica priístas armados de Canolal asesinaron a seis personas.

19 de noviembre: reporta el Municipio Autónomo la desaparición de tres personas, y en la comunidad de Tzajalukum son quemadas varias casas de sus simpatizantes por priístas de Los Chorros.

20 de noviembre: envió comunicado el Municipio Autónomo a la COCOPA y a la CONAI para mediar en el conflicto. La policía rescató los cadáveres de dos mujeres en Aurora Chica.

21 de noviembre: Abejas piden ayuda porque 80 familias —408 personas— de Yibeljoj se encontraban en graves condiciones de vida.

22 de noviembre: la Procuraduría de Justicia localizó otros dos cadáveres de la agresión perpetrada en Aurora Chica.

24 de noviembre: el Consejo Autónomo envió una carta a la COCOPA para convocar a un diálogo el 29 del mismo mes, e indicó que existían más de 4 500 desplazados. La Unión de Ejidos y Cafeticultores Majomut informó que la cosecha de más de 20 000 sacos de café estaba en riesgo como consecuencia de la violencia; el año anterior exportó 207 toneladas de café a Europa y Estados Unidos.

25 de noviembre: en barrios de Acteal fueron quemadas cuatro casas de simpatizantes zapatistas por al menos quince personas armadas. Reportes de gran tensión en Pechiquil, donde Hilario Guzmán Luna y Pablo Hernández Pérez "ex militar" dirigen un grupo de paramilitares.

25-29 de noviembre: el gobierno paga inserciones en periódicos donde niega las denuncias de diversos organismos sobre la violencia y minimiza el número de desplazados.

28 de noviembre: un grupo de 15 organismos nacionales e internacionales anuncian que realizarían una misión civil de observación de derechos humanos en Chiapas.

30 de noviembre: habitantes de la comunidad de Yabteclum entregaron a la misión internacional una denuncia, detallada y firmada, sobre la transportación de armas en una ambulancia municipal el 9 de noviembre a las 8:30 horas, hacia la casa de Manuel Arias Ruiz.

1 de diciembre: Antonio Pérez Hernández acusa a forasteros de ser causantes de la violencia en el municipio; la Secretaría de Gobernación instaló un retén migratorio en la carretera a San Pedro Chenalhó. El consejo autónomo informó sobre cuatro casas de sus simpatizantes quemadas por priístas en la comunidad de Takiukum y Yibeljoj.

2 de diciembre: la Misión Nacional e Internacional de Observación para la Paz en Chiapas se entrevista con el Procurador General de Justicia del Estado; informa sobre la denuncia de Yabteclum, y con el Gobernador Julio César Ruiz Ferro, a quien se le comunica la grave situación de Los Altos, y que promete garantizar la vida, la seguridad de las personas y de sus bienes y deslindar responsabilidades de los hechos conflictivos.

3 de diciembre: la misión internacional presenta su informe final y emite recomendaciones.

4 de diciembre: en Tzanembolom, en una emboscada, fue asesinado a balazos Lucio Gómez Guillén y dos personas más resultaron heridas. El subsecretario de gobierno, Uriel Jarquín, informó del asesinato de dos priístas entre el jueves y viernes, y de otros tres heridos en Chenalhó. Simpatizantes zapatistas denuncian el robo de viviendas por priístas con apoyo de Seguridad Pública.

5 de diciembre: los presidentes del Municipio Autónomo y del Constitucional de Chenalhó se reunieron en Las Limas, con la mediación de la CONAI, del CDHFBC, CEDH, SEAPI, CEDH y la Secretaría de Gobernación. En Chimix asesinan al priísta Benedicto Gómez Gutiérrez y su hijo resultó lesionado.

6 de diciembre: Ricardo Rocha presentó un reportaje sobre la situación de los desplazados en su programa "Detrás de la noticia".

11 de diciembre: ambos municipios acuerdan poner alto a las agresiones. La señora Danielle Miterrand canceló su visita a Chenalhó por las condiciones de violencia.

12 de diciembre: en un comunicado el EZLN informó sobre la situación de miles de indígenas zapatistas perseguidos, asesinados y desalojados en Chenalhó.

14 de diciembre: el gobierno del estado publicó un desplegado en *La Jornada* y *Reforma* con graves imprecisiones; según la reportera Ángeles Mariscal, el gobierno gastó alrededor de 250 mil pesos en tal publicación.

16 de diciembre: se reunieron los representantes de los dos municipios para continuar el diálogo en Las Limas; se nombró una Comisión de Verificación con objeto de corroborar la veracidad de acusaciones y constatar los hechos en los dos días siguientes y el 19 sería reanudado el diálogo.

18 de diciembre: comunicado del CDHFBC en que informa un nuevo hecho de violencia con saldo de un muerto, además de otros sucesos que impidieron el trabajo de la Comisión de Verificación —hostigamiento y no existencia de condiciones de seguridad.

20 de diciembre: fue herido con arma blanca Lorenzo Gómez Pérez, por seis priístas de Kanolal.

21 de diciembre: tiene lugar una balacera en Yibeljoj para amedrentar a la población desplazada de X'oyep y hacerlos huir. En Tzajalukum es golpeado Vicente Ruiz.

* * *

Mientras escuchábamos toda la información, íbamos corroborando lo dicho por diarios, organismos y programas de televisión sobre el incremento de la violencia en Chenalhó; a ratos no podíamos dar crédito a lo que oíamos. Al finalizar la junta, los coordinadores pidieron a la gente del Centro de Derechos Humanos que asistiera por la tarde con objeto de informar a quienes no estuvieron presentes; las personas de dicho centro aclararon que no podían hacerlo, debido a su gran carga de trabajo; en ese momento recibieron una llamada telefónica, en ella les avisaban sobre problemas en una comunidad de Los Altos; su presencia era urgente, por tanto, apenas recibieron la información presurosos se despiden y salen del albergue.

La información vertida devela algo presentido por todos, aunque a la vez un tanto negado: hay demasiado conflicto en la zona destino; un balance da como resultado personas desplazadas, enfrentamientos entre individuos de las mismas comunidades donde antes existía tolerancia política o religiosa, surgimiento de grupos paramilitares financiados por las propias autoridades y con entrenamiento militar —fenómeno paralelo al establecimiento de los municipios autónomos—. No cabe duda de que en los últimos meses se dio una acentuación del conflicto chiapaneco en la zona de Los Altos, territorio de fuerte presencia-dominio zapatista, pues muchas comunidades son base civil del EZLN; sin embargo, el choque ya se suscita con mayor frecuencia, pues la política del "divide y vencerás" aquí es eje estratégico del Estado y su representación local en los muy diversos puntos.

Luego de la junta, el panorama era confuso, como confuso era el destino de los camiones de carga, de los cuales aún no se tenían noticias; así las cosas, los pocos que permanecíamos en el lugar partimos a comer. En la ciudad buscamos comprar el periódico por recomendación de la gente del Centro de Derechos Humanos, pero todavía no llegaba debido a la lejanía del lugar —su arribo es después de la una de la tarde—. Muchos iniciaron la compra de los víveres faltantes para los siguientes días.

En la tarde había buen ánimo en el albergue; un grupo de caravaneros acompañaba en semicírculo las canciones que uno de ellos interpretaba. Pronto hubo una nueva junta, refluyó la información para poner al tanto de la situación al resto de los integrantes de la Caravana, quienes no estuvieron presentes por la mañana; de esa forma, lo confuso disminuyó un poco. Los coordinadores dividieron la Caravana en tres grupos de treinta personas, que a su vez se subdividió en tres grupos de diez cada uno, todo ello para lograr mejor eficiencia. En tanto, arribó un primer camión con lo víveres, del otro también se tenían noticias, pues estaba cerca, pero su tardanza era debida a una descompostura. Finalizó la junta, algunos se organizaron, otros desaparecían dispersos; en esas condiciones avanzó la tarde, no sin ver minado un poco el ánimo de todos por las noticias recibidas, todos permanecían tanto ansiosos como llenos de incertidumbre.

Cerca del albergue hay un mercado; tiene una buena cantidad de fruta, por cierto, muy barata a diferencia de otros lugares; aquí, el ciento de naranjas está a quince o dieciséis pesos. Como en el ejemplo anterior, la venta de muchos productos no se rige con el sistema métrico decimal ni con el de pesas, dado que aún mantiene una forma propia de vender sus productos; ésta consiste en la utilización de recipientes de diversos tamaños —botes, cubetas, litros—, o bien a través de sus propias manos —puños, ambas manos juntas— y, también, de las docenas, cientos o montones. Mientras estábamos en el mercado, de lado a lado corrían unos niños, uno de ellos llevaba en la mano una pistola de agua, para mojar-disparar a sus amigos; en este lugar, un simple juguete puede hacer las delicias de los chiquillos. A contraparte, los niños que venden pulseras en las calles, a pesar de lo difícil de su elaboración o por el tiempo empleado en ello, ofrecen seis por diez pesos; prácticamente regalan su trabajo, y ni aun así tienen un buen nivel de vida.

Por la noche, después de comprar víveres la gente comenzó a regresar al albergue, donde hay pocas personas, a la par, también llegó el camión de carga faltante. El siguiente día se auguraba pesado: había que trasladar las cosas y partir a la zona destino. Al interior del albergue el ambiente era cordial, con muchas conversaciones de diferente temática. Cerca de la medianoche seguía el movimiento, algunos regresaban del centro, otros procedían a bañarse, aunque de noche el lío estaba en conseguir la madera para calentar el boiler —si de día es difícil, de noche peor—. Los últimos caravaneros entraron por la madrugada, cuando la mayoría dormía.

* * *

ACCIÓN URGENTE EMITIDA POR ESTE CENTRO
EL 22 DE DICIEMBRE DE 1997

El Centro de Derechos Humanos Fray Bartolomé de Las Casas A. C. informa sobre la grave situación que prevalece en Chenalhó, particularmente en la comunidad de Pechiquil.

El día 19 de diciembre recibimos la denuncia del Sr. Vicente Ruiz Pérez, originario de Tzajalukum, quien se encontraba retenido en la comunidad de Pechiquil, junto con su familia y otras 70 personas más, y salió de esa comunidad el día 18 de diciembre de 1997, a las 11:00 horas rumbo a San Cristóbal de las Casas. Al Sr. Vicente le permitieron salir porque pidió permiso al Agente Municipal de Tzajalukum, Sr. Mateo Pérez Oyalté, para asistir a una reunión en la escuela-internado de su hijo Hilario Ruiz Hernández (12 años). Aproximadamente llegó a SCLC a las 16:30 horas, acompañado de su esposa, Sra. Olga Hernández Pérez, y de su hija María Ruiz Hernández (4 años). Además, salió acompañado de 2 padres de familia de Pechiquil, militantes del Partido Revolucionario Institucional, cuyos nombres son Vicente Pérez Hernández, Antonio Pérez Mut y dos mujeres de las cuales desconoce su nombre.

Este grupo de personas fueron vigilados por dos paramilitares: Andrés Gómez Pérez (originario de Tzajalukum) y David (originario de Pechiquil), quienes mantuvieron vigilancia afuera de la escuela de Integración Social Indígena dependiente del INI, ubicada en la calle Escuadrón 201 en San Cristóbal. Denuncia, además, que desde el 20 de noviembre, día en que fueron trasladados a la comunidad de Pechiquil, no lo dejaban salir de la comunidad. Inclusive, denuncia que el primero de diciembre cuando la Misión Civil de Observación se presentó en Pechiquil, el Sr. VICENTE no habló con ellos porque estaba amenazado y controlado por los paramilitares. Afirma que nadie puede hablar de las graves condiciones en las que se encuentran los habitantes de Tzajalukum en Pechiquil, porque de lo contrario son amenazados de muerte. Existe una comisión nombrada por los paramilitares para que hablen, dentro de la cual se encuentra el Sr. HILARIO GUZMÁN LUNA, ex Agente Municipal de Pechiquil. Aunque hay presencia de la Policía de Seguridad Pública en Pechiquil, asegura que los paramilitares no toman en cuenta su presencia.

Las familias retenidas en Pechiquil están obligando a las familias de la Sociedad Civil Las Abejas a hacer guardias —tomar las armas—, posicionarse en lugares estratégicos de la comunidad para responder a un posible ataque armado por parte de los zapatistas. Si las personas se niegan a cumplir con el trabajo, son amenazados con amarrarlos en el poste o pagar multa que oscila entre 50 a 100 pesos, dependiendo de la gravedad del hecho. Se hacen merecedores a estos castigos quienes INFORMEN DE LO QUE ESTÁ OCURRIENDO EN PECHIQUIL Y QUIENES NO CUMPLAN CON LOS TRABAJOS FORZADOS.

Un grupo de personas militantes del PRI, obligan a las mujeres del PRI y a las de la Sociedad Civil Las Abejas, tanto de Pechiquil como de Tzajalukum, a hacer tortilla, a preparar café, frijol, matar gallinas y guajolotes. Un trabajo que va de las 4 de la mañana a las 8 de la noche, con un mínimo de descanso. Si la mujer se niega a someterse a este trabajo forzado, los paramilitares se encargan de buscarlas para integrarlas nuevamente, en contra de su voluntad, a la jornada. Tanto mujeres priístas como de la Sociedad Civil Las Abejas, están muy inconformes por el maltrato que sufren por parte, principalmente, de Mariano Pérez Luna (Tzajalukum), Sebastián Pérez Mutz (Tzajalukum), Victorio Pérez Oyalté (Tzajalukum), y otros paramilitares originarios de Pechiquil. Este grupo armado constantemente amenaza y hostiga con las armas a los niños de Tzajalukum.

Este Centro de Derechos Humanos exige a las autoridades federales y estatales:

PRIMERO. Liberación de las más de 70 personas que se encuentran retenidas en Pechiquil, proporcionándoles garantías suficientes y necesarias para el traslado al lugar que pueda salvaguardarlos. Asimismo, proporcionar la ayuda humanitaria que se requiera.

SEGUNDO. Investigación profunda y exhaustiva de la retención de 70 personas en Pechiquil y en otras comunidades de Chenalhó.

TERCERO. Cumplimiento a las recomendaciones que emita la Comisión Nacional de Derechos sobre medidas cautelares sobre el caso.

A TODA LA SOCIEDAD CIVIL MEXICANA, A LA COMUNIDAD INTERNACIONAL, Y A LA PRENSA NACIONAL E INTERNACIONAL LE PEDIMOS SU SOLIDARIDAD PARA DETENER ESTA CRUENTA GUERRA EN CHENALHÓ QUE ÚNICAMENTE ESTÁ INCREMENTANDO VIOLACIONES A LOS MÁS ELEMENTALES DERECHOS HUMANOS TANTO EN LO INDIVIDUAL COMO EN LO COLECTIVO.

* * *

23 DE DICIEMBRE DE 1997

Amanece nuevamente. La noche fría provoca que todos busquemos acurrucarnos en una pieza compacta: envoltorios alargados, delgados, se dejaban ver sobre las literas; no faltó la caída accidental de las tablas que sostienen los respaldos de las camas, lo cual ocasionó susto, sorpresa y risas de quienes sufrían el accidente de desplomarse de su cama, junto con las reacciones similares de quienes los rodeaban.

El frío tenía que ser hecho a un lado y la gente se levantaba. Luego aguardamos la realización de una junta programada a las 8:30; antes de que se efectuara la reunión corrieron rumores sobre enfrentamientos con saldo de muertes en el municipio de Chenalhó, así, nuevamente la incertidumbre se apoderó de muchos. Durante la junta los rumores se confirmaron; la preocupación, acompañada de sorpresa y duda invadían cada uno de los rostros de quienes ahí se encontraban. Las expresiones no son para menos, uno de los coordinadores informó lo siguiente: hubo un hecho violento en Acteal, mejor dicho una masacre; el saldo es de entre 25 personas muertas, según cifras oficiales, a 70, de acuerdo con los habitantes del lugar y organismos no gubernamentales. Los hechos, según los informes, fueron debidos a una agresión contra individuos de una misma comunidad, Acteal, aunque las personas victimadas pertenecían a diversas filiaciones políticas —de la organización Las Abejas y bases zapatistas—; los culpables, de acuerdo con el consenso general, son los priístas, que de esa manera daban marcha atrás a la negociación, cubrían de sangre y miedo la zona, además de incrementar la intolerancia política entre las comunidades, pues aumenta la rivalidad entre ellas.

Concluido el recuento, la situación obligó a una organización rápida basada en la estructura de grupos dada el día anterior: tres grupos de treinta personas, subdivididos en tres grupos de diez cada uno. Lo siguiente era avanzar dos grupos de la Caravana —60 personas— hacia Polhó, en el municipio de Chenalhó, cerca de donde ocurrieron los hechos sangrientos; otro grupo permanecería en San Cristóbal, visitaría los hospitales a fin de evaluar las condiciones

41

de los heridos y, al mismo tiempo, estaría encargado de la difusión o recepción de noticias, ya que gran parte de los integrantes del Centro de Derechos Humanos no se daban abasto con el trabajo o estaban fuera debido a lo emergente de la situación.

Los extranjeros-observadores son invitados a no viajar en el primer grupo, por motivos de su posible retención. Cerca de nosotros había desplazados, nos movimos un poco para no causar incertidumbre en ellos con la información, pero sin duda ellos ya también tenían noticias de lo sucedido; sus rostros dibujaban una gran preocupación, todos permanecían alterados, lloraban y se abrazaban, su dolor, además, era de ira e impotencia. Hablaban tzotzil, de entre sus palabras afloraban nombres acompañados de lágrimas. Un poco más tarde hablaron de su situación, supimos que tenían familiares entre las personas muertas en Acteal; con ayuda de un reportero de la Caravana buscarían a sus heridos, a la par que se daría a conocer su problemática a los centros de derechos humanos o a los medios de comunicación.

La actividad en el albergue se agilizó, los coordinadores procedieron a darle forma a su estructura de trabajo, mientras que los demás, presurosos, descargaban los camiones de víveres. Cerca de las diez, un helicóptero sobrevoló la zona, justo cuando eran descargados los camiones, momento en el cual tenemos las cosas regadas a lo ancho y largo del campo donde estabamos; los colores de la unidad —blanco y azul— indicaban que pertenecían a la Seguridad Pública. En esos momentos, el temor es vencido por el entusiasmo que genera la colaboración en grupo, pues todos acudían presurosos a bajar y organizar la descarga y carga. Sólo hubo una pausa, ésta sirvió para tomar un café, acompañado de un pan, que fue preparado por una pareja de avanzada edad.

A mediodía, la carga de las unidades finalizó. Se pone en claro quiénes irían y quiénes permanecerían en San Cristóbal, para esto hubo la advertencia de los peligros que podíamos encontrar. Dieron las 12:15, era ya tarde, había un primer cálculo para salir antes, pero diversos imprevistos y la incorporación de personas hizo un poco más difícil la salida. Por fin partimos, el destino era Polhó; los compañeros que aguardarían en San Cristóbal despidieron los dos autobuses, un tanto con alegría, un tanto con tristeza porque no irían, mas esperaban poder hacerlo en los días siguientes.

Una vez iniciado el camino, después de Zinacantan, aparecieron unidades del ejército —tres *jeeps*, dos carros y tres vehículos de la PJF—, esto fue alrededor de las 13:30. Más adelante, en la desviación a San Andrés Larráinzar, más unidades nos alcanzaron, incluso iban tanquetas (es obvio que todos los soldados estaban muy bien equipados); dos unidades se entremezclaron en la caravana de camiones, que viajaban en este orden: un *torton* al frente, dos autobuses de pasajeros, dos *tortons*, y una camioneta de Enlace Civil —quienes se incorporaron en una orilla de la ciudad, junto con algunas personas.

Descargue de camiones en San Cristóbal de las Casas.

Cerca de las 15:20 en Mitontic, Chenalhó, el convoy es detenido por un retén del ejército; los extranjeros de la primera unidad son bajados para mostrar sus papeles, el proceso de identificación tardó, pero todos volvieron a los camiones. En el interior de las unidades había temor y confusión; una de las cosas más preocupantes era saber hasta dónde llegaríamos. Luego, continuamos el recorrido, la gente se asomaba al paso de los camiones, al parecer, constituíamos el primer grupo de sociedad civil que llegó a la zona después de la masacre; sus rostros, a través de sus expresiones, reflejaban temor, terror por lo sucedido, en sus ojos un brillo de incertidumbre acompañaba su mirar. Ya sin ningún problema, arribamos a Polhó por la tarde, entre las cuatro y las cinco.

Una parada en el camino hacia Polhó.

* * *

TRAYECTO CARAVANA SAN CRISÓTBAL DE LAS CASAS/POLHÓ

Salida: 12:30 horas aproximadamente. Tomamos la salida al periférico-carretera Chamula; llevamos los siguientes vehículos: dos autobuses de pasajeros con 61 personas en total, dos *tortons* de acopio de víveres —medicamentos, juguetes, dulces, herramientas, etcétera—, de quince toneladas cada uno, y un camión de carga de ocho toneladas lleno de víveres —de Enlace Civil—, aparte de un vehículo particular en donde iban compañeros de dicho organismo; en este primer entronque (periférico-carretera Chamula), se unió a la Caravana un grupo de seis compañeros de Chenalhó.

A las 13:25 p.m., en la carretera rumbo a San Andrés Larráinzar, nos rebasaron los siguientes vehículos:

- Dos camiones de soldados con placas 0880327 y 1506296.
- Dos camionetas de civiles sin placas.
- Una camioneta Ram de Seguridad Pública CW 17347.
- Una camioneta Pickup color azul marino con sacos vacíos y un molino para maíz.
- Una suburban del estado (las placas no fueron tomadas).

Entre gente vestida de civil, soldados rasos y oficiales calculamos cerca de setenta personas. A las 13:45 p.m. en la misma carretera nos encontramos a:

- Tres camiones de soldados con las placas 7283847, 7506272 y 0883276.
- Una camioneta suburban blanca de placa 082471.

Calculamos, aproximadamente, 88 personas, entre soldados y civiles. Llegando a la desviación de Cate y San Andrés Larráinzar, se nos juntó a la Caravana un coche de enlace civil; aquí, también pasaron:

- Tres camiones de soldados (tanquetas) con placas 0131122, 013141 y 03333. Una de estas tanquetas iba artillada.
- Una ambulancia de la Cruz Roja militar, con el número de placas 0883145.
- Un camión de soldados con el número de placas 0883145.
- Un camión de soldados-anfibio 083254.
- Una camioneta militar con el número 088883145.

En este último grupo calculamos setenta personas. Alrededor de las 14:40 p.m., encontramos una camioneta de Seguridad Pública con el número de placa 3962334. A las 15: 22 p.m., llegando a la cabecera municipal de Chenalhó, nos detuvo un retén de migración en compañía de uno de Seguridad Pública; bajaron a un compañero alemán, Malte Danilgui, al cual le recogieron su hoja de migración y le hicieron un citatorio para presentarse en San Cristóbal en 48 horas. Por último, llegamos al Municipio Autónomo de Polhó, a salvo, alrededor de las 17 p.m.

Nuestra llegada a las cinco de la tarde a la cabecera municipal de Polhó, sin otros incidentes, fue un cambio profundo y contundente. La población nos recibió con una hermandad inusitada. Es evidente que, a pesar de la miseria y la falta de apoyo, los que mejor saben cómo convivir y solucionar sus problemas son los propios indígenas. En sus manos debe estar su propio futuro con la colaboración de toda la sociedad.

Tenemos confianza que mientras la sociedad festeja en algunos lugares de la patria, también, recuerde que en otros hay profundo dolor y pobreza, sin embargo, hay también una enorme esperanza de lograr justicia para todos los mexicanos.

* * *

En Polhó, la gente aguardaba nuestra llegada. Polhó es bastión zapatista. Luego de unos minutos comenzamos a bajar nuestras cosas, para ello había gente presta a brindarnos ayuda en tal aspecto. Apenas llegamos y afloraron las sonrisas en los rostros de todos los que allí se encontraban, principalmente de las mujeres; las caras sonrientes intensificaron sus gestos de emoción al ver llegar las unidades con los víveres.

La comunidad es tzotzil, no obstante, una pequeña parte de la población habla tanto español como tzotzil; el rango de las edades varía, en buena medida, destacan los niños por su número y, en términos generales, la población es joven.

La gente de la comunidad ayudó a bajar las cosas personales hasta el lugar donde nos quedaríamos —esto es en unos dormitorios—, y los medicamentos eran llevados a la clínica, todo fue hecho con gran rapidez. Los dos *tortons* se acomodaron en un lugar apropiado para su descarga, al momento de abrir las puertas de uno brotaron infinidad de sonrisas de lo rostros de las personas ahí reunidas; muchos avanzaban rodeando el camión, formaron un grupo grande de aproximadamente cien personas, entre niños y mujeres, además de la gente que permanecía alrededor y en los bordes de la carretera.

De pronto, el fantasma de la muerte inmerso en la zona —antes manifestado en los rostros de los pobladores—, al iniciar la descarga parecía, por unos momentos, ser vencido por el ánimo; el júbilo se apoderó de todos, unos y otros tornaban a mostrarse contentos, dispuestos a auxiliar en lo que fuera; se sabían más seguros con la presencia de gente del exterior. Sin vacilación alguna, hombres y mujeres de todas las edades aportaban su fuerza-entusiasmo para llevar a una bodega —ubicada al lado de una explanada— las cosas, no obstante la distancia —en pendiente— de más de 300 metros en declive. Con objeto de superar el traslado de arriba a abajo, surgió la organización espontánea y, junto con la participación de un gran número de personas de la comunidad, se formó una gran cadena humana que cubría muchos brazos, lo mismo de niños que de adultos; de mano en mano pasaban las bolsas de comida, ropa, hules, juguetes, en fin, era una cadena de convivencia humana increíble donde el intercambio y el contacto a través de las manos unía culturas que han sido distanciadas; no importó la diferencia en el lenguaje, los gestos y movimientos anulaban barreras de idiomas, incluso comenzó un intercambio de palabras español-tzotzil a través de la amistad.

Si en ese momento alguien dijese que cerca habían victimado a muchas personas, nadie daría crédito a tal aseveración. Los chiquillos corrían presurosos con bolsas o cajas, sólo podíamos ver caras felices; incluso, pequeñas niñas con sus hermanos(as) en la espalda concurrían a bajar las cosas, a pesar de su edad, del peso de las cosas y del peso de sus hermanitos(as). No hay duda de que lo que nosotros llamamos felicidad, se volcaba en grandes cantidades en el lugar.

¡Todos a descargar!

Anocheció y no importó, la cadena humana aún continuaba, pues todavía no se habían terminado las cosas de los camiones, sobre todo los hules que por momentos parecían ser demasiados. La oscuridad no era vista como obstáculo, al contrario, hacía más divertida la labor. Todo ese tiempo existió una constante: pies moviéndose de un lado hacia otro, de arriba hacia abajo y viceversa; pies desnudos o con zapatos, pies chiquitos o grandes, pies morenos o blancos, todos en un fluir alegre y continuo.

No faltaron las conversaciones, los primeros acercamientos con la gente; los encuentros se sucedían no obstante la oscuridad. Al interior de la comunidad hay dos tiendas, en ellas confirmamos una frase de una embotelladora, pintada en una barda de San Cristóbal: "el refresco sin rival", claro, la frase pertenece a la Coca Cola y, por supuesto, en la tienda había ese refresco, junto con otros, en grandes cantidades —una reserva mínima para dos meses.

* * *

COMUNICADO DEL CONSEJO MUNICIPAL AUTÓNOMO DE POLHÓ
SAN PEDRO CHENALHÓ, CHIAPAS
MÉXICO, 23 DE DICICEMBRE DE 1997

A LA OPINIÓN PÚBLICA
A LA PRENSA NACIONAL E INTERNACIONAL
A LOS ORGANISMOS HUMANITARIOS Y DE DERECHOS HUMANOS
NACIONALES E INTERNACIONALES
A LA SOCIEDAD CIVIL NACIONAL E INTERNACIONAL

Como es sabido a nivel nacional e internacional, el día 22 de diciembre los priístas paramilitares de Chenalhó atacaron con armas de fuego a los desplazados que se encontraban en la comunidad de Acteal. El saldo de la masacre de estos asesinos es de: 14 niños muertos, 1 bebe muerto, 21 mujeres muertas, 9 hombres muertos y un gran numero de heridos.

Los muertos y heridos son tanto de la Sociedad Civil Las Abejas, tanto de las bases de apoyo del EZLN.

La Policía de Seguridad Pública del Estado solo quedó mirando sin intervenir en los hechos.

Nosotros preguntamos qué culpa tienen los que estaban ahí en su ermita haciendo oración y ahí quedaron muertos.

Esta es la guerra del gobierno contra las comunidades indígenas. Esto es lo que nos da el gobierno en vez de reconocer nuestros derechos.

Nosotros, el Consejo Municipal Autonomo de Polhó responsabilizamos de esta masacre al Gobierno Federal, al Gobierno del Estado y al PRI. Son ellos los que están haciendo esta guerra en contra de nosotros.

Llamamos URGENTEMENTE a toda la Sociedad Civil nacional e internacional para que se organice y obliguen a que se desarmen inmediatamente los paramilitares pero que sea supervisado por organismos nacionales e internacionales.

También para que salga inmediatamente la Seguridad Pública porque son cómplices de los paramilitares.

ATENTAMENTE

H. CONSEJO AUTÓNOMO DE SAN PEDRO CHENALHÓ,
LAS COMUNIDADES Y SUS DELEGADOS

SR. DOMINGO PÉREZ PACIENCIA
PRESIDENTE DEL CONSEJO AUTÓNOMO

* * *

La tarea de descarga fue terminada y las personas estaban cansadas; las autoridades del lugar designaron encargados de las bodegas de acopio —las que aparecían llenas—. Detrás de la comunidad podíamos suponer un fuerte sistema de organización tradicional, esto lo observamos desde la entrada del pueblo, ahí se hallaba un letrero que prohibía el paso a personas extrañas: si alguien cruza o entra sin avisar, corre el peligro de ser perseguido y detenido; además, también está un letrero en el cual aparece una frase grata de recibimiento, acompañada de otras palabras que dejaban muy en claro dónde nos encontrábamos: "Bienvenidos a Polhó, cabecera del Municipio Autónomo".

Terminado el movimiento, ahora había dispersión de la gente en pequeños grupos; algunos hacían un círculo en torno de un muchacho que tocaba una guitarra, otros —la mayoría de los caravaneros— tomaban asiento donde podían. Algunos niños se acercaban, unos hablaban español, aunque la mayoría tzotzil. También, veíamos una gran falta de calzado y de condiciones de higiene; la misma condición de la población por la masacre y el ser bastión zapatista nos ha facilitado la apertura de la gente ante nosotros. Por cierto, tenían noticias del arribo de la Caravana desde hacía cinco días.

Al interior de la Caravana fue implementada una junta, anunciaron la difusión de la masacre en muchas partes del país como del mundo, lo mismo en la capital que en Roma. La organización interna, subgrupos de diez, se puso en funcionamiento con ciertos problemas, pues faltaban personas o había diversificación de actividades, y anunciaron las actividades del día siguiente, entre ellas, una presentación con las autoridades de la comunidad.

Luego de la junta, hubo una plática con un extranjero, en ella nos dio información de la zona; primero había un grupo pequeño a su alrededor, más ade-

49

lante, debido a lo impresionante de la narración, gran parte de la Caravana se adhiere a la charla. Mientras tanto, escuchamos dos sobrevuelos de avioneta, uno a las 10:30 p.m. y otro a las 11:20 p.m.; por la tarde, también, siguió la presencia del ejército y sus carros. Un momento de la charla se volvió difícil, fue al tratar el problema de Acteal; la tristeza invadió al visitante —y no es para menos—, tartamudeaba y sus ojos aparecieron vidriosos, su recuento recreaba imágenes de muerte y dolor, de excesos de autoridad, de persecución y cercamiento —por parte de los paramilitares sobre las comunidades— para luego asesinar. A veces, las palabras le hacían falta para describir las escenas, que equiparó con los campos de concentración: cuerpos amontonados, mujeres, hombres y niños que lloraban a sus familiares, baño de sangre en el piso. Cuando escuchamos esto, no parecía ser México del que se hablaba sino de un país lejano, pero la triste realidad nos decía otra cosa.

Avanzó la noche, afuera, los niños permanecieron jugando a elevadas horas y terminó otro día con algo de actividad; arriba el cielo aparecía claro, lleno de luz que destellaban las estrellas, una luz entre tanta oscuridad.

A la distancia, en San Cristóbal de las Casas, los compañeros durante el día visitaron hospitales, con objeto de verificar el estado de los heridos, obtener sus datos personales, así como sus testimonios.

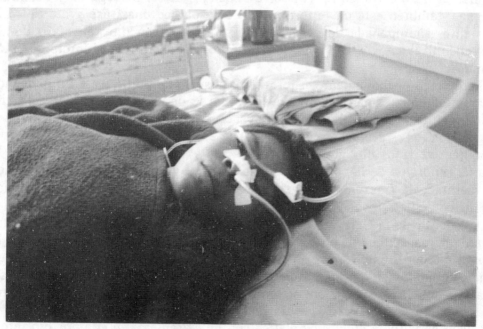

Una infancia herida.

* * *

(1)

Entrevista de la Caravana con Manuel Pérez Cruz y con su hijo Pedro Pérez, realizada en el Hospital Regional del IMSS el 23 de diciembre de 1997:

Manuel Pérez Cruz: Ya estamos aburridos, queremos vivir en paz; éste es tiempo de cosecha, corte de café, no queremos vivir así, se necesita mucha, mucha paga para vivir aquí [en San Cristóbal]; estamos acostumbrados a nuestras casas, tenemos milpas que están abandonadas, se las están comiendo las ratas nomás sin aprovecharlas. Ellos aprovechan, cortan café, roban casas, roban bestias, las venden y compran armas; los priístas, ésos son, matan solos y culpan a otros, queman casas. Por ejemplo, el grupo Abeja no hacemos nada y nos culpan si matan perredistas; nosotros nos ponen al frente. Por ejemplo, ayer a las 11:00 a.m. empezó la balacera, mucha balacera.

Caravanero: ¿Qué pasó?
M. P. C.: Empezó en todos lados, se pusieron de acuerdo, por ejemplo, Los Chorros, Nueva Esperanza, Chimish, Pechikil, Majomut, rodearon todo. El miércoles, la vez pasada, salimos de nuestras casas, llegamos aquí a Acteal donde se iba a construir un campamento; nos reunimos allí, llegamos, pero ayer mucha gente murió: hombres, mujeres, criaturas.

C.: ¿Cómo cuántos?
M. P. C.: Pues yo no puedo decir, porque yo no estuve allí a esas horas, y es que ayer salí a comprar unos refrescos, porque me dio sed y era para tomarlos con la familia, y hasta ese momento llegué. Antier llegaron a llevar unas cosas.

C.: ¿Quién llegó?
M. P. C.: Bueno, creo que la maíz salió por parte de la organización "Caritas", sí, así le dicen; de allí salió el maíz y un poquito de frijol. La ropa Cruz Roja Mexicana llegó a dejarla, bastante llegó; repartieron unos pantalones, unas ropas, que todo ahí se quedó, muchas ropas que se quedaron. Yo me enojé, porque me imagino que hasta eso aprovecharon; y nuestras casas, aunque poquito, ahí se quedó, y salimos con esta ropa nomás; desde ese momento no pude entrar donde están mis hijos. Yo salí y entonces mi chamaquito ahí se quedó, y empezaron a tirar balazos, y a él le tiraron un balazo.

C.: ¿Cómo te llamas? —pregunta al niño.

51

Niño: Pedro.

C.: ¿Hablas español?
N.: No.

C.: ¿Qué fue lo que te pasó?
M. P. C.: Que llegaron los que estaban tirando balas —traduce el padre—, que ahí estaba la gente, que también se tiraron y así se quedó. Luego llegaron unos muchachos, no sé quien si del PRD o es sociedad civil, y dijeron: ¿dónde están?, que les contestaron: aquí estamos, y así entonces se levantaron los que se salvaron; entonces, ya fue a ver el que le adelantó a ver y los trajeron [a San Cristóbal]. Eso es todo lo que dice él.

C.: ¿De qué comunidad son ustedes?
M. P. C.: Somos de Quextic.

C.: ¿Allí van los priístas a atacarlos?
M. P. C.: Sí, los priístas.

C.: ¿Cómo van ellos, van armados?
M. P. C.: Sí, armados; nos quieren matar, nos corren, nos obligan a que vayamos con ellos a trabajar con el PRI.

C.: ¿Los obligan a que trabajen con ellos?
M. P. C.: Sí, por ejemplo, yo y mis hijos estamos organizados; salimos de nuestras casas y estamos allí reunidos en Acteal, no pensábamos que fueran a entrar. Se habían oído desde cuándo rumores de que iban a pasar algo, pensé que fuera a ser así nomás.

C.: ¿Y su esposa?
M. P. C.: Mi esposa vive, está conmigo, vino conmigo anoche, pero se fue a dormir. Mi hijita y mi nietecito vinieron conmigo, pero se quedaron mis dos hijos allá y mi nuera —mi hija ya es casada.

C.: ¿No pudieron salir?
M. P. C.: No, y es que el niño ya no los pudo levantar el carro, y me vine con mi mujer, mi hija y mi nietecito.

C.: ¿Cómo están ellos ahora?

M. P. C.: Pues yo digo que no sabemos todavía, porque se quedaron allí, luego pararon un ratito la balacera; no sé cómo estarán, estoy apenado por eso. Ahí estaban los judiciales y la policía cuidando todas las cosas, pero no sé dónde estaban; yo escuché que hasta las tres de la mañana duró la balacera.

C.: ¿Él es el único paciente de la balacera que está en el hospital?
M. P. C.: Sí, orita sí, pero vino dos chamaquitos, uno de ocho años y otro de seis —salió anoche— lo llevaron al INI, y otro chiquito también —que es el que está orita— está aquí arriba, como de dos años.

C.: ¿Y la bala? —refiriéndose al niño herido.
M. P. C.: La bala está trabada.

C.: ¿Está trabada en su rodilla?
M. P. C.: Sí, el doctor le sacó una radiografía, pues vamos a ver si se puede salir de aquí.

C.: ¿Y usted por qué cree que pasó esto?
M. P. C.: Bueno, este, porque nos obligan a que estemos con ellos, los priístas, pero como nosotros no queremos, entonces es el coraje que tienen, porque no queremos agarrar las armas, porque sabemos que el PRI está quemando y que todo el rededor está quemado; entonces es el coraje que tienen. Eso no es justo, y eso empezó en el 94 cuando hubo problemas con el gobierno, hasta ese momento formamos como grupo Abejas.

C.: ¿Estaban enmascarados [los agresores]?
M. P. C.: Sí, enmascarados como zapatistas. Fue el primo el que le disparó a mi chamaquito, traía la cara enmascarada pero él lo reconoció.

C.: ¿Sabe de qué tamaño es la bala que tiene el niño en la rodilla?
M. P. C.: No, no está la radiografía. Más antes, los viejitos se querían mucho entre ellos, primos, tíos, papás; ahora no, por ejemplo: si mi hijo es priísta y yo soy, otro viene y me mata; ahora todos se matan, entre primos, hermanos, tíos, todos de la misma comunidad. Sólo una fracción que es la de Quextic, y la otra del centro también de Quextic, en la del centro es en la que son Abejas.
Ahora ya no podemos salir, ya no podemos salir a ver nuestra milpa, nuestros cafetales, a trabajar. ¿Quién nos va a dar algo de comer? Bueno, a lo mejor Dios nos provee de algo, o gente, algo de comer, pero no para todo el tiempo, porque no tenemos pollos, gallinas; allí se quedaron mis gallinas, mis

perritos, mis gatitos, ahí se quedaron. Todos queremos solución lo más pronto posible. Los que quedaron ahí, los que se escaparon, ¿quién sabe cómo pasaron toda la noche? Son muchos los que se quedaron allá, como ochenta; de mi familia son tres hijos, mi nuera, y no sé si están bien o si algo les pasó en la noche.

C.: ¿Cuando estaba la balacera llegó la Policía Judicial?

M. P. C.: Sí, pero sólo nos cuidó allí donde estábamos nosotros, allí abajo llegó la policía. En la comunidad casi todos somos primos, tíos, parientes, pues. Sólo pedimos que nos dejen vivir en paz.

(2)

Entrevista de Ricardo Rocha con Cipriano Villegas, Delegado Estatal de la Cruz Roja en Chiapas, sobre lo sucedido en Acteal:

Ricardo Rocha: ¿Qué fue lo que pasó, qué vieron al llegar?

Cipriano Villegas: El primero que le decía que entró fue nuestro médico, el segundo fue un servidor, que llegamos ahí al lugar; primero encontramos un cadáver de una persona, después otro, y hacia al rato —hablando de un metro y medio después, dos metros— encontramos ya varios cadáveres amontonados.

R. R.: ¿Amontonados los cadáveres?

C. V.: Bueno, vamos a decir amontonados, estaban unos que otros encima de otros y en un espacio muy diminuto, muy pequeño, varios cadáveres.

R.R.: Por la experiencia que usted tiene, ¿piensa que después de ser ejecutados, asesinados, fueron amontonados estos cadáveres por alguien más?

C. V.: Pues es inexplicable, no podríamos definir esa acción; unos, le digo, estaban encima de otros, pero el área era muy pequeña para tanto cuerpo. Llegamos nosotros, el terreno estaba muy lodoso, resbaloso, había zona de muchas ramas, árboles, y lo que encontramos es todos estos cuerpos, los cuales presentaban heridas principalmente por arma blanca —de machetazos era la mayoría de los cuerpos que vimos— fue herida por machetes y pues la sangre todavía estaba fresca.

R. R.: Cuando ustedes llegaron, ¿cuántos muertos y cuántos heridos?

C. V.: [En] el primer reconocimiento no encontramos a ningún herido, puros muertos; el médico reconoció todo el lugar, él consideraba alrededor de entre veinticinco y treinta muertos, después consideramos que eran unos treinta y cinco, y cuando ya se sacaron todos los cadáveres pues ya íbamos contando uno por uno hasta que contamos cuarenta y cinco personas.

R. R.: De acuerdo a su experiencia, ¿había vivido algo remotamente similar a esto?
C. V.: No, en absoluto, en ningún momento; los accidentes mayores por autobuses se ven un poco cruentos, pero nunca en la magnitud de esta situación.

R. R.: ¿Qué aspecto presentaban los cuerpos además de balaceados, los machetes... con qué saña?
C. V.: Eran más macheteados que bala, más machete que balazos; saña porque la mayoría era en la cara, en la cabeza; imagino que la defensa natural del cuerpo es levantar las manos para protegerse, las heridas también estaban en las extremidades superiores y, principalmente, cara y cráneo, que eran las principales heridas pero por machete.

R. R.: Absolutamente claro que fueron ejecutados.
C. V.: Pues la mayoría son niños, mujeres indefensas; ninguno de ellos al parecer puso resistencia, solamente se protegió, se quiso proteger con su propio cuerpo y fueron muertos.

R. R.: ¿Había mujeres embarazadas?
C. V.: Sí, nosotros detectamos en ese momento cuatro personas, perdón, dos personas, después nos enteramos que eran cuatro; dos por lo obvio de su anatomía al momento de estar en las camillas, pero después nos enteramos que eran cuatro las personas embarazadas.[7]

(3)
Fragmento de la nota periodística "Estaban de rodillas, rezando, y los mataron por la espalda":

Hermann Bellinghausen, enviado, Acteal, Chiapas, 23 de diciembre. En los lugares donde ha estado la muerte, se siente su fuerte presencia. Aquí acaba de

---

[7] Del programa de televisión "Detrás de la noticia", transmitido el 4 de enero de 1998.

suceder la mayor masacre de mujeres y niños en la historia "moderna" de México. En esta hondonada rota... se asentaba un campamento de 350 refugiados... Los hoy muertos y heridos se encontraban aquí, a orillas de Acteal, rezando.

Según los sobrevivientes, la balacera comenzó a las 10:30 de la mañana de ayer, y la Seguridad Pública del Estado acepta haber entrado a Acteal a las 17:30 horas, cuando les avisaron. Ellos no habían oído nada, "y luego que aquí es normal que haya disparos", como dice un policía.

Quiénes eran (1)

Rosa Gómez estaba embarazada cuando cayó moribunda en la explanada del campamento. Sus asesinos llegaron hasta ella para rematarla. Y uno de ellos, "con un cuchillo —relata un testigo y hace un ademán de puñalada que inmediatamente reprime con un temblor—, le sacó su niño y lo tiró allí nomás".

A Juana Vázquez, "primero la mataron y luego la robaron", nos traducen de lo que dice un joven mostrando una bolsa de red. "Lo traían los paramilitares y salió este chamaquito y le dijeron a dónde vas, y él dijo voy al baño, y le dijeron ten esta bolsa, apúrate y cuando regreses nos ayudas a cargar la bala".

El niño, Miguel, permanece silencioso, sucio, con los ojos abiertos. De la red salen dos naguas de mujer, un huipil primoroso y un cinturón bordado en rojo. El tesoro de la bordadora lo llevaban de botín sus asesinos.

Operación limpieza

Esta mañana, Acteal está desierto. En la cancha de basquetbol un centenar de policías del estado y Fuerza de Tarea vigilan, a varios cientos de metros del lugar de la masacre.

Al parecer, nuestra llegada los hizo interrumpir las labores de "revisión" que efectuaban en las casas abandonadas, pero cuyos habitantes dejaron cerradas con candado en su lugar.

Horas antes, esta madrugada, Jorge Enrique Hernández Aguilar, ex procurador chiapaneco y actual titular del Consejo Estatal de Seguridad, y el subsecretario de Gobierno, Uriel Jarquín, supervisaron, antes de que llegaran los periodistas, la recolección de cadáveres, los mismos cuya existencia había negado ayer el secretario de Gobierno, Homero Tovilla Cristiani.

Los agentes encargados de la operación debieron trabajar arduamente, así como los agentes del Ministerio Público que presuntamente atestiguaron. Limpiaron de casquillos y algunas ropas ensangrentadas, pero no todas.

Ya se ve que la sangre ensucia. Todavía hoy se ven grandes coágulos, así como huellas de la huida en el lodo y los matorrales. Huellas de la persecución, también.

Un jefe policiaco, que se rehusó a identificarse, pero que ayer se presentó ante los indígenas como comandante, asegura haber visto a Hernández Aguilar. De Joaquín no está seguro.

"A las cuatro de la mañana se ve con dificultad", explica el oficial, que a la señal radial que le manda *Trueno* responde con *Relámpago*.

Dice que sus muchachos colaboraron en la recolección de cadáveres, confirma la cifra de 45, y reitera que están aquí para ayudar a la población; se queja de la falta de confianza.

A las siete de la mañana de hoy la limpieza quedó concluida, y los funcionarios acompañaron los cadáveres al Servicio Médico Forense de Tuxtla Gutiérrez. No obstante, fue hasta la tarde que el gobierno local estuvo en condiciones de emitir una postura oficial ante la matanza.[8]

* * *

---

[8] Hermann Bellinghausen, "Estaban de rodillas, rezando, y los mataron por la espalda", *La Jornada*, 24 de diciembre de 1997, p. 4.

24 DE DICIEMBRE DE 1997

La noche no fue fría, el dormir recobra las fuerzas del día anterior. El desayuno es la primera actividad; al interior de la cocina hubo problemas para cocinar que luego fueron resueltos. Entre bromas sobre la cocina transcurrió el desayuno.

Una junta tuvo efecto, en ella, la encargada de prensa anuncia el regreso de los cuerpos de los masacrados a la zona, también que nuevos desplazados llegarían al lugar; por tanto, era necesario construir letrinas y montar techados, a modo de viviendas. Mucho trabajo al parecer; la junta se interrumpió por el anuncio de la presentación con las autoridades. Al saber lo del traslado de los cuerpos, las actividades de los diversos talleres fueron canceladas. De pronto, por el camino de entrada a Polhó, un señor de sombrero avanzaba acompañado de un niño, quienes sostenían una cartulina que decía:

"A NUESTRA OPINIÓN
PÚBLICA A NOSOTROS
NIÑOS, NIÑA Y JÓVENES
EXIGIMOS EL CASTIGO A
LOS SRES. RESPONSABLES
DE ESTA AGRECIÓN
AL SR. PR. MPL. JACINTO ARIAS CRUZ
AL SR. JUEZ MPL. MANUEL PÉREZ RUIZ."

En seguida bajaron cuatro niñas, ataviadas con su vestimenta blanca y roja distintiva de la zona, también sostenían cartulinas con la finalidad de mostrarnos sus mensajes:

"ABIAN LAS NIÑAS EXI-
GIMOS EL CASTIGO A
LOS AGRESORES Y PA-
RAMILITARES PRI."

Una señora llegó envuelta en lágrimas a donde nos encontrábamos, sus gestos en la cara denotaban el dolor que tenía por lo sucedido; su llanto aunado a sus palabras entrecortadas en tzotzil, apenas audibles, y el movimiento de sus brazos hacían de esas imágenes un cuadro desgarrador.

Las autoridades se presentaron aproximadamente a las once; pero quienes lo hicieron son subautoridades que estaban en representación por ausencia, ya que las autoridades se encontraban consultando a las comunidades y arreglando todo lo necesario para el traslado de los cuerpos; aunque no por ello dejaban de cumplir con lo acordado de la presentación, y no nos dejan en espera como sucedería en otro lugar, con otras autoridades. Después de partir el cuerpo de autoridades, las comisiones de la Caravana —prensa, salud, construcción y cocina— comenzaron a funcionar. Primero, partió el grupo de salud a supervisar las condiciones en que se encontraban las comunidades, los desplazados asentados en los alrededores; el grupo de prensa quedó a la espera de noticias de las autoridades o de lo que se suscitara.

El grupo de salud concluyó la inspección de un gran salón que servía de albergue, el tamaño de éste es de entre catorce metros de largo por diez de ancho; lo inmediato era la limpieza del lugar, en el que están albergadas cerca de cuatrocientas personas desplazadas. La tarea fue asignada a un grupo de diez caravaneros, hombres y mujeres; hubo necesidad de esperar un poco mientras salía toda la gente, lo mismo había niños que bebés, ancianos enfermos y mujeres heridas, todos en condiciones ínfimas de miseria, de hacinamiento. Al quedar vacío el salón, entre todos se barrió el lugar; en su interior tenía grandes bancas como las de las iglesias, que lo mismo servían para sentarse que de improvisadas camas; de lado a lado fue recorrido el lugar por las escobas; de ello es testigo una mujer herida quien, al no poder moverse, quedó en el interior; también algunas personas de la comunidad ayudaron en la limpieza, realizada en el menor tiempo posible dado que la gente enferma no podía permanecer mucho tiempo fuera debido a su precaria salud. Antes y durante la limpieza del salón, varios helicópteros sobrevolaron la zona, algunas veces lo hacían insistentemente en círculos, otras iban y venían, pero siempre a muy baja altura; la gente de afuera escuchaba temerosa el sonido que anuncia la proximidad de algún helicóptero, y sus ojos seguían paulatinamente el recorrido de las unidades. Terminada la tarea, la gente volvió a ocupar el lugar y nosotros lo dejamos, no sin antes quedar instalada una comisión de salud para dar atención a los enfermos.

En la parte superior del pueblo, a lo largo de la entrada, fueron colocados diversos letreros (ya sea en cartulinas, mantas o sobre madera), todos informaban, denunciaban o enunciaban el sentir de la comunidad ante los últimos sucesos, muy a su manera, muy a su cultura y modo de concebir las cosas:

Manta de bienvenida en Polhó.

"NOSOTROS COMO NIÑOS SENTI-
REMOS CON MUCHO DOLOR PRO-
FUNDO POR LOS NIÑOS, Y NIÑAS
CRIATURAS DE RECIEN NACIDOS

QUE HALLAN MATADO POR LOS
AGRESORES SALVAJEMENTE.''

''NOSOTROS NIÑOS Y NIÑAS SENTI-
REMOS CON MUCHO DOLOR PRO-
FUNDO A NUESTRA EMBARASADA
QUE ACUCHILLARON INOCENTE-
MENTE POR LA VIENTRE DE BEBE.''

''BIENVENIDOS Y COMPARTIMOS
CON EL DOLOR PROFUNDO Y LUTO
DE LOS ALTOS SELVA Y NORTE DE
CHIAPAS Y TODO EL PAIS.''

"M U N I C I P I O AUTONOMO SAN
PEDRO CHENALHO ESTAMOS EN
UN PROFUNDO DOLOR DE LUTO EL
MASAGRE POR LOS AGRESORES
PARAMILITARES DE LOS PRIISTAS
FORMO POR EL MAL GOBIERNO) LA
SANGRE INDIGENA HARA VALER
EL RECONOCIMIENTO DERECHOS
DE LOS POBRES DEL PAIS Y DEL
MUNDO.''

''LA ORGANIZACION DE LAS ABEJAS DE CHENALHO,
FUERON MASACRADOS INOCENTEMENTE, QUE
SOLO ESTABAN EN UNA ORACION Y AYUNO POR
LA PAZ DEL PUEBLO, FUERON CAIDOS EN MANOS
DE LOS AGRESORES, EN LA ERMITA DEL CAMPA-
MENTO DE LOS DESPLAZADOS EN ACTEAL.''

''EL INICIO DEL CONFLICTO EN EL
EJIDO PUEBLA LA TIERRA DEL SR.
JACINTO ARIAS CRUZ EL DIA 19 AL
24 DE MAYO DE 1997.''

En la carretera apareció la policía, mucha gente acudió a la entrada, tanto
caravaneros como habitantes de la comunidad; argumentos y más argumentos,

no sólidos, le permitían explicar al comandante Roberto Rivas —de tez clara y ojos verdes— el desenvolvimiento de la Seguridad Pública en el lugar. Gran parte de la conversación giró en torno a preguntas sobre lo sucedido en Acteal, otra parte atendió a la situación en la que estaba la comunidad de Xcumumal; todo esto sucedió con mucha gente aglutinada alrededor de una camioneta roja de Seguridad Pública.

* * *

Conversación de periodistas con el comandante Rivas:

Roberto Rivas: La prensa llega al último y ni nosotros ni nadie de ellos ven los disparos.

Reportera: ¿Pero han informado de marcas de grueso calibre?
R. R.: Vamos a tratar de que la gente nos informara; en una ranchería todo mundo carga un arma, pero a nosotros, a Seguridad Pública no nos tiene confianza, ¿por qué?, hay que preguntarle al indígena, por qué, quizás porque no hablamos el mismo dialecto. Como soy güero, ojos verdes no, [piensan] ése es el diablo.

Rep.: ¿Sabe usted quién hizo la masacre?
R. R.: Mi reina, ya hubiéramos ido si hubiéramos sabido; en medio de la montaña no vimos nada, no sabemos nada; hasta que nos avisaron fuimos.

Rep.: ¿Puede usted narrarnos lo que pasó en Acteal?
R. R.: En Acteal, un policía dijo que escuchó disparos al pasar por la carretera.

Rep.: ¿Cuándo fue eso?
R. R.: Fue como a las cuatro treinta, cinco de la tarde. Acudimos y encontramos gente que corría rumbo a la plaza principal; les preguntamos que qué pasaba y no dijeron nada, se encerraron en un cuarto nada más. Como a las siete de la tarde un hombre, nada más porque había puras mujeres, fue el que narró y dijo que les habían disparado, que les habían matado a unas personas; no quiso decir exactamente el lugar, nomás dijo allá abajo, se metió al cuarto y ya no volvió a hablar. Cuando ya tuvieron con heridos, porque hubo gente que llegó con heridos, prestamos de inmediato nuestros vehículos para desalojar a

esa gente y mandarla a San Cristóbal. De inmediato nosotros, ora sí que de propia iniciativa, mandamos esa gente; claro, traemos órdenes ya expresas de apoyar a todo mundo. Desalojamos a diecisiete personas heridas.

Rep.: ¿Hay un testigo presencial que dice que desde las doce del día había un camión de Seguridad Pública en medio de Acteal, qué nos puede decir sobre eso?

R. R.: No, nosotros hacemos ese recorrido, escuchamos de vez en cuando disparos, pero ese día acudimos de cuatro y media de la tarde a cinco.

Rep.: ¿Entonces, lo del camión de Seguridad Pública en medio de Acteal?
R. R.: No, ahí no tenemos tropas nosotros en Acteal, porque nunca aceptaron permanecer. Tenemos unas hasta un lugar que se llama Chimish, pero está retirado; ahí nunca nos permitieron, la gente de ese lugar, que nosotros pusiéramos un grupo de policías.

Rep.: ¿También, otro testigo presencial que, según la prensa de México, dijo que todavía los agresores seguían disparándole a la gente y ya había llegado Seguridad Pública, y que ustedes estuvieron o que Seguridad Pública estuvo por lo menos una hora o dos horas antes de intervenir?
R. R.: No, nosotros llegamos entre cuatro y cinco de la tarde.

Rep.: ¿Pero usted dijo que a las ocho de la noche no le dijeron que había nada?
R. R.: A las ocho de la noche nadie quería decir todavía nada, pasaron cuatro y media, cinco, seis, siete, ocho horas. No sabíamos que había muertos porque nadie nos decía nada, nadie hablaba con nosotros.

Rep.: ¿Sin embargo, se avisó a la comunidad de que se les iba a atacar al día siguiente, la comunidad no creyó?
R. R.: Y quién les comunicó, hubieran dicho algo, por qué no se acercaron a nosotros.

Rep.: Eso nosotros lo leímos en los periódicos.
R. R. : Ah, bueno, los periódicos pueden decir mil cosas.

Otro policía: Aquí quieren ver encapuchados, aquí corre mucho el rumor, como vienen ustedes de fuera pues no...

R. R.: Pero nadie se acerca a nosotros, si entráramos nosotros a ese juego... Yo me he ofrecido muchas veces, aquí, para que cuando vayan a cortar el café los acompañe un grupo de nosotros, porque tienen miedo a ser atacados; siempre han rechazado mi ofrecimiento. Diario paso por aquí.

Rep.: ¿Quién anda aquí en esta zona con armas de alto poder, calibre?
R. R.: Usted cree que son tan tontos como para venir a decirme: oiga mire, traigo un rifle; pus se lo quito.

Rep.: Estamos hablando de "cuernos de chivo".
R. R.: "Cuernos de chivo", orita no he visto a nadie con "cuernos de chivo"; cerca de policías nadie se acerca con armas.

Rep.: ¿Pero quién cree usted...?
R. R.: Ah no, no, creo yo no puedo basarme en: yo creo, yo pienso, yo supongo; eso sería una tontería, decir: ay, yo supongo, yo supongo que los rusos, pos sí, ellos sí tienen pero no vienen para acá; entonces, sería una tontería decir: yo supongo, yo supongo, va a decir compruébelo.

Rep.: ¿Quién en Chiapas tiene armas de alto poder?
R. R.: En Chiapas, el ejército, nosotros, la policía judicial, y traemos las armas a la vista y son armas de alto poder. La gente que vea yo con armas se la recojo, téngalo por seguro.

Rep.: ¿Qué pasó ayer en Xcumumal, por qué llegaron noticias de que estaba sitiada la comunidad por armados?
R. R.: Dónde es eso, Xcumumal, porque no conozco eso.
El otro policía: Se les dio seguridad, había rumor, se atendió el rumor y no pasó nada; mandamos gente a Oventic por el rumor que hubo, atendiendo lo que usted dice, se cubrió.

R. R.: Cuando nos dice una base que la gente misma dice: oiga, por ahí vimos un grupo de sospechosos, de inmediato apoyamos con gente que tenemos aquí, de inmediato; es una fuerza de reacción para que apoye las comunidades en donde se supone o piense que hay gente sospechosa por ahí rondando. Pero, si alguien no nos avisa, no podemos adivinar.

Rep.: ¿Aproximadamente con cuántos elementos cuenta?
R. R.: Yo, con ciento treinta.

Rep.: ¿Cómo se llama usted comandante?
R. R.: Comandante Rivas.

Rep.: ¿Rivas, cuál es su nombre? —insiste varias veces la reportera sin obtener respuesta—, ¿mexicano? —pregunta nuevamente ante las negativas.
R. R.: Yes, of course.

Rep.: ¿Tiene alguna información de cómo está la situación ahorita en Xcumumal?
R. R.: No, no podemos decir cómo está la situación, porque los grupos no permiten que penetremos a su comunidad a escuchar algo o a saber algo. Nosotros estamos a la expectativa nada más.

Rep.: ¿Pero ustedes fueron a atender el rumor y no encontraron nada?
R. R.: No, no encontramos nada, no pasó nada.

Rep.: ¿Cuando ustedes se fueron de ahí [Xcumumal] la situación era normal?
R. R.: Sí, era normal.

Rep.: ¿Qué quiere decir situación normal, lo puede decir?
R. R.: Esto significa que no los estamos atacando usted y yo, que nadie está molestando a la comunidad.

Rep.: ¿Hay gente viviendo ahí?
R. R.: Bien tranquila va a cortar su café, regresa, cuida sus animalitos y todo.
El otro policía: El rumor era que los iban a matar así como en Acteal, pero fueron vivos, nos mandaron avisar, les mandamos el servicio y no pasó nada.

Rep.: ¿Y se fueron a meter en las montañas, un poco alrededor para ver si era cierto este rumor de que los estaban presionando?
R. R.: Es muy difícil recorrer toda la montaña, mire usted, no hay caminos.

Rep.: ¿Quién les avisó de la situación allá?
R. R.: La misma gente.

Rep.: ¿Entonces, no reciben órdenes oficiales?
R. R.: Nosotros aquí, por ejemplo, si alguien nos dice: la base Puebla hay un

rumor —porque siempre hay una persona que se puede acercar—, hay un rumor de que puede ser atacada la comunidad, de inmediato mandamos un refuerzo para proteger a la gente.

Rep.: ¿Cuántos elementos mandaron a ese pueblo?
R. R.: Una compañía , veintiséis, noventa hombres.

Rep.: ¿Hay presencia del ejército allá?
R. R.: Eso no lo sé.

Rep.: ¿Cuánto tiempo permanecieron en la comunidad?
R. R.: Permanecieron toda la tarde, toda la noche.

Rep.: ¿Ahora tienen presencia ahí?
R. R.: Hay elementos.

Rep.: ¿Y hay posibilidad de entrar a esta comunidad porque está tranquila?
R. R.: Bueno, ora si que no puedo pensar si la gente en cualquier momento puede sorprenderlos en el camino, o que tal si se les viene a caer una piedra y hay derrumbe; yo no puedo predecir eso.

Rep.: ¿Hay rumores de ataques a otras comunidades?
R. R.: Oh, no, ahorita no nos han avisado nada.

Rep.: ¿Y quién cree usted que está manejando esas comunidades?
R. R.: No sé güerita, ¿a usted no le dijeron aquí nada?

Rep.: No.
R. R.: Pues a nosotros tampoco, ya ve. Nadie nos dice nada, nadie quiere hablar con nosotros.

Rep.: ¿No han implementado medidas para que tengan información de esos rumores para que no suceda lo que sucedió?
R. R.: Tratamos que nuestros elementos, en los lugares donde están, hagan amistad con los pobladores. Gestionen un teléfono para que nos hablen desde las diferentes partes, no tenemos teléfono, no tenemos medios de comunicación.

Rep.: ¿Están ustedes solos como elementos de Seguridad Pública, no tienen información de otras, del helicóptero, por ejemplo?

R. R.: Bueno, si hubiera algo nos avisaría.

El otro policía: Estamos con todos los seres humanos que nos necesiten, que tengan la necesidad de que se aplique la ley porque les robaron, les mataron un familiar, los lesionaron; para eso estamos aquí.

Rep.: ¿Todos los elementos que tiene a su mando piensan igual?
R. R.: Sí —contesta seguro el comandante.

* * *

La plaza —explanada— de Polhó, con forma rectangular, tiene en dos de sus costados —ancho y largo— construcciones tipo salones, uno cuenta con baños y otro funge como bodega, ambos sirven de albergue; así que, donde antes se tomaban clases, ahora sirven de improvisados hogares. El otro costado largo de la explanada es la parte superior de una ladera, desde donde se pueden ver majestuosos paisajes dominados por imponentes montañas. A su vez, el segundo costado chico tiene un templete de unos siete por cuatro metros de extensión, con dos pilares a cada esquina y al fondo está una barda no muy alta —de un metro ochenta aproximadamente—. El piso del templete fue recubierto por pequeños racimos de hilillos de los árboles del lugar, también, la gente de la comunidad elaboró una cruz con ramas de árbol, revestida con flores de diversos colores: naranjas, blancas, entre otras —eso sucedió a mediodía—; todo esto por ser ese el lugar donde colocarían los cuerpos a su llegada; sin embargo, las flores parecían adivinar la finalidad a la que estaban destinadas, o la naturaleza mostró señales de dolor por lo sucedido, pues rápidamente se marchitaron, no obstante que no tenían más de tres horas de haber sido colocadas; de lejos esto no era muy visible, pero de cerca uno podía ver las flores caídas cerradas, como si tuviesen varios días expuestas a los rayos del sol.

Un poco más tarde, comenzaron a cavarse letrinas y dos grupos fueron formados con miras a cubrir tal objetivo; en la tarea participó un buen número de gente, tanto indígenas como caravaneros: ambos compartían pico, pala y, en general, trabajo. El calor hacía estragos en los cuerpos, rápido aparecía el sudor lo mismo en hombres que en mujeres; por momentos la labor era detenida, había pausas, esos descansos servían para tomar agua —sabor naranja—. A la par de la actividad, en el espacio donde era efectuada la labor, ya fuese en el interior de las letrinas o fuera de ellas, intercambiábamos algunos términos, palabras tzotziles: teníamos un pequeño autocurso de tzotzil con los habitantes del lugar. Esta tarea parecía fácil, mas se alargó hasta entrada la tarde y, aproximadamente, a las cinco treinta fue abandonada la actividad.

En Polhó estaba un representante de prensa del EZLN, junto con la prensa y caravaneros se ubicaron fuera del salón que albergaba a la gente desplazada, lugar aseado por la mañana y que servía de clínica; de inmediato, con su paliacate anudado a la cara, procedió a informar sobre lo ocurrido en Acteal: utilizó los testimonios de personas que huyeron o bien eran familiares de las víctimas. Varias veces el llanto no tardó en aparecer, debido a historias trágicas: en ellas la constante era la pérdida de familiares, personas que habían quedado en la soledad, en la orfandad, criaturas de vientre "no nacidos" victimados antes de ver la luz, sufrimiento, mucho sufrimiento.

Luciano, por su voz hablaron los sobrevivientes de Acteal.

* * *

Testimonios de la gente de Acteal a través de Luciano, traductor y representante del EZLN:

Luciano: Soy comisión de la información de prensa del EZLN —afirma un hombre con el rostro cubierto por un paliacate.
Reportero: ¿Van a dar comunicado?
L.: Sí.

R.: ¿Cómo lo identificamos a usted, cuál es su nombre?
L.: Pues, aquí con el Consejo Municipal Autónomo. Con Luciano —luego anuncia que la gente sobreviviente de Acteal daría su información, y enseguida pasa una persona tras otra a dar su testimonio en tzotzil mientras Luciano traduce.

María Pérez Pérez: todos los grupos paramilitares se organizaron, veinticinco personas en cada comunidad; de los veinticinco personas son de Colonia Los Chorros, Puebla, Kanolal, Chimish, Yashjemel y otras más comunidades que sí formaron veinticinco personas, que iban a hacer matazón. Entonces, es todo lo que alcanzó a escuchar la señora, pero la señora quiso mandar un aviso en la comunidad de Acteal, para no arriesgarse así llegar en sorpresa; quiso llegar a dar aviso, pero el presidente municipal se lo llevó a saber, en ese momento se lo fueron a encarcelar a la señora. Entonces, la señora está desde el sábado presa, comió y hasta ahorita no ha tomado ningún alimento, estaba encarcelada. Quiere avisar a sus familiares a que salieran de ese lugar, pero el presidente municipal supo, entonces lo encarcelaron la señora y hasta ahorita —a las doce del día— salió de la cárcel y no ha tomado ningún alimento.
Entonces, ella supo cuando hicieron esa reunión; mucha gente están hablando pues de que ya en la comunidad de Acteal, ya para el día sábado en la tarde lo vamos a matar todas las personas de allá y va a quedar como ceniza; eso es lo que dijeron pues terminando la reunión. El presidente municipal empezó a enjabonar con ella al señor porque lo notó, lo vio pués que quiere ir a dar aviso la señora; por esa razón los ordenaron a los mayores que lo agarraran, pero no lo dejaba agarrar pues, dice la señora que él andaba preguntando. ¿Qué delito tengo que me van a encarcelar, porque yo no he hecho nada?, eso es lo que respondió la señora, pero los mayoles del presidente municipal lo empezaron a jalotiar, a golpear y hasta su niñito se cayó por andar jalotiando de su mamá, y ahí se dejó agarrar y se fue a la cárcel.

La señora tiene familia en Acteal, y lo quieren ir a avisar pues de que salieran, pero ya no dio tiempo a avisar. Lo que reporta la señora de que sí, sus familiares llegó a escuchar pues de que algunos han fallecido, su familia, por esa razón los quiere ir a ver; pero, como encontró un muchacho en el camino, que saben pues que están aquí los de la prensa, entonces entró aquí en este lugar, pero lo que él dice orita está viviendo en la comunidad de Las Limas, ella, sólo porque se fue a casar a ese lugar. Entonces, la señora, ella lo despojaron de sus terrenos, su casa y todo eso los grupos priístas; como ella está en una organización de Las Abejas, por esa razón se lo están quitando su propiedad. Porque ella está ingresando a hacer trabajo en ese lugar, en el pueblo de Chenalhó; su esposo es un miembro de su gabinete del presidente municipal, por esa razón sabe muy bien lo que está pasando. Sebastián Pérez Epech está ingresado en los grupos paramilitares, bien que lo sabe la señora y lo conoce muy bien. Ella es de la comunidad de Las Limas.

Juana Vázquez Ruiz: la señora nos informa que cuando llegaron esos de los grupos armados, se les encontraba por sorpresa, no sabían qué era lo que iba a pasar y si llegan a pegar; pero, hasta después lo vieron llegar unos grupos armados, entonces, al ver eso, todos se escondieron en una parte de la cañada y ni por más pudieron salvarse. La señora quedó muertos dos hijos y una hija que ya es recién casada, y lo que pasó: la muchacha, la hija de la señora, la desnudaron la muchacha recién casada y todo quedó entripado, la muchacha. Y, después lo vio que hubo ese matazón a sus hijos, entonces, salió huyendo hacia el cerro y ahí venía saliendo poco a poco. Agrega la señora, lo vio bien claro quién fue, quiénes son, de dónde son. Y en primero es originarios de ahí mismo en Acteal, y otros partes que son de diferentes comunidades. Y lo que dice ella, pues, se siente muy bastante porque estaban rezando pues, más bien dicho, cuando llegó esos grupos armados. Ésa es su información.

María Pérez Vázquez: ella nos informa, también, casi lo mismo. Estaban en una ermita donde estaban rezando, vieron llegar a los grupos armados, pero son de la misma Acteal y otras comunidades así revueltas, son los grupos priístas. Ella también se lo mataron a su hermana y que todavía tiene un hijo y está embarazado, de ahí se murió en un arroyito donde le tocaba el balazo; entonces, salió apenas y llegó en un arroyito en donde se murió la hermana de ella. Pero sí lo vio quién echo ese balazo, un tal Armando Ruiz Guzmán. Eso es su información de ella. También, lo alcanzó a ver un tal Victorio Vázquez, del barrio de Queshtic.

71

Lorenzo Ruiz Pérez: nos acaba de informar, él vio bien, estaba afuera de sus capillas, que los vio salir hacia arriba y lo vio salir hacia abajo; la balacera vio cómo lo vino moviendo todo en derredor. Era lo que estaba informando, se murió su esposa, sus dos hijos, uno de siete años y otro de tres años. Es lo que participó. El de siete años es una muchacha, el de tres años es un varoncito. Ahí se quedó, perdiendo la vida de su esposa y sus dos hijos. Ésa es su información. Él alcanzó a ver quiénes son los agresores, es Manuel Vázquez, Javier Vázquez Luna, es lo que alcanzó a ver ahí.

Rosa Capote Pérez: ella también tiene su hermana, que se fueron a esconderse en un arroyito y, desgraciadamente, ahí salieron los priístas con sus armas; entonces, lo vieron, lo alcanzaron de ver que estaba ahí su hermana, lo metieron dos balazos y con sus hijos ahí quedaron en ese arroyito, es lo que pasa, con dos balazos salió su tripa. Esto es lo que está presentando.

Juan Vázquez Luna: este muchacho está presentando, también, su información. Se murió su papá, su mamá, su hermana, su hermanito, y ora quedó ya solo, ya no sabe dónde estar; lo vio que todos murieron, su papá, su mamá y sus hermanitos; son siete familiares que se murieron, es lo que está presentando su informe. Juan Vázquez Luna, dice tiene quince años [el niño tendría unos doce años], ora quedó huerfanito.

[No se tiene el nombre del informante]: está presentando su informe el compañero, es originario de Quextic; nada más está en la organización de Las Abejas, sólo por eso no quisieran los priístas que estén en ese lugar. Empezaron a correr grupitos de Las Abejas, y ya cuando salieron de sus casas se lo fueron a robar todo, sus pertenencias y todo lo que tienen, todo está robado. Después de eso llegaron a la comunidad de Acteal, entonces, de su mamá están ayunando, están en una capilla sin saber qué es lo que va a pasar, pero lo que pasó entonces, cuando llegaron a tirar balazos, se murió su mamá y ora es lo que nos presenta su informe.

María Pérez Tucut: la señora nos está informando que ella está muy preocupada, pues se murió dos hijos y otro —como dijera yo— hijo de su hija también se murió, pero está embarazada, está embarazada, por eso siente bastante la señora de que si su hija, pues, sus hijos, dos niños y una hija —a que está embarazada—. Es lo que está presentando la señora, y lo vio cómo salieron los grupos armados de que vinieron de Quextic, y otros vinieron hacia arriba, entonces, los que toparon, los que fueron a topar el balazo ahí donde se murieron; la señora, ella se fue por otro lado por eso se salvó; ésa es su información.

Catalina Pérez Ruiz: aquí la señora nos está informando muy grave su inconformidad, tiene un hijo, ya es casada, tiene siete hijos; pero los seis hijos ya están muertos y un herido está internado, y su nieto y su hija —como que están recién casada—, la hija de ella está embarazada y lo vio que sí se murió también. Y lo que su inconformidad, tenía otro hijo, tiene dos niñitos que los tiene la señora pues ya no hay, ya no tiene papá ni mamá los muchachitos. Por eso, ante el público lo presenta, pues, que ustedes sean testigos y haya pruebas qué es lo que sucedió; y esos dos huerfanitos ahí están con la señora. Esa es su información de la señora.

María Luna Ruiz: la señora dice que su hermana se lo quemaron su casa, se lo robaron todo lo que tiene, pues, su televisión, grabadora y todo lo sacaron en esa casa; entonces, la señora está informando que su hermana está muerta también.

Elías Gómez Pérez: su mamá está internada, pero a ver si puede salvar, todavía no sabe, pero sí quedó él solito ya, huérfano pues, murió tres hermanas y hermanitos; entonces, es testigo él de que sí están muertos todos sus familiares; solito, aquí está dando su información. Es soltero, tiene diecisiete años; no sabe dónde, en qué hospital está su mamá.

Presenta su informe el representante de Las Abejas, Antonio Vázquez Gómez: los compañeros huérfanos, cómo puede decir dónde están localizados [sus familiares], dónde están, qué médicos están curando, porque el procurador de justicia lo fue a levantar solo, sin darse a conocer de su familia, sin darse a saber si está viva o muerta su familia; tienen que presentar, hasta el momento no han visto sus difuntos padres, sus difuntos madres [lo dice llorando], sus difuntos hermanos no han visto y sus heridos. Por eso tenemos la inconformidad de lo que está haciendo el procurador general de la justicia, porque el juez municipal de Chenalhó después del tiroteo, después del derramante de sangre, en la tarde fue a levantar los heridos sin comunicar de sus familias, por eso es la situación que estamos pidiendo nosotros. Porque las autoridades se están comportando como bestias, sin, no tienen sentido común, ni [como] seres humanos.

Pobre de mi primo, está solito, su papá está muerto, hasta el momento no sabía cómo está su papá, pero sí está muerto, están muertos; pero quiero agregar una de las cosas, porque los agresores no sólo los de Acteal los que ya están mencionando, que ya algunos ya tenían los datos de sus nombres; en Naranjatic Bajo hay también agresores allá [en], Naranjatic Alto, perdón; están los señores: Manuel Vázquez Pérez, Miguel Vázquez Pérez, Cristóbal Vázquez Sánchez, Alonso Vázquez Sánchez, José Vázquez Ruiz, Vicente Vázquez Sánchez, los que hacen la violencia allá, pero tienen bien organizado cómo entran a molestar las comunidades. En Yibeljoj porque fueron desplazados están refugiados en X'oyep; los señores que hicieron acuerdo con los del Chorro, los señores agresores allá son: Nicolás Vázquez Pérez, Roberto Pérez Arias, Francisco Gómez Pérez, Benjamín Gómez Pérez, Manuel Gómez Méndez, Mariano Gómez Pérez, Bartolo Sánchez Vázquez, José Ruiz Pérez; Tomás Pérez Ruiz, Javier Gómez Pérez, Manuel Gómez Pérez, Mariano Jiménez Pérez, Agustín Méndez Jiménez, Miguel Sánchez Gómez, Mariano Arias Gutiérrez, Bartolo Pérez Jiménez, Mariano Pérez Jiménez, Andrés Pérez Jiménez, Mateo Pérez Pérez, Mariano Gutiérrez Najatichom, Agustín Gómez Pérez, Mariano Pérez Guzmán, Sebastián Pérez Sánchez, los agresores de Yibeljoj, los que robaron, los que dispararon, los que corrieron pobres compañeros nuestros que están desplazados en X'oyep. Pero, bueno, creo que es todo porque ya están repetidos los otros. Mi nombre es Antonio Vázquez Gómez, representante de la Sociedad Civil Abejas.

Yo aclaro, los presuntos agresores, los caciques priístas tienen copiado la forma zapatista; ellos usaron de otra forma sus trajes, ellos tienen cubiertos sus rostros, tienen su pasamontaña como zapatista, ¿por qué?, para que los zapatistas no se den cuenta si es su enemigo, para que se confundan; por eso hoy tienen la intención los priístas de quemar casas para inculpar a los autónomos, sí, tienen la intención, ya tienen forma de quemar sus propias casas y otras cosas, porque están cubiertos de sus rostros; entre ellos se hacen, pero inculpan a los zapatistas que son ellos los que queman casas, pero no es cierto, somos testigos nosotros, Las Abejas, porque hemos visto que son ellos; caminan comunidades y comunidades corriendo la gente, por eso cada vez crecen los desplazados. Hasta el momento nosotros, los de la Sociedad Civil, murió muchos de nuestros compañeros nuestros; no es mentira lo que estamos diciendo, porque lo mataron nuestros compañeros, son ellos, es todo mis palabras.

Verónica Vázquez Pérez: nos está informando la señora que su papá se murió, su mamá se murió, sus hermanitos se murió y, al verlo esos muertos, los que fueron a balacear sus familiares, ya después de que ya están muertos los fueron a desnudar, las señoras muertas y muertos se los fueron a desnudar, los sacaron sus naguas, su blusa y todo eso, entonces, todos quedaron desnudos; ya después de haber eso de desnudarlos empezaron a gritar todos los que fueron a balacear, empezaron a aplaudir, empezaron a chiflar, y todo eso es lo que llegó a entender la señora. Están muy tranquilos cuando lo mataron a su familia, eso es su información. Lo desnudaron pues para avergüenzar. Ella logró escapar, lo está informando, de que todos los balazos vienen hacia abajo, entonces, ella salió por una cañada, ahí donde se dejó escapar, pero sí lo vio claro de que se murió todos sus familiares, y lo alcanzó a ver las señoras que allí quedaron en el lodo, así cerca del arroyito, ahí murieron, lo alcanzó de ver que sí están muertos; son muchachas, pero ya de edades de catorce a quince años, dos muchachas, son puras niñas, puras muchachas.

Luciano: Yo creo que es todo hasta ahorita porque, bueno, llegó un aviso de que ya vienen por ahí los muertos; entonces, no sé como lo ven y podemos salir a la carretera para esperarnos tomando las notas y tomando de su presencia de ellos; pues les invito a todos ustedes para que vayamos a encontrarlos. Todavía quiere participar un compañero:

Último informante: bueno, él está presentando también su informe, que murió su papá, su mamá, su cuñada, su hijo de su cuñada, a eso que se falleció también, ése es su informe que está presentando. Bueno, es todo.

* * *

Conforme concluyó la información vertida por los desplazados-sobrevivientes, comunicada a través del representante del EZLN, y de acuerdo con el anuncio del arribo de los cuerpos, la gente se trasladó a la carretera —lo hizo tanto la población del lugar, como periodistas y caravaneros—. Desde el lugar de las entrevistas, como está en un claro de ladera, pudimos apreciar la forma en que poco a poco la luz de la tarde nos abandonó y dejaba en su lugar un viento frío, acompañado del inicio de la noche.

Los habitantes de Polhó y sus alrededores comenzaron a distribuirse a lo largo del camino de entrada, una valla humana de recibimiento a los cuerpos fue tomando forma; las personas estaban acuclilladas, sentadas o paradas, todos en espera de los cuerpos. A poco rato aparecieron los camiones que trasladaban los cadáveres, pero en ese momento dio inicio una larga espera para poder bajar los cuerpos, ya que fueron interpuestos —por parte de las autoridades— muchos argumentos que obstaculizaban tal acción sin el más mínimo sentido humano, que ahí parecía no existir. A la par de la espera, en la parte cercana a los camiones, fueron repartidas velas a los pobladores y caravaneros; todo ello en medio de una atmósfera saturada de un aire pesado, lleno del olor a descomposición de los cuerpos, lleno de muerte.

Lo que un día antes fue algarabía se convirtió en tristeza, incertidumbre, dolor, llanto; las largas cadenas humanas de solidaridad, de trabajo mano con mano, ahora eran remplazadas por dos largas hileras de personas apostadas a los lados del camino, quienes aguardaban a sus difuntos con el sufrimiento por compañía y una vela como luz, tal vez, de adiós y esperanza. Esas hileras de gente se iban agrandando con el paso del tiempo, como también se iluminaba más el camino debido a la incorporación de más velas. Mirar Polhó desde lo alto de la entrada, era observar dos alargadas líneas de lucecitas destellantes, intermitentes; recorrer el camino implicaba ver rostros con el reflejo de la preocupación y el dolor, que dejaban escapar suspiros a ratos, ya sea que las personas estuviesen sentadas o paradas; más abajo, la explanada o plaza del pueblo estaba rodeada de gente que formó un gran rectángulo humano unido a la espera de todos —una espera difícil, angustiante—. Todo constituía una escena especial: un cuadro de luto masivo, de luto indígena.

Arriba, un camión de soldados permanecía colocado justo a la entrada del camino al pueblo, más adelante había una fuerte presencia de agentes de seguridad y de unidades del ejército. A unos trescientos metros del lugar está ubicada una caseta telefónica donde, curiosamente, el teléfono no funcionaba, no podía comunicarse nadie al exterior, sólo recibía llamadas. La espera se alargaba y, con ello, el dolor. En lo alto de la entrada de Polhó, un grupo de jóvenes entonaban canciones tanto religiosas como relativas al conflicto chiapaneco, no obstante de tener enfrente un camión repleto de soldados; juego de voces y cuerdas que vencían el sentir de luto, de pena —o apoyándose en ese dolor para lograrlo—, interpretaban temas del movimiento zapatista, de su lucha como pueblos indígenas con mensajes no sólo para ellos sino para toda la nación:

MAÑANITAS REVOLUCIONARIAS
DEL PRIMERO DE ENERO

Estas son las mañanitas
que hoy venimos a cantar,
por el primero de enero
cuando el pueblo despertó.

Es el primero de enero,
el pueblo ya dijo basta
pidiendo la democracia
con justicia y dignidad;
la revolución nos llamó
y un sol nuevo se verá,
ya nuestro pueblo estará
con justicia y libertad.

Ya viene amaneciendo
ya la luz del día nos dio,
levántate mexicano
zapatista ya despertó.
Juntemos ya nuestros pasos
luchemos sin descansar,
busquemos ya nuestros pasos
busquemos la libertad.

Despierten pueblo despierten
mira que ya amaneció,
que la patria necesita
cambiar ya su situación.

Sabemos que nuestra lucha
se dirige a nuestro pueblo,
por eso la festejamos
y contento le cantemos.

Ya viene amaneciendo,
y la patria exige ya
que vivamos por la patria
o morir por la libertad.

Entre tanto, autos iban y venían, de la misma forma como lo hacía mucha gente; la espera prolongaba su duración por dos cosas: por un lado había mucho roce entre la gente de la comunidad y la Seguridad Pública, pues no querían que bajaran al pueblo elementos de dicha policía ni soldados, y éstos no entregaban los cuerpos si no bajaban, por lo que el trámite estaba más condicionado, como complicado era llegar a un acuerdo; por otra parte, también se esperaba la llegada de los familiares de las personas victimadas en Acteal, que a esa hora viajaban de San Cristóbal a Polhó con el grupo restante de la Caravana. Finalmente hubo un acuerdo.

* * *

(1)
Relato de una caravanera del grupo de San Cristóbal de las Casas:

Visitamos a los heridos de bala en San Cristóbal: las condiciones del hospital de la SSA —catalogado como "HOSPITAL AMIGO DE LA MADRE Y EL NIÑO"—, mostraban con insistencia las manchas de sangre, misma sangre que aún estaba en las manos de los heridos como costra. Ahí vimos a María, de quien supimos es una importante líder comunitaria, a quien su gente respeta y quiere; María estaba visitando a los heridos con el alma resquebrajada, había perdido a todos sus familiares más cercanos en Acteal: madre, hermanos, sobrinos, en un momento. Ella no estaba en oración porque tomaba un curso de "Pastoral India" en otra comunidad.

Compartimos la espera de los cuerpos inmolados afuera de la catedral, en San Cristóbal, alrededor de las cinco de la tarde, hora en que se había anunciado llegarían de Tuxtla Gutiérrez. Un sol de frío esplendor hacía ver aún más amarilla la fachada de la catedral, que contrastaba con el dolor e indignación en los rostros; oímos decir a Don Samuel, con su rostro sereno y sus ojos muy pero muy brillantes, "una vez más el gobierno no cumple con lo que dice y hace aún más difícil lo que de por sí ya lo es demasiado... no importa, nos mantendremos a la espera de que lleguen los cuerpos de nuestros hermanos aquí, en la que es la Navidad más triste de nuestra vida". Durante ese tiempo, hubo cantos, muchas velas y flores, entre elotes cocidos, boleadas de zapatos, organización de grupos, periodistas e incertidumbre.

(2)
Polhó, 25 de diciembre de 1997.
Reporte de la Caravana:

Alrededor de las 20:00 horas del día 24 de diciembre de 1997 bajaron al patio central de Polhó un representante de Seguridad Pública y un representante del gobierno del Estado, cuyas identidades se desconocen.

Tarde de luto en San Cristóbal de las Casas.

Al llegar a la parte del poblado, fueron recibidos por Antonio Vázquez Gómez, representante de Las Abejas (sociedad civil) y otras personas del mismo comité.

Se planeó cómo se iban a acomodar los cuerpos en la explanada y el representante de Las Abejas dijo: "Nosotros nunca hemos pedido apoyo, pero ahora sí les pedimos que los soldados se vayan, porque en lugar de ser una seguridad es una inseguridad para nosotros".

El representante del Estado preguntó que si por respeto a sus tradiciones se iba a permitir que los periodistas tomaran fotografías, tratando de hacer que Las Abejas dijeran que no. Antonio Vázquez, sin embargo, respondió que el hecho fue un acto público y que querían compartir su dolor con el mundo, para que se dieran cuenta de lo que está pasando, de su dolor, de su desgracia.

El encargado de los cuerpos (miembro de Seguridad Pública) preguntó que si bajaba, hasta donde fuera posible, las camionetas que contenían a los cuerpos, para que fuera más fácil la descarga. Luego de dialogar unos minutos en tzotzil, un integrante del comité de Las Abejas dijo: "No, se van a descargar a la orilla de la carretera".

Por último, se habló de los familiares de los fallecidos que aún no llegaban de San Cristóbal, y que se tenía que esperar a que ellos llegaran.

A las 21:45 horas del mismo día, los representantes del grupo de Las Abejas, algunos otros del Municipio Autónomo de Polhó y los responsables del traslado, discutían el plan que se iba a seguir.

El convenio fue el siguiente:

1. Los cuerpos van a ser bajados de las camionetas de los policías.

2. Se van a acomodar en la explanada de la escuela, según orden numérico.

3. No se va a tocar a los cuerpos.

4. El día 25 por la mañana se llevará a cabo una misa general para todos los difuntos.

5. A las 6:00 hrs. del día 25 llegarán los camiones de Seguridad Pública para volver a subir las cajas de los occisos y transportarlos a Acteal.

6. Una vez en Acteal, se bajarán los cuerpos para realizar la identificación por parte de sus familiares.

7. Se entregarán los cuerpos a los familiares para que lo sepulten en donde ellos elijan.

* * *

Mientras corría el tiempo de espera, aparte del canto humano hubo otro canto, justo en la entrada del poblado —cerca de donde estaban las camionetas con los cuerpos—; era un canto melancólico: el canto de la naturaleza expresado a través de infinidad de grillos. Sí, nuevamente la naturaleza mostró sus señales de duelo para con la zona, como ya lo había hecho durante la mañana con las flores rápidamente marchitadas; esta vez, la mayoría de los grillos de los alrededores parecía haberse puesto de acuerdo en concentrarse en un mismo lugar, la pequeña cuesta localizada frente a la entrada de Polhó; el canto que producían era uno solo, fuerte, repetitivo. Era como si los grillos, a través de su rítmico sonido, le dieran el adiós a quienes perdieron su vida en Acteal y, a la vez, acompañaran tanto a los cuerpos —eran un pequeño ejército de escolta— como a los pobladores del lugar —dándoles su pésame mediante su canto—, durante la espera. Mas solamente permanecerían ahí aglutinados en ese momento, después proseguirían su cantar dispersos como suelen hacerlo todos los días, pues poco a poco fue cesando su sonido luego de dar comienzo el descenso de los cuerpos a la comunidad.

Así, entre las diez y las once, después de una muy prolongada espera de horas, los cuerpos fueron bajados en camionetas de carga al centro de Polhó. El movimiento de gente tomó un fuerte vigor, personas subían y bajaban; la expectación crecía, ya que una pequeña espera tuvo lugar, ahora debida a la duda de dónde abrirían las puertas de las camionetas, que muchos esperaban ver por fin abiertas. Mientras tanto, el olor de los cuerpos en descomposición, el olor a muerte llenaba el ambiente impregnándolo todo; éste se intensificó al abrirse las puertas y al empezar a bajar los cuerpos, al mismo tiempo, la prensa saciaba su sed de obtener las mejores fotografías y una lluvia de flashazos tuvo lugar.

Uno a uno se sucedían los ataúdes, así como las personas que los cargaban y llevaban sobre sus hombros; uno a uno eran colocados en la explanada de Polhó, no sobre la plataforma con racimos de juncia —como pensamos—. El llanto brotó, al igual que las interrogantes y la indignación, sobre todo cuando fueron bajadas las pequeñas cajitas blancas de los niños asesinados; eso provocó en los corazones ahí presentes un dolor profundo. El tiempo en que se bajaban los cuerpos parecía incrementar su duración normal, pues eran muchos, 45 para ser precisos; a eso hay que sumar el tiempo en el cual cada camioneta bajaba, abría sus puertas, era descargada e iniciaba el ascenso de nuevo.

Una vez bajados y colocados todos los cuerpos en la explanada, ésta llenó su capacidad en tres cuartas partes sólo con féretros distribuidos en cuatro hileras, donde reposaban niños, mujeres y hombres sin distinción de edad; alrededor la gente con velas en las manos acompañaba a sus deudos. A las doce de la noche, sería celebrada la Navidad en muchos lugares, pero en Polhó tuvo lugar la velación de quienes perdieron la vida en Acteal. Al fondo se escuchaba una canción religiosa:

> Envía tu poder,
> envía tu poder,
> envía tu poder Señor.
> Ayúdame, Señor,
> ayúdame, Señor,
> ayúdame, Señor Jesús.

Duelo profundo en Los Altos de Chiapas.

De inmediato dio inicio un oficio religioso; primero intervinieron personas de la comunidad con sus rezos y, después, empezó una misa con la participación de cuatro sacerdotes. De nuevo indígenas y no indígenas convivían mutuamente, esta ocasión con solemnidad y compartiendo el dolor, incluso, todos procedían a hincarse cuando así era requerido; lejos había quedado el viento helado, el cansancio o lo avanzado de la noche. La ceremonia también tocó puntos de justicia, todos coincidían en exigir castigo a los responsables era un

82

Nochebuena, Nocheamarga.

sentir común; un religioso ligó lo sucedido con la figura de Jesús y el día 24: "Nace Jesús y las autoridades, el poder, quieren acabar con él porque resulta peligroso; esa nueva vida resulta peligrosa para el poder, para el viejo poder, para el poder que no tolera otro poder". Ahí tuvo lugar la lectura de dos misivas. Todos escuchábamos atentos, consternados, sin importar que dieran las doce, la una o las dos de la mañana; los féretros, la plaza, con la gente a su alrededor, parecían un imán de atracción humana.

* * *

(1)
Fragmento de las palabras del sacerdote Oscar Salinas durante el oficio religioso:

Hoy es la noche de Navidad y creo que no habrá aquí alguno que haya vivido una Navidad parecida; es una Navidad sumamente especial y seguramente diferente de cualquier otra. En este largo rato en el que hemos ido viendo cómo fueron depositados todos estos restos mortales de nuestros hermanos, aquí delante de nuestra mirada, mi corazón se ha ido indignando, en mi corazón hay una confusión de sentimientos y de pensamientos. Este pueblo ha sido ofendido. Estamos en una Navidad muy parecida a la primera y verdadera Navidad.

(2)
24 de diciembre de 1997

LA SOCIEDAD CIVIL "LAS ABEJAS" DE SAN PEDRO CHENALHO DA A CONOCER SU DOLOR Y SU INCONFORMIDAD

A LA OPINIÓN PÚBLICA
A LA PRENSA NACIONAL E INTERNACIONAL

Hoy con mucho dolor en nuestros corazones, damos a conocer que los caciques priístas y grupos paramilitares, mataron a nuestros hermanos y hermanas inocentes, también mataron a nuestro jefe de zona de catequistas católicos Alonso Vázquez Gómez. Los mataron porque no están de acuerdo con la violencia. Los católicos, junto con nuestro jefe de zona, estaban reunidos en la ermita haciendo oración y ayuno, pidiendo la paz del pueblo, pues el mal gobierno manda a matar a los ancianos y ancianas, niños y niñas, todos ellos inocentes pues no cometieron ningún delito.

Por eso, hoy exigimos el castigo de los agresores, porque además de los asesinatos cometidos, son los mismos actores de la quema de casas y robos de las pertenencias de los desplazados.

Hacemos un llamado a todas las organizaciones nacionales e internacionales para que juntos denunciemos la guerra sucia que estamos viviendo y ya no se derrame nuestra sangre.

Nunca olvidaremos la sangre de nuestros hermanos, aunque nos maten, nunca nos callaremos. Porque la imagen de nuestros hermanos muertos sigue caminando con nosotros, y juntos seguiremos caminando con el Dios de la vida. Nunca olvidaremos esta dolorosa Navidad, nunca olvidaremos a nuestros hermanos y hermanas caídos, porque es Dios quien sufre con los pobres y con los que luchan por el bien de su pueblo.

ATENTAMENTE
ORGANIZACION "LAS ABEJAS"

(3)

24 DE DICIEMBRE DE 1997

Al presidente de la república.
Al pueblo de México.
A la comunidad nacional e internacional.

Nosotros, la sociedad civil Las Abejas del pueblo de Chenalhó, Chiapas, denunciamos los hechos ocurridos el día de ayer 22 de diciembre, de este mes y año de 1997. Cuando nosotros nos encontramos haciendo oración, adorando y pidiendo a Dios que se calmaran los problemas que hemos venido dando desde hace meses en nuestro pueblo. Nosotros somos de la sociedad civil que buscamos la paz y la tranquilidad. Nosotros siempre hemos manifestado en contra de las armas, sin embargo, en ese día fuimos masacrados sin piedad a manos de asesinos.

Y, ¿qué hemos hecho nosotros para que nuestras mujeres, nuestros niños y nuestros hombres sean muertos?, ¿qué han hecho los niños que han sido masacrados por las armas de alto poder? Es por eso que exigimos la encarcelación, a cadena perpetua, a todos los asesinos; que el gobierno no se haga el ciego de pronunciar que en Chiapas no hay guerra de baja intensidad, que las autoridades castiguen a las autoridades intelectuales.

Si el gobierno tiene miedo de perder el poder, que lo mantenga limpiamente, no a través de paramilitarizar ni formar escuadrones de la muerte. Si tantas ganas tiene de que asesine, que se enfrente con quien realmente puede defenderse; nosotros, la sociedad civil que solamente buscamos la justicia y la paz, somos un grupo con cinco años de lucha como sociedad civil, organizados nosotros, nosotros no usamos las armas.

Exigimos la destitución de los siguientes personajes, que han quitado directa e indirectamente nuestra sangre:

1. Julio César Ruiz Ferro, gobernador impuesto, actuó indirectamente en la masacre de los inocentes en el estado, porque no ha escuchado nuestras demandas; pedimos que se castigue y se meta a la cárcel, porque no es posible que tengamos tantos muertos en el Norte, los Altos, la Costa y todo el estado de Chiapas.

2. Jacinto Arias Cruz, presidente municipal del municipio de Chenalhó, Chiapas, de sus ayuntamientos, de sus autoridades del portar armas, que a su vez es apoyar a los autores intelectuales, exigimos la destitución y castigo con todos los honores, el peso de la ley.

3. Como prueba pedimos que se castigue a Uriel Jarquín, subsecretario de gobierno, porque es quien dirige los operativos de policía que mata a todos los indígenas.

4. Que se meta a la cárcel al subsecretario de gobierno, Homero Padilla Luciano, porque es la policía que entrena y apoya a los paramilitares.

La mayoría de los asesinos cardenistas se encuentra en las comunidades de Los Chorros, Esperanza, Kanolal, Tzahmem-B'olom, Chimish, Acteal, Flores, todo el municipio de Chenalhó, Chiapas. En la comunidad de Los Chorros existe un campamento de entrenamiento para exterminar a la sociedad civil —niños, mujeres y hombres—, al EZLN, al municipio autónomo de Polhó.

Ahora tenemos que seguir nosotros, ahora si no más tarde nos van a hacerlo pior. Ya basta de muertes, pobreza y de tensión. Castigo a Julio César Ruiz Ferro, Uriel Jarquín, Homero Padilla. Pedimos el apoyo de todo el mundo, si no es vergüenza para México tener asesinos de gobierno, creemos que ya no, queremos que no.

Atentamente
La sociedad civil Las Abejas

* * *

La imagen de la gente en la plaza, las flores, los ataúdes muy sencillos —de madera, con una cinta que sólo decía la inhumana frase: "adulto femenino", "niño masculino"—, y la gente del lugar le daba a todo un toque especial de solemnidad; tal vez, no haya palabras para describirlo, pero sí para indicar la pobreza de la gente, lo amargo y triste de esa Navidad que, como dijo un sacerdote: "es una Navidad que no se va a olvidar", en un lugar donde "Jesús nació acuchillado". Cierto, pocas navidades llegan a ser como ésta, al menos en la historia del país; aquí, la lejanía de la zona le impidió la celebración navideña al estilo urbano, y hoy el luto ensombreció aún más la noche, acentuó un cuadro desgarrador, aunque en el cielo la oscuridad era minimizada por el brillo de las estrellas.

Contrario a lo que se da por hecho como Navidad —la celebración de un nacimiento, de vida—, aquí en Polhó y en todo el municipio autónomo y estado de Chiapas, hoy reinó la muerte y con su manto cubrió la zona; en vez de sonrisas en los rostros y brindis con las copas asidas en las manos, aquí hubo lágrimas sobre las mejillas y entre las manos velas —acompañado de suspiros y miradas perdidas—. De manera contundente podemos afirmar lo siguiente sin temor a equivocarnos: hoy, día de Nochebuena, se tornó en lo contrario, en una Nochemala, en una Nocheamarga. Lo más lamentable es que la versión oficial primero manejó como explicación un "enfrentamiento", y luego lo comenzó a secundar la idea de haber sido a causa de "conflictos intercomunitarios, interfamiliares".

* * *

Entrevista con Erasto Ruiz Pérez, desplazado de 18 años herido en Acteal, internado en el Hospital Amigo de la Madre y el Niño, de la SSA.

Caravanera: ¿Qué pasó, por qué estás aquí en el hospital?

Erasto Ruiz Pérez: Yo vení porque echaron balazos aquí en mi pierna y otro en mi costilla, dos balazos me echaron. Y dondè echó la bala, aquí en comunidad de Acteal el día lunes como a las doce. Estoy rezando, orando en la iglesia de Acteal y ahí se vinieron los matadores, había mucha gente; lo rodearon todo... quedaron muchos muertos. Cuando se murieron los hombres y mujeres se quedaron desnudos, desnudas se quedaron las mujeres; y también los niños que están chiquititos le echaron bala, pero el chiquitillo todavía no tiene culpa. Así es.

C.: ¿Ustedes tenían armas?

E.P.R. No, somos sociedad civil, grupo Las Abejas, no queremos tener armas, queremos paz, es zona neutral.

C.: ¿Cuándo llegaste aquí te bañaron?

E.: No.

C.: ¿Ni te han lavado las manos?

E.: Nada. Me hicieron operación.

C.: ¿En qué trabajas?

E.: Estoy trabajando en el campo. Tengo cafetal, tengo milpa... primero se llevaron todo, en mi casa no hay nadie.

C.: Sus casas, ¿las quemaron?

E.: Las quemaron... no tengo casa, parece que soy animal.

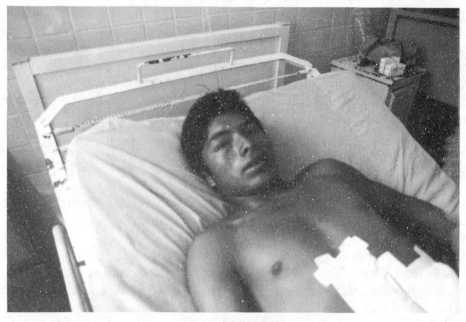

Erasto y su pesar.

* * *

25 DE DICIEMBRE DE 1997

El amanecer llegó muy pronto; mucha gente de la Caravana permaneció en los dormitorios debido a la velación de la noche anterior, aunque otros no durmieron nada. Sin embargo, en la cocina ya algunos iniciaban las actividades muy temprano —alrededor de las seis de la mañana—. En el lugar el clima era frío, un viento helado y la neblina envolvían los cuerpos de quienes transitaban en la zona. A pesar de las condiciones ambientales, en una toma de agua cercana a un salón-albergue, los habitantes de la comunidad acudían presurosos con cubetas, ollas o cualquier tipo de recipiente por un poco de ese líquido vital, principalmente mujeres, niñas y niños; todos portaban muy poca ropa —algunas veces los niños van semidesnudos y sin zapatos—, y uno ve hundirse en el lodo y agua helados sus pies desprovistos de cualquier protección; sus rostros, ya acostumbrados a tales condiciones de vida, no muestran gestos que evidencien sensaciones de frío, aun cuando todavía no salía el sol ni poseían formas de producir un poco de calor —aparte de pequeñas fogatas.

La mayoría de los caravaneros estaban dormidos cuando comenzaron a subir los ataúdes a los camiones; el ruido los puso en alerta; con este movimiento el rumor de efectuar una misa en Polhó, antes de partir hacia Acteal, quedó descartado, pues la gente quería tener lo más pronto posible los cuerpos de sus seres queridos en el lugar donde perdieron la vida. En la explanada la gente permanecía acompañando los 45 féretros, no abandonó en ningún momento durante toda la noche ese sitio; en la periferia de la plaza había una que otra fogata con ollas de café o té, que la gente consumía en pequeños jarros de barro o tazas de plástico. Inclusive, los pobladores elaboraron nuevas cartulinas, en ellas brindaban mensajes religiosos y de esperanza vertida en cada una de las muertes habidas, o denunciaban los hechos.

Es anunciada la conformación de una procesión para llevar y acompañar los cuerpos; gente de toda la zona comenzó a congregarse tanto en la explanada como en las orillas del pueblo, a ellos se sumarían muchas personas de la sociedad civil, de diversos organismos no gubernamentales o de derechos humanos, reporteros, artistas, extranjeros, intelectuales, religiosos, entre otros. Como a las 8:30 salió la procesión rumbo al poblado de Acteal, con ellos iban también una parte de los caravaneros, luego los alcanzó otra, y un tercer grupo permaneció en Polhó por razones de seguridad, pues pretendía evitarse incidentes o ataques de agresores si la comunidad quedaba sola y sin gente de sociedad civil. El segundo contingente de caravaneros tardó en alcanzar la procesión por retrasos al partir.

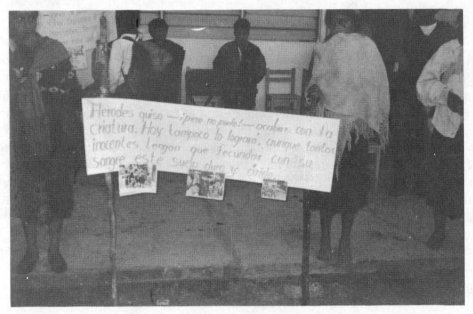
Voces que esperan ser escuchadas.

Durante el trayecto sucedieron varios incidentes relacionados con el crimen cometido: en varias ocasiones la gente reconoció a los culpables de la agresión, quienes transitaban —irónicamente— por la carretera, o señalaba las casas donde vivían. En dos lugares tuvo lugar la aprehensión de personas, otros fueron sacados de su propia casa; de una camioneta de redilas, escoltada por otra de seguridad pública, fueron identificados más agresores, así, de escoltar la policía pasó a "aprehender" personas. Todo tenía lugar en un ambiente permeado de tristeza y, también, de reclamo de justicia popular; éste aparecía con mucha fuerza, crecía más ante tanta impunidad.

Los camiones que llevaban los cuerpos marchaban al frente de la procesión, detrás de ellos se extendía una larga hilera de seres humanos de diversas etnias, lenguas, países o credos; muchos portaban flores blancas o velas, principalmente los lugareños, quienes además vestían sus ropas tradicionales que los identifican entre sí y los distingue de otras etnias del estado. El andar era constante, la procesión había adquirido su propio ritmo de avance, en ella podían ser escuchados pequeños comentarios; palabras entrecortadas brotaban de las gargantas de muchos, breves susurros se perdían en el viento; el llanto emanaba de los familiares de las víctimas de Acteal, sus caras dibujaban gestos de un dolor profundo, de indignación; ojos vidriosos, con lágrimas contenidas a punto de salir, aparecían en la mayoría de quienes iban en la procesión. En contraste con este panorama tan desolador, de luto, se erguía la belleza y lo imponente de los paisajes a los lados de la carretera, de las altas montañas, del claro cielo azul, del exquisito verde recubriendo todas las superficies, en pocas palabras: de una gran riqueza natural al lado de una gran pobreza y tristeza humana.

Los Altos de Chiapas rumbo a Acteal.

Una vez habiendo llegado hasta Acteal, lugar donde serían enterrados los cuerpos, los camiones no fueron descargados al momento por argumentos carentes de toda lógica, ni con un poco de sentido humano, emitidos por las autoridades; así, dio inicio una nueva espera —esperar ya parecía hacerse costumbre— acompañada no de la oscuridad y el viento frío, como en la noche anterior, sino de intensos rayos de sol y humedad que provocaban la aparición

91

de gotas de sudor en los cuerpos de hombres y mujeres; en poco tiempo, la confusión se apoderó del lugar. Además, ocurrió un nuevo problema en torno a la verdadera impartición de justicia, al aparecer en escena otro presunto culpable: los lugareños lo identificaban como uno de los responsables de lo sucedido en Acteal, y pedían su inmediata detención; el destacamento de Seguridad Pública lo defendía, con el capitán Rivas al frente, arguyendo que debían esperar la llegada de autoridades calificadas para poder tomarle su correspondiente declaración.

Los ánimos se prendieron por la actitud de la Seguridad Pública, las personas exigían justicia y cuestionaban la actuación de los integrantes de la policía sin dejarse intimidar; incluso, una mujer indígena de tez morena, peinada a dos trenzas, encaró fuertemente al comandante Rivas y le dijo, sin dejar de mover sus brazos mientras hablaba: "mírame, es cierto, soy mujer, amarro mi falda para enfrentarlos, por qué, porque le digo eso; pobre gente inocente por qué le hicieron eso, pobre gente inocente". Los elementos de Seguridad Pública daban respuestas a las interrogantes surgidas, aunque no obtenían buenos resultados, pues la gente no les daba credibilidad; en vista de sus escasos resultados, los elementos de dicha corporación decidieron retirarse poco a poco hacia el lugar donde estaban sus unidades, y consigo llevaron al supuesto agresor aunque no detenido; esto fue una clara táctica de ganar tiempo, mientras los pobladores —con su indignación— proseguían conversando con reporteros; sólo a lo lejos pudo observarse cómo el grupo de Seguridad con el agresor iban perdiéndose paulatinamente. Todo esto sucedían en un pequeño espacio y tiempo.

* * *

Fragmento de conversación con pobladores en Acteal:

—Ahorita la gente no lo quiere dejar —habla una mujer—, porque la gente lo conoce que son ellos los líderes, o uno de ellos participaron en la masacre; porque totalmente la prensa, el radio lo sabe ya que sí participó, es por eso que la gente no lo quiere dejar.

—¿Y la Seguridad, ella estaría de su lado? —le pregunta una reportera.

—Sí, pues ahí está la seguridad y no lo quiere llevar —responde firme un hombre—; es que dicen pues, esa gente ha querido atacar varias comunidades que no ha logrado.

—¿No hay leyes propias en la comunidad? —refiriéndose el entrevistador a si lo pueden detener según sus leyes.

—Sí hay, no es necesario con su ley, basta con que razone bien la gente —contesta nuevamente el hombre—. Aquí siempre ha razonado, pero ahí están esos —dirigiéndose a la Seguridad Pública— los que no razonan, los que quizás no sé qué tienen en su cerebro, eso es lo que pasa. La gente siempre ha razonado aquí, siempre ha razonado, siempre razona la gente.

—Es que aquí la gente no razona, no piensa —comenta en tono irónico la mujer para apoyar lo dicho por el hombre—; porque la gente de aquí tienen un acuerdo: que lo que van a hacer deben marcharlo bien, a lo limpio, no a lo sucio, pero el líder de los priístas, ellos son los que están haciendo política sucia, no limpia. Ellos, la gente de aquí lo que le da coraje, porque la gente de aquí manifiestan por su derecho, porque aquí hablamos dentro del pueblo chiapanecas, hablamos dentro del municipio de Chenalhó; están marginados el pueblo, porque están marginados no tienen nada, no ayuda, no dan el ayuda; le dan el ayuda el propia gente líder nada más, no para todos, líder priísta.

—Le dan ayuda, pero armas es lo que da —añade el hombre.

—Por eso aquí la gente lo sostiene, la gente que sí sabe quiénes son los que sean PRI, porque la misma autoridad lo está haciendo, por eso la gente ahorita, ya la propia gente nativo de aquí ya lo conocen quienes son, y por eso quieren ellos que sí se detenga aquí; porque ahorita nos dijo el PGR que aquí lo vamos a esperar, después del entierro se va a hacer una comisión. Entonces, a quién se cumple: a la guardia blanca, a la guardia, a la Seguridad que tienen o se le cumple a la PGR que viene del Distrito Federal.

—Él dijo que todo los que se puedan detener que lo detengan aquí —complementa el hombre—, y luego terminado el entierro lo vamos a ver, eso es lo que dijo la PGR; Juan Sánchez Pérez —un informante a su lado—, él dice de que antes como han pasado estas cosas, él pertenece de la sociedad civil pero se ha dado cuenta de lo que pasa, lo que hacen los priístas.

—¿Dónde lo van a llevar?, ya se fue, ah, ah, aah —interrumpe y exclama la mujer, para indicar la retirada de la policía con el agresor.

—Dice que siempre están acompañados por Seguridad Pública —prosigue el hombre luego de la interrupción—, siempre están vestidos por Seguridad Pública; cada vez que llegan a robar cada casa, cada vez que llegan a balacear cada casa, todo, a incendiar las casas, siempre andan acompañados de Seguridad Pública dicen, bien protegidos por Seguridad Pública; donde van a ir a balacear algún comunidad que siempre bien protegidos por Seguridad Pública dicen, con sus trajes, y ellos también hasta se visten de Seguridad Pública, es lo que dice él, les prestan el traje; entonces, lo que la gente de Yibeljoj dice es que no quieren ningún problema. Él dice pues, de que la gente que no quiere problemas, supuestamente es PRI, es la gente, pero no quiere problemas; entonces, qué fue lo que le hicieron: que lo amarraron de manos y que lo quisieron llevar arrastrando así en carro, pero no lo llevaron así; lo llevaron a Los Chorros, que allí declaró por qué no quiere guerra él, que le preguntaron si es civil o es zapatista, que dijo él al agente municipal, "ustedes lo saben quién soy, si soy PRI o soy sociedad civil, ustedes lo saben —les dijo— que si soy zapatista; entonces, el agente mismo respondió que es PRI, porque él lo dice que es PRI, el agente, y por eso se salvó, y si no lo hubieran matado ahí, es lo que declara él. Ellos llegaron a acusar en derechos humanos, pero los guardias blancas, los príes de aquí no les gustó, entonces los corrieron, dice que fueron amenazados porque hicieron eso; él es un desplazado, los corrieron de su comunidad: por qué, porque denunció lo que estaba pasando, entonces, los príes no quieren que se denuncie, quieren que hagan lo que quieran, entonces, los corrieron esos señores, ésos son desplazados, eso es todo.

—Ya lo llevaron, pues —retoma el tema la señora.

—¿Y no saben dónde? —interroga la reportera.

—Pues no se sabe —responde la mujer.

* * *

En medio de la espera hizo su arribo el obispo de San Cristóbal de las Casas, Samuel Ruiz, mejor conocido por los indígenas como Tatic, debido a su acercamiento con ellos. Más tarde, se procedió a bajar —por fin— los cuerpos de las víctimas de Acteal; uno a uno fueron conducidos los féretros hasta un pequeño campo abierto, ubicado en una hondonada —a un lado de cañadas—, a través de una vereda que baja desde lo alto de la carretera; la labor tenía un alto grado de dificultad ya que las piedras, el lodo y lo empinado del camino ocasionaban que el suelo estuviese muy resbaladizo, lo cual hacía que el descenso de los ataúdes fuera lento y prolongado por el peso de cada uno.

Abajo, en la hondonada, había sido improvisada una superficie rectangular para albergar los cuerpos durante la misa y, en uno de sus extremos, fue ubicada una pequeña mesa a modo de altar ligeramente techado; el lugar estaba rodeado por altos árboles, algunos de ellos frutales, entre los cuales resaltaban los de plátano, cuyas hojas aprovechan para techar las estructuras que les sirven de campamentos. Ahí, en el claro, los ataúdes fueron colocados en cuatro hileras, al frente de éstos, en la primera hilera, estaban las cajitas blancas de los niños: nuevamente una explanada apareció repleta de féretros, pero ahora iluminada por la luz del día.

Regresando a casa para siempre.

El extremo donde estaba colocado el modesto altar tenía, en su parte posterior, una cruz de madera como fondo, a los lados dos troncos verticales sostenían otro horizontal más largo; ahí, frente a la cruz, se hallaba el obispo Samuel

Acteal: la vida y la muerte.

Ruiz, acompañado de otros sacerdotes dispuestos a iniciar una misa; la mesa-altar lucía un mantel blanco con algunos recipientes llenos de flores, vino de consagrar y agua, también, alrededor del piso habían sido colocados adornos florales. Así, la ceremonia religiosa dio comienzo; en ella constantemente Samuel Ruiz mencionaba que ese día nacía vida, que era la Navidad más triste de que se tuviera memoria, ligaba la muerte masiva del lugar con un renacer: "es un luto para el país todo, pero es un luto, hermanas y hermanos, que tiene esperanza". Por momentos la misa era en español, otras veces en tzotzil; participaban tanto los religiosos como pobladores del lugar, éstos últimos oraban profundamente, llevaban sus manos a la cara para limpiar sus lágrimas, cerrar sus ojos y, tal vez, con objeto de escapar un poco del lugar, de todo cuanto les sucedía, o para cubrir su rostro afligido. Los cantos de las mujeres en tzotzil llenaban el lugar, hacían de aquello un bello e impresionante coro de despedida a sus difuntos que, a ratos, era enlazado con sus rezos y luego daba paso al silencio —un silencio que decía muchas cosas.

Detrás de donde era oficiada la misa, en un punto un poco elevado, algunos hombres permanecían parados sosteniendo una manta en la que denunciaban los hechos, nombres de los responsables y exigían justicia a las autoridades.

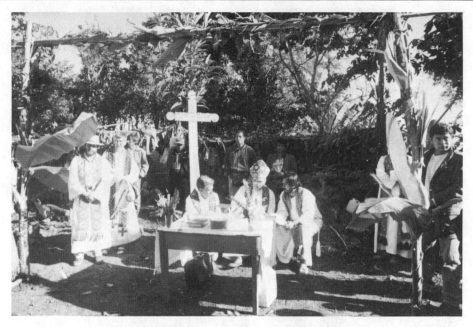

Una oración por los caídos.

Durante la misa, un momento muy especial acaeció cuando todos oraron en voz alta, el sonido de las voces en conjunto fue impactante. También, hubo espacio para un pequeño oficio religioso de personas no pertenecientes a la religión católica. En varias ocasiones, las voces de quienes oficiaban el acto religioso sonaban entrecortadas, o por momentos dejaban de hablar: el llanto o nudos en la garganta —apreciables a distancia— les impedían proseguir. Después bendijeron los ataúdes, luego los familiares, que habían sido invitados a permanecer al frente y a los lados, pasaron a despedirse de cada uno de sus deudos; por lo general, todas las personas recorrían uno a uno los féretros, en ellos, colocaban una flor y rezaban un poco antes de pasar a otro o les prendían velas. En el extremo del altar, cada uno de los familiares pasó a recibir el pésame del obispo y de los otros religiosos.

Durante todo el oficio religioso, y desde que fueron comenzados a bajar los féretros, el olor a cuerpos en descomposición, a muerte, inundaba todo el lugar; si en la noche ese olor era penetrante, un día después lo era aún más; aunque, pasado cierto tiempo, al igual que en la noche anterior, las fosas nasales hacían suyo ese aire como si fuese normal, sólo si uno aspiraba demasiado fuerte sentía el desagradable hedor recorriendo hasta lo más profundo sus vías respiratorias. A esto debía sumársele el ambiente extraño de Acteal, ¿por qué extraño?,

97

Un doloroso adiós.

porque conforme uno llegaba al lugar y comenzaba a descender, esa zona poseía una atmósfera pesada: los rayos del sol, las sombras de los árboles, el viento y la vegetación parecían advertir algo, daban la sensación de una profunda tristeza, de terror; era como si todo ahí —la naturaleza— hablara, contara lo sucedido a quien llegase; uno comprendía de inmediato la magnitud de todo cuanto había pasado con ver, estar en el lugar, al aspirar ese "aire" de muerte, al observar a la gente con su profundo sentir y pobreza. Por ello, resultaba muy difícil contener el llanto, aunque las personas fuesen muy fuertes tarde o temprano uno acababa por dejar escapar lágrimas de sus ojos, lo mismo los hombres que las mujeres. Esto se incrementaba si uno recorría el lugar y veía en algunos puntos manchas de sangre, ropa desgarrada, los utensilios tirados por doquier en que preparaban y comían sus alimentos los victimados —muestra de lo inesperado del ataque—, los casquillos en el piso de balas de diversos tamaños y calibres —que daban una idea del potencial de las armas utilizadas—, las perforaciones de impactos en árboles o construcciones, o los posibles lugares de refugio: en conjunto, todos estos elementos daban a entender la desesperación de la gente al verse atacada, de lo horrendo que fue su muerte, de la falta de todo respeto por la vida, de la inhumanidad de quienes perpetraron tal acto macabro.

Con dolor profundo.

Al finalizar la misa, ya entradas las tres de la tarde, todo estaba listo para efectuar el trámite de identificación, al término del cual serían colocados los cuerpos en una fosa de grandes dimensiones, dividida en dos secciones; de ésta había iniciado la excavación muy temprano, en ella participaron tanto indígenas como personas que asistieron al entierro. Sin embargo, la tardanza y los obstáculos volvieron a aparecer.

Con objeto de realizar tal trámite, fue colocada una mesa del ministerio público con dos máquinas de escribir en donde serían levantadas las actas de cada una de las víctimas; detrás de ambas máquinas estaban formados en hileras más de veinte casquillos de armas de diversos calibres. El primer contratiempo surgió ante la indecisión de fijar un lugar en el que serían abiertos los ataúdes:

de pronto abrían uno donde fueron colocados inicialmente todos, luego lo cerraban y llevaban cerca de la fosa, o lo dejaban a una distancia intermedia entre ésta y el lugar de la misa; ese ir y venir aumentaba lo dramático de la situación, sobre todo con respecto a los familiares, pues, igual que los féretros, iban y venía de un lado a otro.

El proceso de identificación se efectuaba de la siguiente forma: primero, cada una de las bolsas que contenían los féretros eran abiertas; luego los familiares de las víctimas se acercaban, con la expectación por delante, a ver si reconocían de entre los restos a sus seres queridos; más adelante veían lo correspondiente al papeleo de las actas —verificar datos—. Una compañera de la Caravana comenta al respecto: "el momento de identificarlos fue dramático, hubo quienes sí encontraron a los suyos y, en un rinconcito de la caja, les depositaron alguna prenda de las preferidas y mejores. Otros con aplomo dijeron 'no está ahí mi familia, los rostros están hinchados con la lengua salida, no se les reconoce'", al tiempo que el olor era cada vez más penetrante.

Este procedimiento fue lento y doloroso, tan lento era que los familiares esperaban su turno sentados a los lados de los ataúdes; mucho tiempo pasó antes de concluir tal acción, al menos dos horas y media. Después de la ya tan prolongada espera, los cuerpos fueron conducidos por fin —poco a poco— hasta la gran fosa común o comunitaria; ahí la tierra cubrió los ataúdes, la presionaron con palos —golpeaban sobre ella con objeto de apretarla—; encima de la tierra colocaron flores, veladoras, ceras e incienso. A todo esto nosotros lo llamaríamos un entierro, mas los indígenas en su extraordinaria concepción del mundo y de la vida no decían enterrar a sus muertos sino "sembrarlos"; realizaban el acto de sembrar cada uno de los cuerpos como quien deposita una semilla en la tierra en espera de ver con el paso del tiempo su fruto; esta idea de sembrar los cuerpos también correspondía a la manejada durante la misa: ahí la muerte masiva de quienes fueron masacrados era sinónimo de vida, con ello iniciaba algo nuevo lleno de esperanza.

Por otra parte, los caravaneros durante la misa estuvieron ubicados al frente de donde estaba el altar —con los féretros de por medio— o a los lados; el tiempo que transcurrió luego del oficio religioso, la mayoría tomó asiento en una ladera desde donde se dominaba toda la zona, aunque otros permanecieron dispersos o procedieron a conocer el lugar —mismas actividades realizadas por muchos de los asistentes, indígenas o no indígenas, dado el tiempo transcurrido—. Esta ocasión hubo una fuerte presencia de los grandes medios de comunicación, tanto nacionales como internacionales, no como cuando llegamos a la zona, pues entonces eran pocos quienes llegaban con cámaras a obtener reportajes de lo que sucedía.

Tierra de sangre.

Los pobladores de la zona también tomaron algún alimento, principalmente su pozol: una bebida y comida a la vez, consistente en agua y maíz cocido vertidos en un recipiente; con las manos aprietan el maíz, deshaciéndolo poco a poco hasta obtener un líquido blanco con una masa suave y eso es, en muchas ocasiones, el único alimento que ingieren a lo largo del día. Por cierto, los recipientes donde toman pozol son, generalmente, simples jícaras de plástico. Otros de los alimentos que consumen son tortillas, camotes cocidos, pequeños tamales y frutos.

La tarde avanzaba en Acteal, el gran número de féretros —45— hizo del entierro algo muy prolongado; al concluir todo, y aun antes, la gente comenzó a retirarse, y aquel sitio aparecía un tanto vacío. No obstante, los pobladores permanecían ahí; en ellos, así como en la zona en su conjunto, uno podía ver dos facetas opuestas: por un lado se ofrecía el rostro de muerte, plagado en toda la atmósfera, en la gran sepultura y materialmente presente en los restos de los victimados; por otra parte, a lo largo y ancho del lugar uno podía ver un elevado número de niños y niñas —de diversas edades, muchos de brazos—, en ellos se reflejaba el opuesto del primero: la vida, el motivo más grande de todos para seguir adelante.

Futuro incierto.

Los caravaneros esperábamos sólo la indicación, por parte de los coordinadores, para retirarnos. De pronto, de entre un camino ubicado a un lado de la ermita de Acteal, llegó un hombre de manera presurosa, detrás venían otros; el primero entabló un diálogo con uno de los hombres presentes en el entierro, éste tenía a su familia con él —esposa e hijos—, quienes estaban cerca de un grupo de caravaneros. Al verlos tan preocupados, hubo necesidad de preguntarles lo que les ocurría, pues sospechábamos que eran personas hostigadas por paramilitares, y de inmediato nos comunicaron su problema; así, supimos que eran personas retenidas en su propia comunidad, cercadas por grupos armados como los agresores en Acteal, pero les habían quitado la vigilancia, lo que les permitió escapar. También, otro de los factores que influyó en la disminución de la vigilancia fue la presencia de la sociedad civil, de reporteros, de autoridades no locales, entre otras, que infundió temor en sus captores; de esa forma quienes pudieron escapar corrieron a dar aviso de las condiciones en que se encontraban alrededor de 48 personas de diversas familias, con objeto de buscar ayuda para trasladar —rescatar— a su familiares. Su problema lo comunicó la Caravana a los eclesiásticos de la diócesis de San Cristóbal y a grupos de derechos humanos, quienes se harían cargo del asunto por lo difícil del caso.

* * *

Lista de secuestrados en Pantelhó que vienen de la comunidad de Quextic; están secuestrados desde el lunes 22 de diciembre de 1997. La denuncia la hizo un hombre de Pantelhó que pudo escapar y llegar hasta Acteal, donde terminaba el entierro de las víctimas del lugar. Los secuestrados eran:

Manuel Pérez Pérez	Rosa María Santís Calote
Rosa Vázquez Ruiz	Rosa Calote Ruiz
Daniel Pérez Vázquez	Armando Calote Ruiz
Germán Pérez Vázquez	Enrique Calote Ruiz
María Pérez Vázquez	Verónica Vázquez Luna
Rosa Pérez Vázquez	Erca Calote Vázquez
Mariano Pérez Wuelil	Alfonso Calote Ruiz
María Calote Pérez	Teresa Pérez Pérez
Mariano Pérez Calote	Javier Calote Santís
Cristóbal Pérez Calote	Vesina Calote Pérez
José Calote Ruiz	Vicente Vázquez Pérez
Rosa Pucuj Luna	Neanuela Poeuj Luna
Abelino Calote Pérez	Catarina Vázquez Ruiz
Daniel Calote Pérez	Manuel Vázquez Pérez
María Calote Pérez	Antonio Vázquez Pérez
Manuel Calote Ruiz	Rosa Vázquez Pérez
María Ruiz Luna	Daniel Vázquez Pérez
Juana Santís Pérez	Alejandro Calote Ruiz
María Santís Pérez	Catarina Pérez Luna
Lucía Santís Pérez	José Calote Pérez
José Calote Santís	Alvina Calote Pérez
Catarina Santís Calote	María Vázquez Luna.
Victor Manuel Santís Calote	

* * *

Antes de abandonar el lugar, algunos caravaneros ayudaron a llevar bancas a la ermita. Fuimos de los últimos en salir de Acteal, ascendimos la cuesta que lleva a la carretera y emprendimos el regreso a Polhó. Muchos subieron a transportes: camiones, una micro, camionetas o automóviles; quienes no alcanzaron cupo en alguna unidad regresaron caminando, como lo habíamos hecho por la mañana; la distancia aproximada entre Acteal y Polhó es de 3 a 3.5

kilómetros. La hora de nuestra partida fue después de las 5:30 p.m., tiempo en que comienza a oscurecerse todo; en el camino constantemente podían verse camionetas repletas de gente, en algunas la gente iba hasta colgándose —eso nos recordaba los atiborrados transportes urbanos—. También de regreso varias veces fuimos rebasados por unidades del ejército a gran velocidad, no obstante que la gente caminaba a orillas de la carretera —los vehículos regresaban a su base ubicada cerca de Polhó.

En el albergue, una vez de regreso, procedimos a comer, pues todos teníamos mucha hambre dado lo pesado del día. Al terminar la comida hubo una dispersión de los caravaneros, algunos fueron a descansar o formaron pequeños grupos, y como a las ocho los coordinadores llamaron a junta; ésta giró en torno a tres puntos: actividades por realizar en los siguientes días, la organización con objeto de tales actividades y, por último, las opiniones del día —de todo cuanto habíamos visto hasta la fecha—. El punto más sentido por todos fue el de qué significaba el evento —la misa y todo lo demás— para cada uno de nosotros; las participaciones no se hicieron esperar: una señora mostró al desnudo nuestra impotencia, nuestro dolor ante lo sucedido; reiteró con ejemplos su sentir y contagió a los demás de una expresión abierta de dolor; mientras hablaba, sus ojos dejaron asomar lágrimas que de inmediato corrieron por su rostro, a veces con su voz entrecortada no podía continuar; esto llevó a todos a una situación colectiva similar, donde el llanto, las caras tristes, y el sentirse nada ante todo llenaron el comedor; se prolongó la junta mucho tiempo, por lo menos dos horas —tiempo en que tuvo lugar el desahogo colectivo, una terapia general, tal vez.

Cuando concluyó la junta, con objeto de levantar un poco el ánimo de todos, hubo una invitación espontánea a darnos un abrazo de Navidad; esto se realizó de inmediato, con alegría —los rostros esbozaron sonrisas—, una alegría que hacía falta para destensar el ambiente. Ese abrazo fue como una pequeña válvula de escape momentáneo a todo aquello que pasábamos, aunque en el fondo sabíamos que nunca olvidaríamos esa fecha, ese 25 de diciembre en Acteal, en Polhó —ni mucho menos el 24, la Nochebuena—. Luego de terminar los abrazos, algunos tomaron café, otros platicaron en pequeños grupos y el resto ocuparon los dormitorios en busca de descanso. Afuera la noche era fría, con su marcada oscuridad semejaba una enorme manifestación de luto, acompañado de un silencio impresionante: todo en su conjunto daba una sensación de tristeza que invadía todos los rincones. Así, uno de los días más pesados en nuestras vidas finalizó.

* * *

Informe de caravaneros sobre la comunidad de Yashjemel, a su llegada a Polhó el 25 de diciembre:

Salen de Polhó cinco caravaneros, entre ellos dos médicos, el día 24 de diciembre hacia la comunidad de Poconichim. Llegan a esa comunidad a las 10:30 horas, después de dos horas y media de camino por vereda, desde la cabecera municipal de Polhó.

- A las 9:25 horas un helicóptero sobrevoló la comunidad de Poconichim, según fue informado por los pobladores.
- 12:00 horas pasó un camión de tropa con cinco soldados.
- 13:00 horas pasó una tanqueta artillada con cinco soldados; es la primera vez que entra una tanqueta a la comunidad —según versión de miembros de la comunidad.
- 14:15 horas pasó un camión con policía pública, amedrentando a la población.
- 20:25 horas pasó un camión de Seguridad Pública con un reflector que llegó alumbrando a la comunidad.
- 4:00 horas una avioneta sobrevoló la comunidad.

El señor Antonio Gómez Gómez, desplazado de Yashjemel, fue robado y golpeado por Seguridad Pública alrededor de las 12:45 horas. Le robaron $50.00 y lo interrogaron sobre quiénes eran los de la Caravana y le pegaron y robaron sus botas.

Se llevó acopio de granos, ropa y medicamentos a los desplazados de Yashjemel (es la segunda ocasión que llega acopio a la comunidad). Las autoridades no se encontraban en la comunidad. Los caravaneros se entrevistaron con los promotores de salud y solicitaron permiso para entrevistar a los desplazados y para tomar fotografías.

Solicitudes de la comunidad: material para tejer —estambre, hilo, tela, manta—, suéteres, rebozos, huaraches, cubetas, ánforas, platos, vasos, molinos, azúcar, maíz, frijol, arroz, sal, cobijas, chamarras, herramientas de trabajo —machetes, azadones, limas, mecapales-, jabón, guitarras, juguetes —pelotas, carros, canicas—, medicamentos —antibióticos, antiparasitarios, material de curación, material médico.

Observaciones: la ropa de la mujer no les sirve, prefieren material de costura.

Principales necesidades: instalación de energía eléctrica —cables, focos, entre otros—, agua, material de construcción.

Recuento de los desplazados de Yashjemel

De acuerdo al testimonio de la Sra. Catalina Sánchez los desplazados de Yashjemel son 535 personas y son comunidades de base de apoyo zapatistas; forman aproximadamente 100 familias.

Los desplazados de Yashjemel se encuentran actualmente en el poblado de Poconichim, desde el 20 de noviembre de 1997; ésta es la segunda ocasión en que son desplazados de su lugar de origen. La primera vez fue el 24 de mayo del mismo año; estuvieron desplazados durante tres semanas en Poconichim pero regresaron a su comunidad.

En ambos desalojos participaron priístas armados, Seguridad Pública y el ejército federal. Los priístas llegaron disparando a la comunidad y argumentando que su objetivo era buscar armas; en el primer desalojo mataron a un maestro llamado Cristóbal Pérez, en el segundo falleció otra persona. En estos desalojos los priístas les robaron herramientas de trabajo, molinos de maíz, aparatos como radios, grabadoras, televisores, café, madera de las casas.

Los desplazados de Yashjemel viven actualmente dentro de las casas de los pobladores de Poconichim, en ochenta casas, es decir: los indígenas de Poconichim comparten sus casas con tres o cuatro familias más de desplazados. Actualmente consideran que no es posible retornar a su lugar de origen, porque temen por sus vidas y sólo regresarán hasta que existan las condiciones de seguridad para sus familias.

Condiciones de vida actual de los desplazados

Las letrinas están inundadas, no tienen luz —aunque hay postes—, comen sólo una vez al día y lo que la comunidad de Poconichim les proporciona porque los hombres desplazados no trabajan, no tienen herramientas. La base de su alimentación es la tortilla, en ocasiones café y frijoles.

La vivienda la comparten entre muchas familias y por esta razón viven en el hacinamiento; no tienen agua, tampoco recipientes como cubetas ni utensilios de cocina. La ropa que tienen es la que portan. Su lengua materna es el tzotzil, sólo algunos hombres hablan español; los niños no van a la escuela, muy pocos saben leer y escribir.

Las mujeres sufren de taquicardia, los niños de problemas gastrointestinales, anemia, deshidratación, desnutrición. Desde su llegada a la comunidad de Poconichim han nacido diez niños.

Hace ocho semanas que los de Seguridad Pública instalaron un campamento a 300 metros de la comunidad de Poconichim, esto les ocasiona molestias a la comunidad porque los miembros de Seguridad Pública llegan borrachos a la comunidad. Desde hace quince días funciona un retén de Seguridad Pública, en éste les revisan sus mochilas a los miembros de la comunidad cada vez que entran o salen. No hay libertad de tránsito de las 19:00 horas a las cinco de la mañana.

El hostigamiento hacia los pobladores de Poconichim se ha incrementado a partir de los sucesos de Acteal. Los policías de Seguridad Pública acusan a los indígenas de portar armas en sus mochilas e inclusive los insultan.

El señor José Santís Areas, desplazado de la comunidad de Yashjemel, solicita regresar a sus casas, pero antes que nada solicita el apoyo de la sociedad civil para realizar dicha tarea. Asimismo, solicita que los caravaneros informen a las personas de la ciudad de México lo que está sucediendo en el municipio de Chenalhó, Chiapas.

* * *

26 DE DICIEMBRE DE 1997

Las actividades iniciaron temprano, como de costumbre, siempre en espera de la hora del desayuno; mientras lo concluían los encargados de la cocina había mucho movimiento por parte de los responsables de los talleres de artes plásticas y de las otras actividades del día. Por ejemplo, los de artes plásticas buscaban y sacaban cajas, clasificaban el material que emplearían dentro de sus talleres, iban de un lado a otro, limpiaban u ordenaban diversos paquetes. De esta manera, entre un buscar aquí y allá el tiempo transcurría rápidamente, lapso durante el cual quedó listo el desayuno. Los caravaneros acudieron a desayunar a tiempo, la mayoría, aunque muchos lo hacen más tarde o con prisa.

Este día fueron distribuidas diversas actividades recreativas, sin hacer a un lado el puesto de vigilancia-presencia civil en la entrada de Polhó, que cada día era más necesario. La planeación de actividades abarcó juegos infantiles —rondas, concursos—, música, contar cuentos, elaboración de máscaras, pintura, y algunos otros; al final de todo los niños y niñas recibirían dulces y agua de sabor. La duración de esto sería hasta las dos de la tarde, o antes según estuviese el clima —en cuanto a la intensidad de los rayos solares—. Por tanto, el día auguraba ser intenso, con la presencia de muchos niños, a quienes se les dividiría en grupos con no más de veinte integrantes cada uno.

Al parecer, el único problema consistía en la comunicación, pues la mayoría de los niños no hablaban español sino su lengua materna, tzotzil, y los caravaneros sólo español, aunque algunos —contados— sabían tzeltal, una lengua muy parecida aunque no igual. Debido a este problema, la Caravana solicitó el apoyo de la comunidad, con la finalidad de que algunos hombres sirviesen de traductores, sobre todo en actividades como los talleres de cuentos, donde era indispensable la traducción, no así en otros como pintura o música, que podían salir a flote con base en ejemplos.

Cerca de las once iniciaron su arribo los primeros grupos de niños y niñas, de diversas edades a partir de los cuatro años —aproximadamente— en adelante. Conforme se acercaban uno constataba, al lado de su alegría por realizar las actividades recreativas, los altos índices de pobreza presentes en todos esos infantes. Primero, sus cuerpos eran de menor estatura que los de niños de otros lugares con su misma edad, además de estar un tanto desproporcionados en su constitución física: pies y brazos delgados ante estómagos muy abultados, posiblemente llenos de parásitos, que también es un indicador de los altos niveles de desnutrición. Segundo, muchos de ellos dejaban ver estados de salud deteriorados por enfermedades de la piel, heridas sin curar, flemas saliendo de sus fosas nasales por enfermedades respiratorias, entre otros. Tercero, sus ropas generalmente estaban desgarradas y sucias, si llevaban, pues muchos apenas vestían diminutas camisas con calzoncillos —por ende, el resto de su cuerpo aparecía desnudo—. Y, cuarto, la mayoría no portaba zapatos ni poseía condiciones mínimas de higiene; sus pies soportaban su peso, sin protección alguna, ante diferentes superficies ya fuesen duras o blandas como las piedras o el lodo.

En fin, conforme llegaban, los niños y niñas eran distribuidos en pequeños grupos con uno o varios caravaneros al frente de cada uno; la repartición por grupos tenía efecto enfrente de los dormitorios, aprovechando una explanada rectangular, de ahí, dependiendo de cada actividad, pasaban a ubicarse en distintas partes de la comunidad: a un lado de los salones, en la plaza de Polhó o en su templete, en las dos canchas de basquetbol —separadas entre sí por pequeñas laderas, o en cualquier espacio propicio para jugar y divertirse.

Sonriéndole a la vida.

110

Así, en todos los grupos conformados predominó la alegría, los gritos, sonrisas y caras felices, a diferencia de los otros dos días en los cuales el fantasma de la muerte y la tristeza envolvieron todo cuanto existía en la zona; esto resultaba un tanto difícil como fácil de creer, puesto que de pronto, con esas actividades, el lugar recobraba su vitalidad de manera rápida: a lo largo y ancho de la comunidad podían escucharse los gritos de los pequeños o se les veía —desde lo alto— jugar, pintar, escuchar cuentos, correr por diferentes lugares. Una fiesta infantil iba abriéndose paso para romper el luto de los días pasados.

Entre juegos y fusiles.

En los talleres de pintura los niños crearon sus propios bocetos, recreaban en ellos la naturaleza —flores y animales—, aunque también en sus trazos aparecía la sombra de la guerra, de las armas. Esto último estaba presente en muchos de sus trabajos, generalmente colectivos, montados en largas tiras de papel tamaño mural, a través de diversas y constantes figuras pintadas relativas al problema bélico chiapaneco como: helicópteros, ambulancias, hombres armados, entre otros. Con estas imágenes uno puede comprender qué tan arraigada está la idea de la guerra en las mentes infantiles. Mención especial debe recibir el afecto, cariño o simpatía con que trazan a las figuras de zapatistas —en tzotzil

111

hombre es *vinick*—, rostros con pasamontañas, o particularmente un nombre, Marcos —"subcomandante" le dicen—; por ejemplo, en un pliego de papel un niño pintó una maceta con una flor —*nichim* en tzotzil— de tonalidad azul y, a un lado, escribió "marcos" del mismo color que la flor.

Creatividad a pesar de la guerra.

Respecto al área de cuentos, en ésta fueron desarrolladas dos actividades complementarias entre sí: primero, los niños escuchaban el relato de un cuento alusivo a un hombre, quien tenía por oficio elaborar máscaras; segundo, al finalizar la narración los pequeños debían elaborar una máscara de cartón, pintarla y decorarla. El relato del cuento contó con la grata traducción de un hombre de la comunidad, que ambientaba muy bien lo narrado, apoyándose en las ilustraciones elaboradas para tal efecto. Debido a la gran cantidad de niños hubo necesidad de cambiar la elaboración individual de pequeñas máscaras por la de grandes y colectivas.

Otros niños realizaban juegos en las canchas de basquetbol; en una de ellas, ubicada después de una ladera sobre la cual está la plaza de Polhó, la gente de la comunidad se arremolinó a lo largo del límite de la pendiente —esto le daba un aspecto de tribuna elevada—; el motivo de tal aglomeración de personas era ver las peripecias que pasaban un grupo de niñas, organizadas en parejas, quienes debían reventar globos sentándose sobre ellos en unas escaleras; la actividad mantenía a la gente a la expectativa de saber si romperían o no el globo —uno sabe, por experiencia, lo divertido que resulta este juego—, y arrancaba exclamaciones y prolongadas risas a todos.

Los grupos de música también tuvieron su éxito pues, ¿a qué niño no le gusta golpear un tambor, rasgar las cuerdas de algún instrumento u obtener el sonido de flautas? En sí, el problema de la comunicación, por el idioma, fue superado en todas las actividades, claro, con la valiosa ayuda de los traductores. Entre las 13:45 y dos de la tarde —hora prevista para concluir— fueron finalizadas las actividades, debido al agobiante sol que producía un intenso calor. Como también estaba planeado, a todos los grupos de participantes se les condujo a las afueras de la cocina con la finalidad de proporcionarles un vaso de agua y dulces, pero en ese momento surgieron contratiempos por la enorme cantidad de personas, primero de niños, luego de niños de brazos y mujeres de la comunidad que se acercaban con la esperanza de recibir un vaso de agua para ellas y sus pequeñitos.

Filas largas de niños y niñas empezaron a tomar forma afuera de la cocina. Una y otra vez veíamos pasar infantes, otras veces a sus madres que los acompañaban o iban por ellos, también pasaban niños y niñas muy pequeños que apenas caminaban, todos formados en esas largas hileras. Todos, chicos y grandes, en sus rostros llevaban presentes los estragos de esos días expuestos al intenso calor; sus caras aparecían sonrojadas, sus labios resecos o partidos en ocasiones asomaban vestigios de sangre por tal resequedad; su andar, sobre todo de las mujeres y de los pequeñitos, era monótono, saltaba a la vista su caminar con dificultad, entrearrastrando sus pies desnudos en medio del polvo y el piso caliente; los niños de pecho presentaban caras demacradas con signos evidentes de deshidratación que, ansiosos, buscaban los pechos de sus madres para saciar su hambre, o trataban de protegerse de los rayos del sol escondiéndose entre su poca vestimenta.

Los niños y niñas avanzaban con la ansiedad de recibir un dulce, aparte del refrescante vaso de agua, mientras las mujeres permanecían formadas o a un lado de las filas, expectantes, por saber si recibirían el vaso de agua —que semejaba constituirse en un diminuto tesoro—. Ante esta situación, no podía dejarse a nadie sin que recibiese algo, por lo que debió seguirse una organización eficiente o de lo contrario no habría lo suficiente para dar a todos. Esta problemática, de la posible falta de dulces o agua, amenazaba con darse a cada instante pues las hileras volvían a llenarse rápidamente una y otra vez; los botes de agua eran llenados a cada rato —incrementándose el trabajo para las

113

personas de la cocina— y las bolsas de dulces más tardaban en abrirse que en vaciarse. Caras y caras pasaban, indicaciones y más indicaciones; constantemente se llenaban y vaciaban las tinajas donde la gente depositaba las tazas en las cuales tomaban agua.

Manos que dan vida.

Después de un considerable periodo de tiempo, aunado a un sol terrible, finalizó la repartición; todos los participantes en esa actividad acabaron un tanto fatigados, y no fue para menos: el cálculo de los niños y niñas —que jugaron y brincaron— fue de más de 400, a eso hay que sumársele los menores de cuatro años, junto con las mujeres de la comunidad que también

114

asistieron esperanzadas en recibir el vaso de agua. De todo esto algunos integrantes de medios de comunicación tomaron nota; recorrieron la comunidad, constataron las condiciones de vida de los desplazados, vieron —registraron— las actividades recreativas realizadas y, de éstas, se llevarían una buena cantidad de imágenes en video y fotografía; también ellos parecían no dar crédito al ver tantas caras alegres después de todo lo ocurrido en la zona.

Por cierto, durante la mañana hubo la presentación de proyectos a las autoridades de la comunidad para realizar dos murales. Uno de ellos fue trazado y pintado con la participación de gran parte de los caravaneros, en una barda ubicada al fondo del templete de la explanada de Polhó —misma plaza donde estuvieron colocados los féretros durante la velación el día 24—; este mural tuvo como temática el campo, con la efigie de Zapata como figura central, a sus lados maíz y herramientas de labranza; fue terminado ese mismo día. Del otro mural sólo se hizo su trazo, el coloreado fue dejado para el otro día; éste contiene motivos prehispánicos ligados a las palabras evolución y revolución.

Al finalizar las actividades con los niños surgió la invitación, de la comunidad a los caravaneros, de jugar basquetbol, que de inmediato aceptaron. Varios equipos fueron formados, los jóvenes de la comunidad impetuosos mostraban rapidez y agilidad. Los diversos partidos efectuados, sobre todo los primeros, atrajeron la expectación de todos, tanto de los caravaneros como de la comunidad por ver a sus equipos jugar. Mas, pasado un tiempo, mucha gente comenzó a retirarse; los juegos duraron más de dos horas, desde las tres a las cinco y media de la tarde.

Mientras todo esto sucedía, las brigadas de salud prosiguieron su trabajo de inspección sobre las condiciones de las comunidades, a ellas asistían entre cuatro o cinco personas que, además de atender a los enfermos, evaluaban su situación y recopilaban datos y testimonios; este día partió una comisión rumbo a X'oyep, donde nos dijeron que hay muchos desplazados. Otros compañeros estuvieron trabajando en la construcción de letrinas, labor cuya dificultad crecía con el aumento de la temperatura. Algunos más estuvieron transcribiendo información o en la entrada de Polhó, donde efectuaban el registro de vehículos además de servir de presencia civil.

Dieron las seis de la tarde y había dispersión de los caravaneros, dispersión y espera de la comida que ya se perfilaba como cena. Afuera de los dormitorios unos compañeros cantaban sentados en el borde de la banqueta, a ellos se les unieron jóvenes de la comunidad; pasaron de canciones religiosas a corridos o de temática del conflicto chiapaneco. Unas veces cantaban los caravaneros, otras los de la comunidad o ambos, eso duró alrededor de una hora.

Aunque sea con tristeza
pero a Cristo no lo dejo,
aunque sea a condición
pero a Cristo no lo dejo.

Porque sé bien lo sé
que la vida de Cristo me ha dado;
porque sé bien lo sé
que la vida de Cristo me ha dado.

Aunque sea con pobreza
pero a Cristo no lo dejo,
aunque sea con angustia
pero a Cristo no lo dejo.

Aunque sea con desprecio
pero a Cristo no lo dejo...

CORRIDO DEL AÑO DE 1994

En un lugar de la sierra,
año del noventa y cuatro
San Cristóbal de las' Casas
y otros pueblos aledaños
los cuales fueron tomados
por el comandante Marcos.

Ejército Zapatista
Liberación Nacional
derribaron varios puentes,
acceso a ese lugar,
para evitar que pasara
la defensa nacional.

Tomaron como rehenes
a un montón de granaderos,
unos en las Margaritas
y otros en Altamirano,
y a la selva lacandona
se los llevan secuestrados.

También le echaron el guante
al general Castellanos;
también allá en San Cristóbal

sacan a todos los presos
para iniciar la batalla
y derrocar al gobierno.

Sonaban las metralletas
llamadas "cuernos de chivo"
en la ciudad de Ocosingo
como a las tres de la tarde
con la 30 de una zona
y todos los federales.

Hubo más de 100 muertos
quedaron en estos lugares:
civiles y zapatistas,
también muchos federales,
policías municipales
revueltos con judiciales.

Ya con ésta me despido
esto no va a terminar
la mecha sigue encendida,
puede volver a estallar
al subcomandante Marcos
se lo pueden preguntar.

EL PALIACATE

Ahí yo lo vi
en el mero corazón de la selva
y este orgullo no me lo han de quitar,
aunque me lo maten o me entierren
de por vida en una prisión;
ahí vi el pantalón negro,
las botas de combate, el buen fusil
es lo que nos llamó la atención
esa preciosa prenda, el paliacate.

Marchan los héroes rumbo fue a la montaña
para el combate se van a arriesgar
llevan al cuello su buen paliacate
porque ése nunca lo deben dejar.

Pantalón negro, botas de combate
su buen fusil para luchar;
qué bien se mira su paliacate
toman relevo sólo radial.

El paliacate, el paliacate
es el emblema de identidad
y que ha luchado duro combate
contra el gobierno de inequidad.
El paliacate, el paliacate
ese nunca vamos a dejar,
es nuestra arma en el combate
mi paliacate no lo he de olvidar.

Se fortalecen por las montañas
aprenden mañas para pelear;
qué bien se mira su paliacate
cuando a la selva se van a marchar.

Gloriosa tropa, que tal la vides
tu causa es justa, verdad de Dios

y en todo el pueblo yo estoy con Dios;
su paliacate no debe olvidar.

El paliacate, el paliacate
es el emblema de identidad
y que ha luchado duro combate
contra el gobierno de inequidad.

El paliacate, el paliacate
ese nunca vamos a dejar
en contra armas, duro combate
mi paliacate no te he de olvidar.

Mi paliacate no te he de olvidar,
mi paliacate no te he de olvidar.

A la par que tenían efecto las canciones se hizo la comida, algunos llegaron tarde por estar con quienes cantaban; paulatinamente tanto los caravaneros como los jóvenes de la comunidad fueron retirándose. En la cocina había un buen ambiente, además de expectación porque iría el presidente del Consejo Autónomo del Municipio de Polhó, a quien no conocíamos dada la pesada carga de trabajo que había tenido en esos días, por lo que su presentación fue pospuesta en varias ocasiones.

El presidente llegó después de las ocho, leyó un mensaje de bienvenida a la Caravana; expuso en su discurso la problemática de su comunidad. Ahí hubo a la vez alegría y algo de tristeza por lo acontecido recientemente; mientras hablaba emergían en su cara visibles facciones de pesar, cargaba con toda la responsabilidad de la zona por ser el representante, sentía más que cualquier otra persona lo sucedido en Acteal; en ocasiones las lágrimas asomaban en sus ojos, pero al mismo tiempo poseía la confianza en salir adelante aprovechando todo cuanto tienen, sobre todo la experiencia de los más grandes porque han vivido más y saben más —ellos sí les dan un papel primordial a los ancianos, no como el desprecio que se les brinda en todo el país y el mundo—. Unas cualidades del presidente son su humildad, muy marcada, así como su amabilidad o su sencillez, todo ello va bien con su segundo apellido, Paciencia.

* * *

Fragmento del mensaje de Domingo Pérez Paciencia, presidente del Consejo Autónomo de Polhó:

Pero el gobierno no nos quiere a nosotros, estamos sufriendo mucho, nosotros por no dejarnos callados. En Chimix siguen quemando casas [...] compañeros de nosotros quieren venir aquí, hay más de dos mil de nosotros.

Formamos un nuevo Municipio, el Autónomo, para gobernarnos nosotros mismos; formamos desde año 1994, antes sólo un Municipio de Chenalhó [...] cuando empezamos a organizarnos nosotros fue en el año de 1994. Del subcomandante Marcos, su demanda, apoyamos su demanda, somos base de apoyo zapatista, entonces, el gobierno no nos quiere ver. Tomar sus ideas de los pasados, nosotros juntamos sus costumbres, sus culturas [...] hay como treinta y ocho municipios autónomos. Queremos cambiar nuestros estudios para que se enseñen bien [...] Hay como treinta y seis comunidades [que conforman el Municipio Autónomo] y por todo el municipio hay como sesenta y dos comunidades.

* * *

Los caravaneros agradecieron la presencia de Domingo, quien salió después de contestar algunas preguntas sobre el municipio autónomo. En la junta, además, hubo la planeación del día siguiente. Como ya eran más de las 10:20 la gente comenzó a retirarse a dormir, no sin antes firmar un documento con información acerca de la presencia del ejército y sus intenciones de establecer un campamento en Polhó. De manera lenta, las guitarras de algunos compañeros y las conversaciones cesaron, con lo que concluía ese día.

* * *

Polhó, Chenalhó, Chiapas, a 26 de diciembre de 1997.

A LA OPINIÓN PÚBLICA:

El día de hoy, viernes 26 de diciembre, el general Rivas —encargado del agrupamiento de Labor Social del Ejército Federal Mexicano— vino a la comunidad de Polhó con el objeto de establecer un campamento militar en tierras que la población utiliza.

119

La comunidad negó el permiso, en vista de que la presencia militar no ha ayudado ni protegido a las comunidades, por el contrario, los soldados hostigan continuamente a la población.

La Caravana Mexicana "Para Todos Todo" es testigo de que lo comunicado por el representante del Municipio Autónomo de Polhó, es el sentir de su población. Hemos constatado las violaciones de los derechos humanos más elementales a nuestros hermanos indígenas que, en su inmensa miseria, lo único que no han perdido es la dignidad.

Los pobladores de Polhó y todos los desplazados refugiados aquí, que comparten la poca comida que hay, no quieren recibir "ayuda" de quienes los hostigan, reprimen e incluso protegen y solapan a los grupos paramilitares que los masacran.

Si en verdad quieren ayudar a las comunidades indígenas, la primera medida debe ser incorporar inmediatamente dentro del marco constitucional los acuerdos de San Andrés, firmados entre el EZLN —con la representación de más de treinta etnias de todo el país— y el gobierno federal.

Como medida de distensión inmediata, es fundamental desintegrar y castigar a los grupos paramilitares ya ampliamente identificados. En este municipio de Chenalhó, la presidencia municipal autónoma ha identificado plenamente a 245 individuos —con nombre y apellido—, que deben ser detenidos de inmediato, pues son los responsables de los homicidios y robos de los últimos meses que, tristemente, culminaron con la masacre de Acteal el pasado lunes 22 de los corrientes.

¡No permitamos que se repitan estos crímenes de lesa humanidad con los más pobres y menos escuchados de nuestro México, los que nos dan ejemplo de dignidad y esperanza de construir un mañana mejor!

(Se anexan firmas)

* * *

27 DE DICIEMBRE DE 1997

El día inició muy tranquilo y, por supuesto, temprano. La actividades que se realizarían en Polhó, por lo general, empezarían alrededor de las tres de la tarde; éstas tendrían como objetivo central a los niños nuevamente, la pretensión es hacer piñatas, entregar dulces y juguetes como festividad de fin de año. Dado que serían más tarde todos los preparativos, los coordinadores recomendaron descansar un poco con objeto de estar listos cuando iniciara el trabajo.

A propósito, el tiempo ambiental era frío, como no había estado en días anteriores, incluso el cielo se presentaba muy nublado y la gente preveía lluvia durante el curso del día. Estas condiciones climáticas merman la salud de la población, pues no poseen la suficiente protección tanto individual como colectiva, ya sea de ropa adecuada, hogares y techos apropiados, ni medios de calefacción que no sean fogatas o medicamentos para enfermedades respiratorias —muy comunes en la zona.

Y, así, fue corriendo la mañana con muchos caravaneros en los dormitorios. Cerca de las 10:00 horas, se efectuó el desayuno, al culminar éste ya cada quien —de los que permanecerían en Polhó— tiene destinado un grupo y una actividad: elaboración de piñatas, ponche, construcción, llenado de bolsas de dulces, y otras. Por otra parte, los compañeros de la brigada de salud partieron a un campamento cercano de desplazados, X'oyep, donde según informes de la gente de Polhó las condiciones de vida de la gente son excesivamente difíciles o inhumanas.

Un grupo más o menos grande de caravaneros, compuesto por veintiocho personas, ha salido temprano de Polhó con rumbo a la comunidad de Xcumumal; en este sitio permanecían retenidos alrededor de 3 500 desplazados por grupos paramilitares. Esta comunidad era aquella de la cual desde el 24 de diciembre se tenía noticias de que era hostigada por grupos paramilitares, situación comunicada a Seguridad Pública que reportó haber ido a la zona, permanecer un día y noche sin haber encontrado que el orden estuviese alterado ni que pasara nada. Por tanto, se propuso un número elevado de caravaneros para coadyuvar, junto con otros grupos de derechos humanos y organismos no gubernamentales, a romper el cerco tendido sobre la comunidad por los grupos paramilitares y sacar a la gente, pues sus condiciones de vida empeoraban a diario, su salud era menguada por el clima, las enfermedades, los accidentes o el hambre.

Una parte de compañeros en Polhó quedaron trabajando en la cocina —iniciaban los preparativos de la fruta con que elaborarían el ponche—; mientras empezó a caer una lluvia tenue. Otro buen número de caravaneros efectuaba labores de construcción, principalmente se tenía contemplado levantar manteados a manera de campamentos para los desplazados. Por consiguiente, la elección del lugar donde sería levantado el primer manteado fue a un costado de la clínica que albergaba a otros desplazados —mismo salón adaptado y limpiado en días anteriores—, puesto que poseía varillas en el techo en que podrían realizarse diversos amarres, con la certeza que estaría más segura la construcción.

La labor consistía en bajar hules —de los traídos en el acopio— depositados en la bodega situada a un lado de la explanada; para ello era necesario inclusive tirarlos en las pendientes por lo resbaladizo del suelo, pues la intensidad de la lluvia había ido en aumento. Afuera de la clínica tenía lugar el cavar hoyos, clavar los postes de madera, coser los hules, levantarlos, amarrarlos de los puntos de apoyo; y, para todas estas actividades, la gente de la Caravana mostró un buena participación —apoyo solidario—, a pesar de la intensa lluvia que bañaba a todos, situación incrementada por el fuerte viento que disipaba en diferentes direcciones la caída del agua y la hacía correr en hilos por los cuerpos —los impermeables no servían de mucho—. No obstante lo anterior, el afán de ayudar pudo más que las condiciones climáticas adversas; así, se levantó otro manteado. Cabe señalar que, para ese momento, se había calculado que se recibirían, aproximadamente, unas cuatrocientas personas desplazadas, y a ellas estaban destinados los techados.

De pronto, alrededor de las once de la mañana, surgió murmullo; hubo movimiento de personas y un llamado para subir a la entrada de la comunidad no se hizo esperar; a la par la lluvia disminuía su intensidad, aunque continuaba cayendo una tenue brisa. Arriba encontramos gente que llegaba a la comunidad, en efecto, eran los desplazados.

En poco tiempo la gente de diversas comunidades inició su arribo a Polhó. A su vez, también llegó el ejército; una gran cantidad de carros, jeeps y tanquetas se estacionaron en la periferia de la comunidad. Las unidades del ejército, al interior, estaban repletas de soldados fuertemente armados, a su lado, por las orillas de la carretera caminaba la gente en grupos o en hileras de diversos tamaños.

Llegada de los primeros desplazados.

Toda la gente que arribaba a Polhó era distribuida en los alrededores de la comunidad, se les ubicaba en el interior de las casas de los mismos habitantes del lugar; otros eran conducidos a las canchas de basquetbol donde permanecían un prolongado tiempo en medio de la lluvia —que nuevamente arremetía de manera intensa— y luego eran distribuidos en el interior. Esa espera tomaba la forma de un cruel tormento para su humanidad, ante esas condiciones climáticas tan adversas: sin duda, a todos ellos sólo la esperanza puede mantenerlos vivos.

De esa forma Polhó, bastión civil zapatista, iba convirtiéndose poco a poco en el corazón de los desplazados o refugiados, como se les quiera llamar, aunque el segundo término no se les quiere dar no obstante que existe un estado de guerra en Chenalhó —guerra de alta intensidad—. El número tentativo de gente que llegaría era de las 3 500 personas, misma cantidad de gente retenida en Xcumumal; a esa cifra deberían sumársele los habitantes de la comunidad más los otros desplazados que llegaron en días anteriores. Una vez enterados de todo, y al ver llegar tanta gente, las actividades de la tarde fueron suspen-didas de inmediato, la prioridad estuvo en torno de los desplazados.

Custodia de algunos desplazados.

A partir del momento en que los caravaneros subieron a la entrada de Polhó, todos empezaron a dar ayuda a quienes arribaban, ya fuese cargando sus cosas, guiando, auxiliándolos al momento de bajar, cargando a los niños, en suma, actividad teníamos y mucha. Subir y bajar, a través de la cuesta de Polhó, era a veces tarea difícil por el lodo y lo empinado del camino. De ahí en adelante el día avizoraba una gran carga de trabajo. Ante el arribo continuo de gente, y dada la presión del ejército, los integrantes de la Caravana formaron una cadena de vigilancia hasta la caseta telefónica de la comunidad —único punto de comunicación con el exterior durante nuestra estancia—, localizada a unos trescientos metros de la entrada del pueblo. La cadena se mantuvo apostada hasta irse el ejército que formaba largas filas de vehículos de todo tipo.

Con la gente desplazada también llegaban los caravaneros que habían partido a la comunidad sitiada de Xcumumal; todos ellos habían estado caminando alrededor de tres horas y media bajo la intensa lluvia y el viento helado, además de la presencia del ejército. Más tarde arribó gente de la Comisión Nacional de Derechos Humanos, CNDH, y organismos no gubernamentales, junto con la Cruz Roja Mexicana; esta última llevó un camión de víveres, ropa y medicamentos; posteriormente, instaló un puesto de atención médica afuera de los dormitorios, pues la comunidad permitió que bajara una ambulancia, porque las condiciones físicas de la gente desplazada rebasaban toda expectativa, requiriéndose en muchos atención urgente e inmediata.

* * *

Relato de caravaneros que fueron a Pechiquil, Xcumumal y Chimish:

(1)
Caravanero: Llegamos en camiones de redilas hasta Pechiquil, iban dos representantes del Centro de Derechos Humanos Fray Bartolomé de las Casas, dos representantes de ONG's, tres de la Cruz Roja, representantes del Consejo municipal y 28 caravaneros. Caminamos hasta Joveltik, encontramos casas quemadas en el camino y enseres domésticos regados y tirados por ahí; en Joveltik encontramos gente armada con uniforme parecido al de Seguridad Pública —el mismo uniforme azul con cachuchas de ese color.

Ahí dejamos un grupo de nosotros que no podía seguir adelante, Ana Colchero y Ofelia Medina entre otra gente [de Joveltik partieron a pie hacia Xcumumal]. Después encontramos a la gente que venía de cinco horas de caminar aproximadamente —en la montaña los encontramos—. Cuando veníamos bajando junto con los demás compañeros, junto con la demás gente, los primeros que llegaron a la loma en donde se veía el pueblo —abajo, donde estaba la gente armada— se detuvieron, no querían pasar de ahí porque decían que estaba la gente armada allá abajo; fue medio difícil convencerlos de que no iba a haber problema. Un poco más abajo de eso, un compañero y yo nos fuimos con esta gente de Chimish, nos encontramos el mismo helicóptero que bajó, de hecho se acercó bastante por donde pasamos nosotros; la gente alimentó a sus animales en Chimish y seguimos caminando, incluso todavía recogieron cosas ahí, venían con costales; los hombres, sobre todo, venían con costales en la espalda y niños arriba de los costales.

Un hogar consumido por las llamas.

En busca del porvenir.

Las condiciones en que venían: los niños llorando, estaba lloviendo todo el tiempo. El camino era muy difícil, más la salida de Chimish —es una montaña y estaba muy resbalosa—. Más abajo encontramos a los compañeros y llegando a la carretera a algunos reporteros; el grupo que teníamos nosotros no tuvo más ayuda que la de las pocas camionetas que estaban auxiliando a todos los compañeros, eran las camionetas que se habían conseguido de sociedad civil —algunos de nosotros se habían podido adelantar para conseguir esas camionetas—. En el camino de la salida de Chimish, nos sucedió otra vez que los compañeros no querían seguir adelante porque nosotros veníamos un poco atrás y encontramos unas casas que tenían muy poco tiempo de haberse quemado, estaba saliendo todavía muchísimo humo y estaban espantados, de hecho pensaban que podríamos encontrarnos con las gentes que habían quemado las casas en el transcurso del camino; fuimos un compañero y yo hasta adelante porque la gente de Chimish no quería caminar, tenían miedo y, bueno, finalmente llegamos con los demás compañeros, salimos de ahí y vino toda la gente hasta Polhó.

(2)
Caravanera: Nosotros llegamos a la cima de una montaña después de caminar por terreno muy difícil, y nos encontramos ahí un panorama desolador: niños enfermos, cuatro mujeres a punto de dar a luz, una de ellas en el suelo entre yerba, entre perros y en la más desastrosa sanidad; las reconocieron, se bajó otra persona con un aborto y sangrando —el aborto fue de tres meses—; las otras mujeres, que estaban a punto de dar a luz, bajaron cargadas por sus esposos. Todo el trayecto fue terrible porque a la hora que empezamos a bajar, más o menos a las diez y media, después de ver un helicóptero por ahí —que puso más nerviosa a la gente— bajamos por camino muy difícil y con lluvia, constante lluvia. Fue muy dramático ver a los niños temblando porque, además de la lluvia, el frío empezó a ser más fuerte. A la mitad del camino los niños iban temblando; las mamás cargadas con el niño a la espalda, uno en los brazos, más los enseres domésticos que pasaron a traer a última hora.

El momento dramático fue aquel en que las mujeres ya no podían, además de las mujeres menos enfermas otras venían cargando a sus bebés; tuvimos que ayudarles porque era terrible verlas cómo se detenían cansadas y enfermas. Esto sucedió a lo largo de todo el camino hasta la hora en que nosotros llegamos a Polhó, a las cinco o cinco y media de la tarde, en que los caravaneros ya recogieron a las personas enfermas. Veníamos resguardando a los menos enfermos que se venían quedando; el ejército en lugar de apoyar, como dice, nos miraba sonriente, inclusive nos tomó fotos y la ayuda jamás nos la ofrecieron.

127

Incertidumbre y violencia como futuro.

(3)

Otro caravanero, en Pechiquil: Llegaron personas de ahí de la comunidad de Pechiquil solicitando ayuda para que fuéramos, para que pudieran salir con nosotros; en ese momento guardias blancas o paramilitares priístas, desarmados, empezaron a aparecer por todos lados en Pechiquil. Empezamos a temer un poco, estábamos con tres personas de la Cruz Roja; sin embargo, estábamos en el dilema de si poder ayudar a esa gente que quería salir. Decidimos ir al cuartel general del ejército federal, que se encuentra en Pechiquil, y fuimos a decirles que era importante su presencia allí para que las personas que quisieran pudieran salir; ellos aceptaron que estarían en las inmediaciones y pensamos que esto inhibió para que los guardias blancas no sacaran sus armas. No nos explicamos por qué si están ahí, si están sus nombres que ya se dieron a conocer, si está ahí Seguridad Pública y si está el ejército, ¿por qué no los detienen, si ahí están?, a nosotros nos gritaban de cosas.

Para nosotros fue impresionante que recorrimos el pueblo con dos camionetas de la Cruz Roja y un vehículo particular y, a medida que íbamos pasando, el pueblo, la gente, salía de entre las casas, de entre los arbustos con su costal para tratar de subirse con nosotros: era el momento en el que podían escapar. Se empezaron a llenar los vehículos, venía una camioneta con cupo para unas veinte personas, se rebozó, tuvimos que volver a bajar a la gente, seguir subiendo los poquitos enseres y unos costales que traían e ir caminando; esta operación fue realizada tres veces, de mandar los vehículos y que regresaran, porque la gente salía y se juntaba y nos decía "tenemos que salir", "queremos salir".

Aquí hubo situaciones desgarradoras, como aquella de un padre y una madre jóvenes con su niña que querían salir y que, sin embargo, la señora tiene familiares allí y le amenazaron que si ella se iba matarían a sus familiares; entonces la pareja tuvo un estira y afloja durísimo, en el cual salió la niña con el papá y quedó la mamá por temor a que sus otros familiares fueran agredidos por los guardias blancas.

Cuando íbamos saliendo, estas gentes pertenecientes al grupo paramilitar priísta les gritaban a los otros "van a ver, los vamos a matar". Inclusive, hubo familias priístas que están ahí, quienes querían salir con nosotros. Hay gente que dice que los grupos paramilitares radicales, que se están formando, ya son inadmisibles para ellos mismos y quieren huir; obviamente no todos pudieron huir, ya no nos dábamos abasto, venía la noche y las condiciones de inseguridad eran graves.

* * *

La lluvia se detenía por momentos o de pronto continuaba, como continuaba llegando incesante la gente desplazada a Polhó. Desde que arribaron los primeros grupos de gente, los caravaneros desalojaron las instalaciones que ocupaban para ubicarse en el mínimo espacio. Nuestros ojos no daban crédito a lo que estábamos viendo: verdaderos ejércitos de gente en la total miseria desfilaban ante nosotros; esta situación tornó a prolongarse el resto de la tarde hasta entrada la noche. Todos permanecíamos empapados, los desplazados, los caravaneros que los acompañaron y quienes permanecieron en Polhó en la ejecución de todo tipo de actividades; la ropa permanecía pegada a los cuerpos de lo mojada, a pesar de portar impermeables, las botas o cualquier tipo de calzado además de mojado estaba lleno de lodo, y en esas condiciones permaneció la mayoría, pues la actividad o cuanto pasaba no dejaba tiempo para pensar en cambiarnos la ropa o secarnos. Ahora bien, si esas condiciones teníamos los de la Caravana, es fácil imaginar las condiciones en que llegaba la gente desplazada.

En ocasiones, los desplazados eran transportados en camionetas o en vehículos militares, eso los más afortunados, pero muchos debieron recorrer a pie la distancia entre Xcumumal y Polhó, sobreponiéndose a las enfermedades, al golpeteo de la lluvia y al viento sobre sus cuerpos sólo cubiertos con algo de ropa o hules, al asfalto mojado y frío que andaban con sus pies desnudos, al peso de sus escasas pertenencias; por lo cual, durante el trayecto, o a su arribo a Polhó,

Entre la lluvia y el frío.

muchos caravaneros no hacían otra cosa sino cargar a los niños y tratar de protegerlos de la lluvia aunque fuese sólo un poco tiempo; con los ancianos la situación era similar, aunado a que muchos venían muy enfermos; las mujeres corrían igual suerte, de la misma manera que sus bebés, quienes sólo tenían como cobijo los brazos de sus madres, algo de ropa y sobre ellos una tela o hule como rebozo, si bien les iba, pues muchos asomaban su cuerpos semidesnudos, expuestos a la intemperie, además, todos con hules o sin ellos llegaban empapados.

Muchos compañeros continuaron, a lo largo del día, en las labores de construcción, levantando manteados; no importaba que éstos estuviesen pequeños o que no alcanzaran para todos los desplazados que llegaban, de todas maneras con tristeza veíamos que la cifra de la gente había superado las expectativas; pero de algo servirían cuantos pidiesen hacerse: cualquier espacio era bueno para que la gente se guareciera de la lluvia. Así, fueron edificadas dos tiendas grandes, varias estructuras de cuartos de madera recubiertas y techadas con hules —sólo tenían el piso y morillos en las esquinas, con una que otra cinta de lado a lado—. Después de las cinco y media, cuando la luz del sol desaparecía, fue abandonada y terminada la construcción de manteados.

Envueltos de lluvia y lágrimas.

Ese día no hubo hora para comer, mas la mayoría lo hizo al finalizar las actividades de construcción y cuando disminuyó a una pequeña cantidad la gente desplazada que arribaba a Polhó. Luego, la tarde se juntó con la noche y todos los caravaneros estuvieron concentrados en la cocina —alrededor de las tres tuvo efecto la mudanza de donde dormía una buena parte a ese lugar—; muchos todavía seguían con la ropa mojada, que ya para entonces iba secándose poco a poco con el propio calor corporal.

Mas todo el día y la tarde la constante fue ver llegar gente: hombres y mujeres —de todas las edades—, ancianos y niños y niñas que pisaban el lodo del camino con sus pies desnudos; muchos de ellos cargaban a cuestas o en sus manos bultos, bolsas, cajas. Las mujeres cargaban a sus hijos, muchos de ellos contaban con pocos días de vida y ya vivían ese infierno de huir a causa de la persecución y la violencia, en una carrera por la vida. Los niños bajaban con sus ropas rotas, pies sin ningún calzado que les evitase el contacto con el lodo y las piedras —del frío de ambas superficies— o del agua. Los ancianos caminaban con dificultad, muchos descendían a Polhó apoyados en improvisados bastones de madera o en bastones humanos de quien les tendiera la mano ayudándoles, otros casi caían al caminar por estar débiles o enfermos. ¿Cuánto llanto no se escucharía ese día en ese mar de desplazados?

131

Resbalones por aquí y por allá; miradas concentradas en el piso para evitar las caídas. Descarga de camiones con víveres: hileras de hombres extendiéndose a lo largo del camino, bajando costales con sus pertenencias o con ayuda humanitaria. Entrada y salida de periodistas, constantes flashazos de cámaras por todos lados, enfermedad reflejada en los rostros de los desplazados.

Escenas de pobreza y miseria humana abundaron todo el día. Niños semidescubiertos en las espaldas de sus madres. Sonar de pisadas hundiéndose una y otra vez entre el agua y el lodo del camino, como una severa penitencia de algo no cometido por nadie, pero de lo que han sido culpados y obligados a un calvario diario en su propia tierra. Preocupación por saber dónde han quedado sus pertenencias, sus familiares e incluso sus hijos. Mujeres embarazadas dando a luz en el camino o desangrándose, para después de un momento de descanso levantarse sin importar su debilidad o condición física, con objeto de continuar su travesía en el exilio involuntario. Quejidos y murmullo, hambre y frío, cansancio y desolación.

Conforme avanzabá la noche, los caravaneros seguían concentrados en la cocina porque se había citado a una junta que, luego de un rato de espera, no se realizó; sólo hubo el aviso de que algunos compañeros regresarían al día siguiente a la ciudad de México, con tal motivo el resto de la Caravana les brindó un aplauso de despedida y, posteriormente, entre ellos corroboraron quienes partirían así como la hora en que saldrían. Después, en forma lenta, la gente fue retirándose a dormir; claro, antes hubo espacio para canciones o conversaciones junto a una fogata, acompañados de una bebida caliente, que en esos momentos resultaba demasiado agradable; después pasar a descansar, donde se pudiera dado la reubicación de todos, cobró efecto.

Con el avance de la noche no sólo terminaba un día más, concluía uno de los días más tristes e inhumanos de que se tenga memoria en este fin de siglo para nuestro país: un día en el cual unos de los habitantes más pobres y marginados del territorio nacional realizaron un éxodo masivo involuntario; cargaban a cuestas la enfermedad, el hambre y la miseria al lado de su escasas pertenencias; un día donde hubo grandes ejemplos de la fortaleza que posee la población indígena; esto los ha llevado a resistir y vivir con su propia cultura más de quinientos años de humillaciones, de olvido. A la vez, lo sucedido este día suma páginas de vergüenza a la historia de este país llamado México, conformado por pueblos diversos.

* * *

Camino del exilio.

(1)

27 de diciembre de 1997

Informe de caravaneros sobre la comunidad de X'oyep:

Existen 600 desplazados que han ido llegando con el tiempo; primero llegó un grupo de 150 personas el 16 de noviembre, otro grupo —de 150— el primero de diciembre, uno más —también de 150 personas— el 16 de diciembre y, por último, otro el 17 de diciembre con cifra similar, 150 indígenas más.
    Se espera en próximos días la llegada de más desplazados. Vienen de Yibeljoj, Acteal, Naranjatic Alto. Fueron obligados a salir por amenazas y miedo a que

133

los mataran los priístas —apoyados por el ejército y los agentes de Seguridad Pública.

Las condiciones en que se encuentran son de extrema pobreza, al igual que de higiene, pues predomina lo tosferina, el sarampión y enfermedades gastro-intestinales; ahora, por las condiciones climatológicas, gran parte de la comunidad está enferma de la garganta y bronquios.

¿Pesadilla o realidad?

Comen a veces hierbas o raíces; no hay agua y la poca que existe está demasiado contaminada, comen una sola vez al día.

Salieron de sus comunidades sin nada, pues fueron atacados por los priístas que traían pasamontañas y uniforme de Seguridad Pública, ellos robaron todas sus pertenencias.

La gente duerme en galeras de aproximadamente 25 por 5 metros; duermen en la tierra, no tienen con qué taparse ni resguardarse del frío; en una cocina —con dimensiones de cuatro por tres metros— duermen treinta y cinco personas.

Estos grupos de indígenas quieren regresar a sus comunidades, pero tienen miedo de hacerlo por la amenaza de ser asesinados si regresan; aquí tienen miedo de que entren los priístas y entren a matarlos.

No hay servicios de educación ni de salud, y no trabajan; además, se está terminando la leña y creen que dentro de poco tiempo no tengan ni para cocinar.

Necesidades:

a) Niños: ropa, medicinas, juguetes.

b) Mujeres: ropa, utensilios de comida, cubetas, medicinas, molinos de mano, arroz, frijol, azúcar, jabón, zapatos, cobijas.

c) Hombres/ancianos: machete, hacha, lima, azadón, mecapal, cubetas, medicinas.

(2)
Agustín Vázquez Pérez, cafeticultor desplazado de Xcumumal: recuento personal de vida y esperanza, año de 1997.

A principios de 1997 se comenzó a escuchar que había problemas en el municipio, se hablaba de gente armada y de que se quería sacar a los que no estaban con el PRI. En el paraje, como somos muy unidos, nunca hubo de ese problema, pero el paraje vecino, Tzanembolóm, se escuchaba que había muchos pleitos entre los que eran del presidente municipal y los que apoyaban al municipio autónomo. En X'cumumal todos apoyamos al autónomo porque realmente es gente que quiere el beneficio para el pueblo.

Durante el mes de octubre nos visitaron algunos de Tzanembolóm para pedir permiso para pasar un tiempo en nuestro paraje, pues aunque eran mayoría en su comunidad, la minoría priísta los había amenazado con matarlos a todos si no se afiliaban a ese partido, entonces decidieron huir al monte, donde pasaron 15 días escondidos. Aceptamos que llegaran a Xcumumal esos hermanos y comenzaron a llegar familias enteras, los hombres acompañados de las mujeres, los niños, los ancianos, hasta que completaron 480. Llegaban sólo con la ropa que traían puesta, así que comenzaron a hacer unas casitas con ramas y cubiertos con plásticos. Parecíamos nosotros mismos cuando llegamos a poblar el paraje. Les ayudamos con un poco de maíz aunque sea para que no murieran de hambre. Las cosas se fueron poniendo peor, porque llegaba más gente, de Chimix, de Bajoveltic, de Canolal.

Nosotros ya no podíamos ni salir a cosechar a las parcelas porque había gente armada que nos echaba bala por el camino. Todas las tardes se oían las balas en los cerros. Ya no teníamos comida ni para nosotros y se escuchaba que los priístas nos iban a venir a matar a todos, que para eso estaban bien armados.

A principios de diciembre nuestra comunidad de 65 personas, tenía alojadas a más de 2 mil.

Durante todo ese mes sufrimos bastante, sin comida, sin poder salir a ningún lado y escuchando todo el tiempo las amenazas de que iban a llegar a matarnos.

El día 23 de diciembre nos enteramos de lo que sucedió en Acteal y vimos que las amenazas eran ciertas. No quisimos morir y acordamos mejor todos venir a refugiarnos a Polhó. Salimos el día 26 de diciembre a las 6 de la mañana.

Caminamos bajo la lluvia mi mujer y mis nueve hijos. Veníamos todos los del paraje y todos los de los otros parajes que estaban refugiados en X'cumumal. Los que salieron al último, cerca de las 10 de la mañana, escucharon los disparos de los priístas que entraban a robar todas las casas y tuvieron que correr para que no los mataran. Fue una bendición que llegaran los de la Caravana a ayudarnos a salir.

Yo dejé allá mis 15 sacos de café pergamino que tenía listo para entregar a la Unión, era el fruto de todo el año; de ahí iba yo a sacar algo de dinero para todos los gastos y todo lo robaron. Era café orgánico que la Unión iba a vender y ahora seguramente los priístas lo entregaron a los coyotes para comprar más armas y balas.

Dejé mi casa que con tanto trabajo había levantado. Dejé las herramientas que fui juntando poco a poco: el machete, la pala, la despulpadora de café; se quedó todo el traste que usaba en la casa, toda mi ropa y cobijas. Ahí quedaron todos mis animales. No llevamos nada cuando salimos, sólo la ropa que traíamos puesta.

Con todos mis compañeros de X'cumumal es igual, todos perdimos nuestro trabajo, en conjunto perdimos más de 100 sacos de café orgánico ya cosechado, que ahorita vale más de 22 pesos por kilo, o sea más de 130 mil pesos. Esperábamos cosechar este año más de 200 sacos.

Ahora estamos viviendo en Polhó, comemos un poco de tortilla cada día, del maíz que se ha recibido de la ayuda que llega. A veces tenemos frijol, arroz y sopa. Lo poco que hay se reparte entre todos, que somos muchos. Hay días que no tenemos ni sal para la tortilla, no tenemos jabón para lavarnos o lavar nuestra ropa. Muchos están enfermos porque cuando salimos huyendo había mucha lluvia y frío; pero es mejor así, resistir, aunque tardemos un año o más. Resistir.

Sabemos que vamos a poder regresar un día a X'cumumal, cuando se acaben los paramilitares, entonces queremos volver a empezar, reconstruir nuestras casas, componer los cafetales, volver a hacer milpa. Queremos que el gobierno pague todos los daños que nos causaron, porque ellos fueron los que hicieron este problema y así será más fácil regresar. Algún día...[9]

---

[9] Víctor Grovas, "Desplazados de Chenalhó. Es mejor resistir", Masiosare, *La Jornada*, 18 de enero de 1998, pp. 11-14.

28 DE DICIEMBRE DE 1997

Muy temprano dio inicio otro día de la Caravana en Polhó, sobre todo para quienes regresaban a la ciudad de México, pues tuvieron que levantarse por la madrugada; ellos debían estar listos antes de las siete, debido a que el transporte con destino al poblado más cercano —Chenalhó— pasa entre las seis y las nueve de la mañana, además, luego tomarían otra unidad con dirección a San Cristóbal; el grupo de los que parten es pequeño, entre diez y doce personas solamente.

La mañana era fría, el cielo aparecía nublado como el día anterior, había neblina y de vez en cuando una lluvia fina le hacía compañía. En la cocina, el desayuno tardó en estar listo a causa de la falta de combustible desde el día anterior, así, algunos caravaneros desayunaron cosas ligeras y frías, pues era probable su salida en cualquier momento hacia una comunidad; también, en la cocina existía preocupación porque las reservas de alimento disminuyeron mucho. No obstante lo anterior, el desayuno quedó después de las diez, y concluyó alrededor de las once.

Mientras el desayuno estaba listo, y durante éste, hubo el recuento de las actividades del día, tres serían las principales: visitas a comunidades cercanas, construcción de letrinas, realización de un nuevo mural y terminación de otro. Al término del desayuno siguió la distribución de cada uno en la actividad o actividades en que trabajaría; a la par, surgió el anuncio de la realización de una rueda de prensa de la Caravana, que tendría efecto a la una de la tarde y, posteriormente, cada quien pasó al lugar de su actividad.

Cerca del mediodía, por momentos, las nubes tendieron a disiparse, los rayos del sol iluminaban con su claridad durante pequeños espacios de tiempo y daban un poco de calor, tan necesario, a todo el lugar —en ocasiones las nubes volvían a cubrirlo todo—, aunque proseguía soplando un viento helado. En esas condiciones llegó la hora de la rueda de prensa, la mayoría de caravaneros interrumpió sus actividades con objeto de estar presente en la plaza de Polhó, donde ésta tendría efecto, pero otros continuaron en sus labores. En seguida, ante diversos medios de comunicación, inició la entrega de información de la Caravana, que remarcó las condiciones de pobreza y hostigamiento —militar o policiaco— hacia las comunidades indígenas, hubo lectura de testimonios, así como la petición de utilizar una instancia intermedia para la entrega de ayuda. También participó un representante de la comunidad, quien ligó sus problemas al apoyo que dan al EZLN desde el primero de enero de 1994, pues coinciden en sus demandas: trabajo, salud, educación, alimentación, justicia, libertad, entre otras; éstas son sintetizadas en una canción de manera muy sencilla y clara:

EL INSURGENTE

Me dicen el insurgente por ahí
y dicen me anda buscando la ley
porque con otros yo quiero acabar
con el estado burgués.

Por doce cosas vamos a luchar,
ahorita se las voy a platicar,
cuando termine van a decidir
si nos quieren apoyar.

Necesitamos de buena salud
para eso necesitamos comer,
trabajo para poder producir
también vamos a exigir.

La tierra para poder cultivar,
un techo donde poder habitar,
educación para todos igual
vamos a solicitar.

A todo eso le voy a sumar
independencia total para que
ningún gringuito nos venga a joder
a nuestro pueblo explotar.

Exigiremos justicia también,
con una democracia total

pues de esa forma llegar a elegir
a un gobierno popular.

Por todo esto vamos a vencer,
por eso estoy decidido a luchar
y de esa forma llegar a ganar
la paz y la libertad.

Reparto de acopio.

* * *

Rueda de prensa de la Caravana:

(1)
Intervención de un representante del Municipio Autónomo:

...Nosotros necesitamos comer bien, como usted —le dije al general—; como el general está bien gordo, no es igual que yo que estoy bien flaquito; yo como dos, tres tortillas nada más al día con sal, con agua, con verdura. Nosotros así vivimos, yo le dije así. Si es cierto lo que estoy platicando aquí, porque, la verdad, el gobierno nunca nos atiende, nunca nos da lo que es la necesidad del pueblo; lo único que nos da, la respuesta del gobierno, nos da un alto calibre para nosotros, como somos indígenas, así pasó el día 22 allá en la comunidad Acteal; es la respuesta que llegó a dar el gobierno federal y llegó a darnos el gobierno del Estado, es la respuesta que llegó a dar el presidente de Chenalhó.

El gobierno del Estado formó un grupo paramilitar en cada comunidad; primero, donde empezó fue en Puebla, donde es el domicilio del presidente Jacinto Arias Cruz, después formó paramilitares en Yashjemel, de allí formó un grupo paramilitares Los Chorros, formó también Esperanza, Chimish y Kanolal, y Tzahnehm-b'olom, Joveltik y Pechiquil, y algunos de Yab-jteclum, ahí están los paramilitares. Entonces, formó el gobierno de acuerdo con el presidente de Chenalhó para matar a todas las gentes, los que quieren comer, los que no quieren terreno, los que no tienen escuelas, los que no tienen médicos, los que no tienen medicamentos, entonces, eso es lo que fue.

Entonces, nosotros, nosotros como somos indígenas hemos solicitado tantas veces, hemos solicitado muchas veces nuestro alimento con el gobierno del Estado y nunca lo da, nunca lo da. La respuesta: la respuesta la mandó dando Seguridad Pública; así como ha pasado aquí en nuestro municipio, nuestro Municipio Autónomo rebelde, mismo de la Seguridad Pública nos mandó el gobierno del Estado. La Seguridad Pública ha disparado, han quemado casas, han robado todo lo que hay en nuestra pertenencia de nosotros, junto con los paramilitares, así como fue el día 22 de Acteal; Seguridad Pública empezó a disparar, de ahí, atrás de los de Seguridad Pública vinieron los paramilitares a matar las gentes inocentes están en ayuno, están haciendo sus oraciones en la ermita, de ahí se murieron, pero con hambre, están en ayuno y ahí se murieron.

Por eso, así le dije el federal, no lo acepté el apoyo que nos traen; el único, lo que estamos esperando, su mano el internacional que nos mande nuestro alimento, el internacional. Del gobierno no, porque no es la ahorita que estamos pidiendo, hasta ahora que venga a ofrecer la comida a nosotros, pero desde el 94, primero de enero, hemos solicitado nuestro alimento, ¿qué cosa es lo que fue?, el Carlos Salinas de Gortari —cuando era presidente de la República— nos mandó miles y miles de ejércitos para matar a las gentes, a las gentes indígenas, así fue.

Ayer salimos a traer nuestros compañeros indígenas hasta Xcumumal, llegamos en comunidad Pechiquil y allí fuimos hasta allá abajo, caminamos más un poquito de tres horas —a pie y con lodo, y con agua, y con frío—; entonces llegamos, pero tanto sufrimiento que hemos recibido, así como ahora acaban de decir los compañeros de que ayer dio a luz unas mujeres —sangrando en el camino— y ayer un poquito no murió un compañero. Aquí estoy yo, no soy médico, yo hablo la verdad, porque el gobierno nunca nos mandó doctor; por eso, muchas gentes han muerto por las enfermedades, porque no tenemos clínica.

Por eso 3 500 desplazados, que ya están aquí, pasamos en Pechiquil, pero ahí están los de Seguridad Pública, ahí están los federales, ahí están también los paramilitares, nada más que ahorita ya no tienen armas; no sé dónde lo guardaron los paramilitares. Ahí están, me dijeron: oye señor —me dijo— eres dirigente del pueblo autónomo, un día te voy a matar porque nosotros tenemos armas; qué vergüenza tienen ustedes —me dijo así—, usted eres comida de mi arma —me dijo así—. Soy comida, pero no soy arroz ni soy carne ni soy pollo ni soy res, no soy; soy gente y soy hijo, gente de Dios.

Esperamos la respuesta a la internacional, esperamos la respuesta, la solución, porque nosotros queremos una solución justa. Porque sabemos la demanda del EZLN es la justicia y la tierra, y todo lo que es la demanda del EZLN; por eso estamos esperando si el gobierno va a aprobar o el gobierno va a dar una guerra otra vez, pues ni modo, con hambre aquí vamos a morir; porque ya ha mandado más de cinco mil ejércitos, eso no es justo, es una señal que quiere empezar una guerra aquí en Chiapas. Pero es una vergüenza del gobierno, porque nosotros estamos con hambre, pero allá están bastantes los ejércitos.

Nosotros tenemos miedo, así como llegaron los señores, los legisladores de la ciudad de México, llegaron con judiciales; nosotros tenemos miedo porque no conocemos armas, esas de alto calibre, lo único que conocemos: machete, azadón, donde podamos trabajar un rato, es lo único, pero a las armas tenemos miedo. Toda la gente que se encuentra aquí somos miedosos y somos gentes indígenas, es todo y muchas gracias.

(2)
Texto de la Caravana leído durante la conferencia:

¿POR QUÉ?

¿Por qué los indígenas, unos de los más pobres entre los pobres, reciben como trato el exterminio o la exclusión de su propia tierra?

¿Por qué lo sucedido en Acteal, Chiapas, y en otros lugares, cuando existe el diálogo?

¿Por qué emplear la barbarie contra quienes menos tienen?

¿Por qué mujeres con el vientre desgarrado y, en su interior, criaturas victimadas que nunca pudieron ver la luz del día?

¿Por qué niños y niñas en la orfandad y madres sin hijos, si hasta hace poco tenían familias completas?

¿Por qué incrementar el dolor a quienes dicen: "no pedir limosna... ni tener nada", como sucede a la mayoría de indígenas del país y del mundo?

¿Por qué odios sin control en comunidades donde antes reinaba la tolerancia política, religiosa y cultural?

¿Por qué miles de desplazados, si antes poseían un hogar?

¿Por qué mientras en millones de hogares abundó la comida y bebida durante la Navidad, en miles el hambre fue el platillo fuerte y la pobreza su condimento —y esto viven todo el año, todos los días?

¿Por qué en Acteal, y en todo Chiapas en vez de Nochebuena hubo una Nocheamarga?

¿Por qué hoy reposa la muerte donde debería crecer la vida?

¿Por qué la presencia de grupos paramilitares, financiados por los hombres del poder y del dinero, en lugares que tienen por doquier sólo miseria?

¿Por qué un sureste mexicano en conflicto, nacido de la pobreza si tiene grandes riquezas?

¿Por qué obstinarse en negar la luz cuando es de día?

¿Por qué, por qué tanto aquí...?

El 22 de diciembre de 1997 es un día que no se debe borrar ni de nuestra memoria ni de nuestros corazones; un día más que muere para vivir por siempre, pues expone al desnudo nuestra dolorosa realidad; un día que nos recordará, a todos sin exclusión, los excesos a que hemos llegado; un día que habla, por sí solo, de lo que es la humanidad de hoy en el sureste mexicano; un día más que se inscribe como vergüenza de Acteal, de México y del mundo entero. Quienes encontraron la muerte ese día, en palabras de Ricardo Flores Magón, murieron "como soles: despidiendo luz".

Cita para incrementar el recuerdo, la vergüenza y la dignidad: "El gobierno no nos quiere a nosotros... estamos sufriendo mucho... nosotros, por no dejarnos callados" (Domingo Pérez Paciencia, presidente del Municipio Autónomo de Polhó; una autoridad que usa la humildad como profesión).

Últimas preguntas: ¿hasta cuándo se resolverá el conflicto chiapaneco?, ¿hasta cuándo miles de desplazados/refugiados tendrán un hogar seguro?

Mientras tanto, una parte de la patria está sufriendo y muriendo en el sureste mexicano; sociedad civil, nacional e internacional, abran sus ojos y oídos ante esta situación.

* * *

Una vez concluida la rueda de prensa todos regresaron a sus actividades. Luego, la comunidad recibió la visita de Ofelia Medina y Ana Colchero, quienes llevaron víveres; también acudió la COCOPA y la CONAI. Esto ocurría mientras los caravaneros realizaban la construcción de letrinas, el pintado del mural o la comida. Alrededor de las dos de la tarde, un helicóptero de color blanco con franjas azules —de Seguridad Pública—, se desplazó en semicírculos sobre la comunidad, pero sus vuelos eran rasantes, pues pasaban a muy baja altura, que provocaba incertidumbre y miedo en toda la población —tan sólo el ruido del aparato aéreo les producía ya temor.

Habilidad milenaria.

La construcción de letrinas fue una de las prioridades durante el día, dado el alto número de gente en la comunidad se hace más necesario que nunca tener un control sanitario en el lugar. Esta actividad pudo iniciar después de aclararse el día —cuando las nubes tornaron a disiparse—; así, los caravaneros dieron marcha a la excavación de fosos. En este tipo de trabajo participaban voluntarios, todos en coordinación: algunos picaban la tierra, otros la sacaban o acomodaban la sobrante, unos traían palos, cortaron madera, cosían hules, medían, en síntesis, era una labor de equipo que conllevaba, al interior, el buen humor de quienes trabajaron en ellas.

Ya entrada la tarde algunos promotores de las comunidades aquí reunidas, visitaron las letrinas con objeto de verificar su proceso de construcción. A todos se les explicó el porqué de las letrinas, la importancia de sus medidas —sobre todo la profundidad, más de 1.50 m. o hasta encontrar agua—, su capacidad, cuidados, la importancia de la cal, lo recomendable que es fomentar el hábito de su uso en la población —especialmente en los niños—; lo referente a construcción lo informó un compañero muy hábil en la materia, que nos sacó de muchos problemas —además de ser muy sencillo—, y los aspectos de salud los explicaron médicos. Los promotores acordaron realizar todas las recomendaciones dadas y, también, solicitaron que un grupo de construcción asistiera a una comunidad para supervisar el trabajo de elaboración de letrinas.

El clima empeoraba, así sucedió desde las cuatro de la tarde, la noche y la oscuridad tomaban posesión de todo, por tanto debieron abandonarse las letrinas. Por otra parte, el nuevo mural fue avanzado en gran medida; éste tuvo como temática a mujeres indígenas y zapatistas, junto con elementos de luto alusivos a lo sucedido en Acteal. Para entonces todos pasaron a la cocina y comieron algo; al finalizar de tomar alimentos, alrededor de las 19:30, se anunció un junta que tendría cabida a las ocho.

El desenvolvimiento de la Caravana fue tratado en la junta, lo de los compañeros que partieron y de quienes partirían al otro día, además, hubo la división de actividades para el día siguiente. La lluvia caía en la zona, acompañada de un frío intenso. Concluía la junta cuando llegaron hombres de la comunidad con un aviso: las autoridades iban a entregar a cuatro detenidos por su presunta implicación en los hechos de Acteal e invitaban a los integrantes de la Caravana a que los acompañaran. Los caravaneros salieron de inmediato a los salones ubicados al lado de la explanada, en medio de una lluvia tenue, pues allí se encontraban los presos; alrededor había gente de la comunidad e integrantes de prensa. Las personas detenidas fueron trasladadas una a una hasta la entrada, vigilados por una comisión de seguridad; arriba esperaban unidades militares y más prensa. A continuación, Domingo dijo: "yo voy a entregar a su mano de ustedes cuatro presentados, lo entrego a sus manos de ustedes como autoridades, sin golpes, sin daño; vamos a entregar a sus manos, pero limpios"; a medida que los entregaba decía su nombre y otros datos.

Al terminar la entrega de presos bajaron los caravaneros y el resto de la gente. Después simplemente tuvieron lugar algunas conversaciones junto a un compañero que tocaba su guitarra o cerca del fuego —donde estaba calentándose una olla de ponche— y, de esa manera, el día de actividades llegó a su fin, aunque no resultó un día de mucho trabajo como el anterior; la mayoría no tomó en cuenta que era domingo, pero todos supimos y sentimos la muerte de un bebé por problemas respiratorios: una pequeña llamada Ana María, que vino al mundo a vivir —si a eso puede llamársele vivir— 48 días de sufrimiento y enfermedad, sin hogar ni paz.

* * *

(1)

Polhó, Chenalhó, Chiapas, a 28 de diciembre de 1997.

El día de hoy acudimos a un domicilio particular de esta comunidad para ser testigos del fallecimiento de una menor, acerca de la cual obtuvimos la siguiente información:

Se trata de una menor del sexo femenino, nacida el diez de noviembre del presente en la localidad de Tzajalukum, aparentemente sin ninguna complicación durante el parto.

A la semana de ocurrido el nacimiento, la familia debió salir huyendo de su comunidad porque se produjo una agresión de armas de alto poder en contra de la población. Esta familia se refugió en la comunidad de Cacealtik, donde la menor inició padecimiento de tipo respiratorio consistente en tos, fiebre y estornudos.

El lunes 22 de los corrientes, nuevamente la familia tuvo que salir, llegando a esta localidad alrededor de las 3:00 hrs. del día 23. El padecimiento respiratorio de la menor se agravó, hasta que el día de hoy a las 4:00 horas falleció.

A la inspección general encontramos el cuerpo de una menor, de edad aparente a la referida por la madre —48 días—, con rigidez *post mortem*, salida importante de secreciones por ambas narinas, frialdad corporal generalizada; no presentó heridas ni traumatismos visibles de cualquier tipo. Probable causa de la muerte: bronconeumonía.

[Acta levantada por los médicos de la Caravana.]

(2)

NOVENA DE AYUNO Y DUELO EN LA ESPERANZA
del 28 de diciembre de 1997 al 5 de enero de 1998
en el Ángel de la Independencia de la Ciudad de México

Este ayuno es nuestra respuesta de repudio y exigencia de justicia por la masacre perpetrada contra 21 mujeres, 14 niños, 1 bebé y 9 hombres en Acteal,

145

municipio de Chenalhó, Chiapas, y por el genocidio que viene desarrollándose desde hace 4 años en el estado, prueba de ello es el número creciente de desplazados que actualmente suman cerca de 4 000 sólo en la Zona Norte (Sabanilla, Tumbalá, Tila, Salto de Agua).

Asumimos el ayuno en su significado radical como un recurso pacífico de oración y:

- Protesta por la muerte y el hambre obligada de nuestros hermanos indígenas;
- Oración a Dios para que fortalezca nuestros corazones y acciones;
- Un reclamo e instrumento de lucha por la justicia;
- Llamado a acciones que interpelen a los responsables de administrar justicia;
- Signo de que la paz verdadera nunca podrá llegar por caminos de violencia, sino con la superación de las causas que propician la injusticia.

En estos hechos es notoria la complicidad criminal de los gobiernos estatal y federal, mismos que han creado un ambiente de impunidad en Chiapas con su indiferencia ante las reiteradas denuncias de la situación que múltiples organizaciones de todo tipo han llevado a cabo.

Por ello demandamos:

1. La desaparición de poderes en el estado de Chiapas.
2. Juicio político y penal contra los funcionarios del gobierno involucrados en este hecho y a los autores materiales.
3. Desmantelamiento de todos los grupos paramilitares y aplicación de la justicia a quienes resulten responsables de su aparición y crecimiento.
4. Establecimiento de condiciones mínimas para la reanudación del diálogo entre el EZLN y el gobierno federal, éstas son:

- El cumplimiento irrestricto de los Acuerdos de San Andrés;
- Desmilitarización del estado de Chiapas.

Reiteramos nuestro apoyo total a la CONAI como instancia mediadora por su probada capacidad e innegable autoridad moral.

Los ayunantes hasta el día de hoy:
Movimiento por la Paz con Justicia y Dignidad
Personas de la Sociedad Civil y Fideicomiso para los Niños Indígenas

Invitamos a las mujeres y hombres que buscan la paz justa y digna a sumarse a este ayuno; pueden hacerlo desde sus lugares de trabajo, casa, etcétera, o acompañándonos en el Ángel desde unas horas hasta unos días.

A la solidaridad internacional, la instamos a continuar las protestas frente a los consulados y embajadas de México en sus respectivos países.

Por favor informen sobre las acciones que puedan realizar. Una carta de apoyo al ayuno nos servirá de mucho.

Movimiento por la Paz con Justicia y Dignidad

(3)

NOVENA DE AYUNO Y DUELO EN LA ESPERANZA

Homilía pronunciada en la Eucaristía de inicio del ayuno en el Ángel de la Independencia, en la Ciudad de México, el día 28 de diciembre de 1997. Óscar Salinas, Vicario de la diócesis de San Cristóbal de las Casas, Chiapas.

Hoy celebramos el día de los Santos Inocentes. Se les ha llamado "Santos Inocentes" porque, en efecto, unieron su sangre y su sacrificio a la sangre y el sacrificio redentor de Jesucristo, siendo aún niños incapaces de hacer daño.

Inocente es literalmente "el que no daña", "el que no es nocivo" (*in-nocere*). Aquéllos, los de Belén, porque eran menores de dos años. Éstos, los de Acteal (Chenalhó), algunos ni siquiera habían nacido. Otros aún siendo adultos porque así lo habían decidido: la inocencia, el no hacer daño, como forma de lucha.

Hay algunas cosas que es importante saber acerca del grupo "Las Abejas", para llegar a captar la profundidad de su entrega. De ellos se puede decir lo mismo que Cristo dijo acerca de su propia muerte: "Yo doy mi vida... nadie me la arrebata". Ellos ofrecieron su vida en un acto libérrimo, no les fue arrebatada. Desde su nacimiento como grupo, atentos lectores del Evangelio, decididos seguidores de Jesús, ellos hicieron una opción que nunca reconsideraron, y con ella fueron coherentes hasta las últimas consecuencias. Ellos dijeron, como muchos otros mexicanos: "estamos absolutamente de acuerdo con todas y cada una de las causas de la lucha zapatista, no podemos dejar de adherirnos a esas banderas. Asimismo, no podemos concordar con el método elegido, el del levantamiento armado". De tal manera, cuando la comandancia del movimiento zapatista pidió a la sociedad civil nacional: "si existe otro camino, muéstrennoslo..." Ellos, Las Abejas, en radical honestidad, lo tomaron como desafío a ellos. Pero esto, que para nadie ha sido tarea sencilla, para un grupo de campesinos y campesinas tzotziles, adultos y niños, ubicados en las coordenadas donde ellos han vivido, es decir hoy en Los Altos de Chiapas, donde se está induciendo desde el exterior una guerra de creciente intensidad, dirigida contra el pueblo pobre, es algo absolutamente heroico.

Han tenido que batallar con la incomprensión de casi todos. En una sociedad como la chiapaneca de hoy en día, donde el tejido social está absolutamente polarizado, porque lo están desgarrando, ellos han sido acusados con el injusto criterio de "neutrales".

Hoy hay que gritarlo: ¡de ninguna manera son neutrales! Su opción es muy clara y radical, ¡ni son "terceristas" ni son cobardes! Simplemente son personas que han creído sin titubeos que por la vida se lucha con las armas de la vida. No les dio miedo empuñar el fusil, simplemente prefirieron correr el riesgo de creer hasta el final en las convicciones que el Evangelio se les fue acrisolando en el corazón.

Ellos habían dicho: "estamos dispuestos a morir por esta causa, pero no a matar". Y cuando tuvieron que demostrarlo, lo hicieron. El día del entierro en Acteal, mientras mordíamos nuestra rabia, una amiga me comentó en voz baja: "¡qué cobardes estos asesinos! ¿Por qué escogieron a este grupo débil e indefenso para masacrarlo? ¿Por qué no atacaron a un grupo armado que pudiera defenderse?". No le respondí, pero me quedé pensando. Hoy creo entender un poquito mejor las cosas. Las Abejas no son de ninguna manera un grupo débil e indefenso, aunque tal vez así lo vieron los paramilitares asesinos. No lo es ningún grupo que está armado sólo con la fuerza de la verdad. Esta masacre, si bien prepotente, no en balde fue fría y detenidamente calculada. Un grupo como éste, armado sólo de amor y de verdad, es lo más peligroso y amenazante para los defensores del sistema, porque hace más patente la injusticia del mismo. Por eso es más urgente eliminarlo.

Estos hermanos nuestros, como el Siervo Sufriente de Yavé, decidieron sofocar con su propia sangre la espiral creciente de violencia que está desatada en nuestro estado. Ofrendar su vida como la ofrendaron ellos es el acto más decente que se ha podido hacer en esta coyuntura, en que una cadena interminable de agravios y malos entendidos tienen cerrada a la palabra verdadera en un callejón sin salida. Los mártires inocentes de Acteal nos están salvando de nuestras propias confusiones y cobardía.

(En seguida, el padre Óscar leyó el texto de Isaías sobre el Siervo Sufriente de Yavé: Isaías 52, 13-53, 12.)

Intercediendo murieron. Ayunando murieron. Ésta fue la muerte que escogieron "los Santos Inocentes de Acteal", orando y ayunando por todos nosotros. Lo podremos ver... con ellos ha sido sembrada la semilla de la paz.

* * *

29 DE DICIEMBRE DE 1997

Este día había que salir temprano a una comunidad, por ello, un buen grupo de caravaneros se levantó muy de mañana, tenía que estar listo antes de las ocho, hora en que saldrían. Muchos tuvieron el tiempo encima, pero la salida tuvo un mayor margen para efectuarse. Afuera, el clima no era bueno, demasiada neblina cubría la zona junto con la lluvia y un viento frío; todo esto dificultaba realizar cualquier actividad.

Los caravaneros que partirían procedieron a desayunar con prisa, así, entre tragos de ponche frío, leche de polvo y comida, también fría, todos tomaron algún alimento para estar listos. El punto de reunión fue en la entrada de Polhó; ahí llegaría el transporte que nos guiaría a la comunidad destino. Arriba, todos buscaron colocarse bajo las salientes de los techos de las viviendas, que hay a un lado de la entrada al pueblo, porque la lluvia proseguía; era una lluvia fina pero abundante, de esas que empapan todo el cuerpo en poco tiempo, aunque suelen verse inofensivas; la situación empeoraba cuando el viento intensificaba su fuerza en diferentes direcciones.

Para todos inició una espera con el viento y la lluvia en contra, que producía un intenso frío en la mayoría, seguido por el estremecimiento del cuerpo; todos portaban impermeables y ropa gruesa, aunque todo esto no servía de mucho. A diferencia de nosotros, gente de la comunidad, principalmente mujeres con niños pequeños, pasaban por la carretera en medio de la lluvia sin hacer gestos por el frío o la lluvia, no obstante que iban empapados, no portaban zapatos ni mucha ropa; solamente veíamos la forma como se hundían sus pies desnudos en el agua, en el lodo; constantemente iban y venían personas en las mismas condiciones, todos con un paso apresurado. En ocasiones alguno que otro perro cruzaba por donde estaba el grupo; estos animales también desfilaban ante todos mojados del pelo, sin temblar, con sus cuerpos flacos —sus huesos afloraban a la vista—, incluso, a veces detenían su paso para lanzarnos miradas, que podían interpretarse como de lástima porque sentíamos frío en medio de condiciones comunes para todo ser viviente en esa zona.

151

Tampoco faltó el humor durante la espera, pues un compañero tuvo a bien colocarse una máscara de luchador y realizar una sesión de fotos. Luego de un largo rato, los coordinadores informaron que la salida a la comunidad destino había sido suspendida; su objetivo era ayudar a salir gente vigilada —retenida— por paramilitares en dos lugares, uno de ellos Puebla, sin embargo, los representantes de derechos humanos y otros grupos consideraron suficiente su presencia, y sólo dos compañeros de la Caravana pudieron ir. De esa forma, bajamos de la entrada de Polhó un tanto desilusionados por no haber salido y, también, con síntomas de resfriado —debido al frío, a la lluvia, no sólo de ese día sino sumado al de los anteriores.

En la cocina ya habían comenzado a llenar bolsas de hule —aguinaldos— con dulces, paletas, chocolates, juguetitos, galletas y otras cosas; esta actividad la iniciaron las mujeres que permanecerían en la comunidad —ante la salida de los demás—. El número de estas bolsas debería ser alto, por lo grande de la población; en las reservas de cuanto había esperábamos que alcanzara para todos los niños del lugar.

EN ALGUN LUGAR DEL GOBIERNO ■ **El Fisgón**

Llenar bolsas, añadir a otras juguetes, ocupó un buen rato; al final se pudieron elaborar más de 1 500 bolsitas para los pequeños, las últimas bolsitas fueron hechas con los recipientes de los mismos dulces o, bien, se utilizaron los residuos de bolsas grandes. La mesas donde era colocado todo el material aparecían por momentos repletas, para rápidamente estar vacías, gracias a la velocidad de muchas manos que tomaban las cosas, las metían en las bolsas y las cerraban; después, se depositaban las bolsitas en cajas o bolsas grandes donde serían guardadas hasta su repartición; el llenado de las bolsas fue dividido en dos: para niños y niñas respectivamente. Durante esta actividad, afloraron las conversaciones sobre la infancia de cada persona, respecto a los dulces que había, los juguetes y programas infantiles de los años en que los ahí reunidos éramos pequeños; también una compañera dio lectura al comunicado del EZLN respecto a lo sucedido en Acteal.

* * *

Comunicado sobre investigaciones del CCRI:

A LA PRENSA NACIONAL E INTERNACIONAL
26 de diciembre de 1997.
Damas y caballeros.

Va comunicado donde informamos de los últimos resultados de nuestras investigaciones. Gracias.

Sólo tenemos una pregunta: Eso que dice Chuayffet de nuestro comunicado anterior merece ser respondido en el mismo tono, ¿quiere decir que ya va a decir la verdad de lo que pasó?, ¿quiere decir que está bien redactado?, ¿o quiere decir que nos va a dar el mismo "tratamiento" que ordenó que se le diera a los refugiados de Acteal?

Vale. Salud y recordad que, para saber quién fue, hay que buscar arriba y no abajo.

Desde las montañas del Sureste Mexicano.

Subcomandante Insurgente Marcos.

México, diciembre de 1997.

P.D. QUE LE PREGUNTA AL SUPREMO (sólo por curiosidad). Y la cena de Navidad, ¿no les supo a sangre?

P.D. QUE SIGUE DE PREGUNTONA. Eso de que el conflicto de Chenalhó viene de los años 30, ¿no le viene tocando a mi general Cárdenas?

P.D. QUE COMO ES EVIDENTE, REITERA LAS INTERROGACIONES. Hablando de pretextos, ¿no es el de "restaurar el orden en Chenalhó" un pretexto de la nueva invasión de soldados federales?

Vale de Nuez. Salud y manden sus respuestas a... ¿dónde?

El sup queriendo navegar en la mar.

COMUNICADO DEL COMITÉ CLANDESTINO REVOLUCIONARIO IN-DÍGENA-COMANDANCIA GENERAL DEL EJÉRCITO ZAPATISTA DE LIBERACIÓN NACIONAL. MÉXICO.

26 de diciembre de 1997.

Al pueblo de México:
A los pueblos y gobiernos del mundo:
A la prensa nacional e internacional:
Hermanos:

El EZLN informa a la opinión pública nacional e internacional del avance de nuestras investigaciones sobre la matanza de Acteal, municipio de San Pedro de Chenalhó, Chiapas.

Primero. En Acteal vivían algunos de los miles de desplazados de otras comunidades indígenas de Chenalhó. Se encontraban ahí refugiados para protegerse de las agresiones de bandas paramilitares que "toman por asalto" las comunidades que no son gobiernistas.

Todos los refugiados eran indígenas tzotziles, civiles, profesaban la religión católica. Había zapatistas y no zapatistas de la organización independiente Las Abejas de Chenalhó.

Ninguno de los refugiados tenía armas de fuego.

Segundo. La mayoría de los atacantes son indígenas tzotziles, pertenece a diversas comunidades del municipio de Chenalhó, profesa la religión católica y es priísta (del PRI o del Partido Cardenista, es lo mismo).

Todos los atacantes tenían arma de fuego y algunos, además, armas blancas. La mayoría de las armas largas eran del modelo AK-47, calibre 7.62 x 39. Las armas cortas o pistolas eran de modelo escuadra, calibre 22 largo rifle.

Tercero. Unos minutos antes de que se iniciara la masacre, los vehículos de los paramilitares fueron detectados por indígenas bases de apoyo del EZLN, quienes fueron a avisar a los refugiados en Acteal para que salieran y alertaron a la CONAI. Un grupo de aproximadamente 15 personas alcanzó a salir, pero el resto alegó que no podían hacerles nada porque no habían hecho nada malo y que mejor se iban a poner a rezar, en eso estaban cuando fueron atacados.

Cuarto. El 22 de diciembre al mediodía, cuando apenas iniciaba el ataque, bases de apoyo zapatistas escucharon las primeras detonaciones y se comunicaron a la CONAI para informarle de lo que estaba ocurriendo. La CONAI respondió a los compañeros que se iba a avisar al gobierno del estado. Así se hizo. A las 12 horas del 22 de diciembre el gobierno del estado recibió la denuncia de la CONAI. A las 19 horas el aviso se repitió. El gobierno del estado dijo que todo estaba bajo control.

Quinto. El comando paramilitar que realizó la masacre se movilizó en vehículos propiedad de la presidencia municipal priísta de Chenalhó y de particulares.

Sexto. Todos los miembros del grupo agresor portaban uniformes de color oscuro.

Séptimo. Los vehículos, así como el armamento, uniformes y equipos de los agresores se obtuvieron con dinero proveniente del gobierno federal. En concreto, de la Secretaría de Desarrollo Social.

Octavo. Los paramilitares remataron a los heridos que encontraron y a las mujeres embarazadas les abrieron el vientre con machete.

Noveno. Terminado el ataque, agentes de la policía de Seguridad Pública del estado de Chiapas se dieron a la tarea de recoger los cadáveres y "desaparecerlos" dentro de una cueva y en el fondo de un barranco.

Algunas consideraciones de lo anterior son:

1. No se trata de un conflicto religioso, tanto asesinos como asesinados profesan la religión católica.

2. No se trata de un conflicto étnico, los muertos y quienes los mataron son indígenas tzotziles.

3. No se trató de un enfrentamiento (como lo quieren presentar los gobiernos federal y estatal). Los muertos estaban desarmados, los atacantes tenían armas de grueso calibre. No hubo choque armado. Fue, simple y llanamente, una ejecución.

4. El objetivo era acabar con todos, que no quedaran testigos acusatorios y "limpiar las evidencias". El plan gubernamental era que el hecho no fuera del dominio público. Las autoridades primero quisieron negar la matanza, luego minimizarla, ahora quieren confundir a la opinión pública sobre el verdadero móvil del crimen.

5. Cuando el gobierno de Chiapas respondía a la CONAI que "todo está bajo control" no se refería a que se iba a evitar un hecho de sangre, sino a que el gobierno era el que estaba dirigiendo el ataque.

6. El desvío de fondos para el financiamiento de diversas estructuras paramilitares en la Selva, Norte y Altos de Chiapas no es ignorado por funcionarios federales y estatales. Desde 1994 la asignación de recursos económicos federales en Chiapas se realiza con un criterio político-militar; aquellos que están dispuestos a enfrentarse contra las comunidades zapatistas y contra las neutrales pueden obtener el dinero con la condición de que cumplan con lo que llaman "preparación básica" y estar en absoluta disposición a responder al llamado de "los encargados" de tramitar los proyectos en Sedesol. No se trata

sólo de comprar lealtades, es un verdadero reclutamiento, una "leva" para hacer la guerra gubernamental contra los indígenas... con indígenas.

7. El ataque incluyó las fases militares llamadas "de aproximación", "toma de contacto", "ataque" y "explotación del éxito", además de la de "exterminio total del adversario". Es evidente que el grupo agresor contaba con preparación militar de la que llaman "de comando especial". Sus armas, equipos y uniformes son los de una organización militarizada y revelan que se trató de una acción concertada, preparada y dirigida por personas o instancias que no participaron directamente en los hechos.

8. Los paramilitares obtienen su armamento y equipo por suministro directo de oficiales del Ejército federal, policías judiciales y, principalmente, por la denominada "Seguridad Pública del Estado", el gobierno del estado de Chiapas (encargado del "trabajo sucio" en esta estrategia zedillista) a su vez consigue el armamento en el mercado negro que existe entre diversas corporaciones policiacas del país. Los policías y militares desvían las armas (que consiguen en los decomisos) para la venta clandestina, y se las venden a terratenientes, guardaespaldas, gobernadores, presidentes municipales y "gente importante".

Se trata de un auténtico "lavado de armamento". Son armas "sucias" o "negras", llamadas así porque ya fueron usadas en la comisión de algún delito, que se "lavan" vendiéndolas a los poderes regionales o locales.

9. El ritual sangriento de abrir el vientre de las mujeres embarazadas muertas y exhibir como trofeo su contenido, forma parte de las "enseñanzas" que militares guatemaltecos (de los llamados "kaibiles") impartieron a sus similares mexicanos a raíz del alzamiento zapatista. Después del 1o. enero de 1994, el Ejército guatemalteco ofreció a su par mexicano "asesoría y preparación" en lucha contrainsurgente. Un grupo selecto de oficiales del Ejército Federal tomó el curso "kaibil". Desde entonces nuevos grupos son preparados en el vecino país.

10. Las víctimas no fueron escogidas al azar. Se eligió el lugar, fecha y hora del crimen para que los destinatarios del sangriento mensaje lo recibieran y entendieran bien. Los destinatarios son las comunidades indígenas rebeldes y el mensaje es "nada vivirá que sea independiente del gobierno".

11. El gobierno mexicano finge al llamarse a sorpresa por la matanza de Acteal. Por medio de la prensa y la televisión privada nacionales, la tensa situación que se vivía en los Altos y Norte de Chiapas en semanas previas a la masacre de Acteal fue del dominio público. El crimen de los 45 indígenas fue advertido a tiempo.

12. Desde el inicio del deterioro y crisis de la situación social en Chiapas, producto de la estrategia contrainsurgente gubernamental, el CCRI-CG del EZLN orientó a sus bases de apoyo para que evitaran en todo momento, y aun a costa

de perder sus pocas pertenencias, el enfrentamiento con otros indígenas. Para nosotros fue claro que el propósito gubernamental era y es que mudáramos de enemigos y nos enfrentáramos a otros indígenas. Por eso cada vez que fuimos agredidos no respondimos en forma violenta, sino que recurrimos a la Comisión Nacional de Intermediación (cuya existencia combate con toda decisión el gobierno federal) y a la prensa nacional e internacional (cuya labor profesional informativa molesta tanto a los gobernantes).

Por ambos canales, tanto el gobierno federal como el estatal estaban enterados de lo que se gestaba en los Altos de Chiapas.

Una y otra vez, la prensa nacional publicó reportajes documentados sobre las señales que ahora se leen con claridad en la sangre de Acteal.

A las notas periodísticas profesionales el gobierno estatal respondió con inserciones pagadas, con cartas de desmentidos y con abundantes sobornos para algunos que se hacen llamar periodistas.

Mientras tanto, el gobierno federal ni siquiera hizo eso. La Secretaría de Gobernación siguió la política del avestruz y "desapareció" siguiendo la creencia de que si no se habla de un problema, éste se soluciona.

La Comisión Nacional de Intermediación, mientras soportaba agresiones gubernamentales de todo tipo, mantuvo continuamente informados al gobierno de Chiapas y a la Secretaría de Gobernación de todos y cada uno de los hechos que, ahora lo sabemos, culminarían en la masacre de Acteal.

13. Es innegable que la Secretaría de Gobernación sabía con antelación de las serias amenazas que se cernían sobre los habitantes indígenas de los Altos.

Algunos periódicos de circulación nacional llevan meses cubriendo y difundiendo información que hoy es ya parte de los antecedentes históricos del peor crimen de los últimos 29 años en México.

En un canal de una televisora privada mexicana se documentaron objetivamente las condiciones de persecución y hostigamiento en que viven los indígenas de Chenalhó. Todos los entrevistados denunciaron la presencia de guardias blancas.

No hay duda de que el secretario de Gobernación lee los periódicos, tampoco de que vio el programa. La prueba está en que protestó por el "tono parcial y tremendista" de la información televisada y vetó su repetición.

Cuando lo vea de nuevo deberá recordar que algunos y algunas de los indígenas que fueron entrevistados en ese programa "parcial y tremendista" están ahora muertos, asesinados por aquellos que, como el secretario de Gobernación, se quejaron de las graves imputaciones que se derivaban del contenido del reportaje.

14. En la matanza de Acteal los gobernantes no pueden ser juzgados por negligencia, porque precisamente se habían propuesto realizar el "operativo". La negligencia está en que no supieron o no pudieron hacerlo, con discreción.

Olvidaron que desde enero de 1994 la sangre indígena pesa, y la oportuna labor informativa de los medios de comunicación sacó a la luz lo que iba a quedar en una cueva y en el fondo de un barranco.

15. Los servicios de inteligencia del EZLN detectaron rumores paramilitares desde mediados de noviembre de 1997. Algo se estaba preparando. A inicios de diciembre se hablaba de una acción paramilitar inminente. Nosotros pensábamos que ese "algo" era por la visita a Chiapas del nuncio apostólico. Por eso fue nuestro comunicado donde advertíamos de un posible atentado contra el señor Justo Mullor. Nos equivocamos, las víctimas iban a ser, otra vez, de abajo. Ahora lo sabemos.

16. Conforme a las evidencias encontradas, se deduce que el crimen de Acteal fue preparado con toda antelación, con plena conciencia, con la dirección de autoridades estatales y la complicidad de diversas secretarías del gobierno federal entre las que destacan la Secretaría de Gobernación, la de Desarrollo Social y la de la Defensa Nacional, así como de las dirigencias nacionales y estatales del Partido Revolucionario Institucional.

17. Fracasada la política de restarle base social indígena al EZLN, los gobiernos federal y estatal optaron por lo que consideraron más sencillo: aniquilar a esa base social, valoraron que el Ejército Federal tendría que pagar un costo muy alto si participaba directamente en este plan. Por eso recurrieron a su estructura partidaria, botaron la "sana distancia" e hicieron uso de las estructuras organizativas del Partido Revolucionario Institucional para hacer lo que mejor saben hacer, es decir, robar y matar.

18. La guerra actual en Chenalhó no se inició en los años 30. Empezó a gestarse en agosto de 1995, cuando los gobiernos federal y estatal acordaron su actual estrategia antizapatista. Antes de eso, más de un año y medio después del 1o. de enero de 1994, la convivencia pacífica entre grupos políticos diferentes había sido posible. Todavía hace algunos meses, las autoridades oficialistas de Chenalhó habían acordado con las autónomas respeto mutuo y tolerancia. Pero llegó la orden de "muy arriba" de acabar con los rebeldes...

19. Es completamente falso el giro que le quieren dar las autoridades que dicen estar investigando el crimen. No se trató de un conflicto religioso, tampoco de una disputa ideológica, mucho menos de un conflicto intra o intercomunitario. Esa historia de que los conflictos en Chenalhó vienen desde los años 30 es un cuento engañabobos de quienes se dicen investigadores y se las dan de antropólogos. No en los años 30, sino hace 30 años otra matanza de igual envergadura conmovió al mundo. Y a Tlatelolco 68 no sólo lo hermana con Acteal 97 la sangre inocente derramada. También entonces, como ahora, el gobierno hablaba de diálogo y de paz con las manos llenas de muerte.

Hermanos y hermanas:

La masacre de Acteal fue una matanza y fue realizada con alevosía, premeditación y ventaja.

El móvil es político, militar, social y económico. Se trata de aniquilar a los indígenas rebeldes.

Los autores intelectuales están muy arriba, en los gobiernos federal y estatal.

Los 41 detenidos son piezas menores de la complicada y sangrienta máquina de guerra contra los pueblos indios de México. Y la eliminación de piezas menores no afecta el funcionamiento de la maquinaria, simplemente se reemplazan.

Para implementar el reemplazo y no para evitar que se repita Acteal 97, el gobierno federal está enviando nuevamente miles de soldados a tierras indias y millones de dólares a unas autoridades estatales que han descubierto que la guerra, pero sobre todo la guerra sucia, es un gran negocio.

Esto es lo que hemos avanzado en nuestras investigaciones.

¡Democracia!

¡Libertad!

¡Justicia!

Desde las montañas del Sureste Mexicano.

Comité Clandestino Revolucionario Indígena-Comandancia General del Ejército Zapatista de Liberación Nacional.

México, diciembre de 1997.

* * *

Después de concluir el llenado de bolsas, prosiguió la elaboración de piñatas, para ello había más de doce ollas que esperaban ser adornadas. En esta actividad, mujeres y hombres participaron de manera entusiasta; en un principio, las formas de las piñatas correspondieron a flores, verduras, pero, más adelante comenzaron a realizar piñatas con rostros humanos, entre ellos el del ex presidente Salinas y de algunos coordinadores de la Caravana. Esta actividad terminó alrededor de las 16:30 hrs. Una de las últimas piñatas fue la de la cocina, con la figura de una cebolla. Mientras eran terminadas todas, también avanzaba la preparación de la comida, por ello las actividades de la cocina se repartían para agilizar y disminuir el trabajo —sólo dos veces al día tomábamos alimentos, por la mañana y por la noche.

Debido al clima frío y lluvioso, la mayor parte de los caravaneros permaneció en los dormitorios o en la cocina, excepto algunos compañeros que tomaron una actividad como reto: culminar la excavación del hoyo de una letrina, esto en medio de la lluvia. Este día llegó el gas, con ello no hubo que prender más fuego y también dejó de estar llena la cocina y sus alrededores de humo, que penetraba a los ojos de forma intensa y provocaba ardor. Un grupo de compañeros de construcción salió a una comunidad cercana, para auxiliar en la tareas de hacer letrinas; ellos regresaron alrededor de las 18:30, trabajaron todo el día bajo la lluvia y llegaron empapados, además de cansados.

Como a las siete se realizó la comida; todos disfrutaron el caldo caliente de la sopa, algo que caía muy bien al estómago, al cuerpo. Al finalizar hubo dispersión en grupos de conversaciones diversas, la mayor parte dentro de la cocina; esto fue prolongándose hasta las nueve, tiempo en que pudimos disfrutar un ponche caliente. Finalizó el día, hubo prisa por dejar la cocina, pues los compañeros que dormían ahí iniciaron su labor de invitar a la gente a dejarlos dormir. Afuera, desgraciadamente, el sonido de la lluvia era acompañado del llanto de niños pequeños, bebés que lloraban de frío o por estar enfermos; misma situación de días anteriores, que tornaba a repetirse a diario toda la noche y durante el día —aunque en menor grado.

INVESTIGANDO ACTEAL ■ El Fisgón

160

30 DE DICIEMBRE DE 1997

Las actividades ya no iniciaban tan temprano como en los primeros días; la gente procedía a levantarse después de las siete, al menos la mayor parte. La cocina era el único lugar donde el comenzar muy de mañana fue constante, ahí ordenaron las cosas: tortillas, trastes, sillas, mesas y, por supuesto, el lugar se barrió. La mañana avanzaba, dieron las nueve sin estar todavía listo el desayuno; aunque en la entrada de Polhó el ejército ya estaba presente con varias unidades, permanecía estacionado, a pesar del enojo de la población, pues no los quieren cerca ni les han pedido permiso para establecerse.

La molestia por la presencia del ejército constituyó una constante durante los últimos días para los habitantes de la comunidad; un día llegaron a dar bolsas con despensas, aún reciente lo de Acteal y la gente contestó que no podían aceptar la ayuda de quienes solapan y cuidan a los asesinos que los hostigan o matan, y luego quieren disculparse dándoles una bolsa de alimentos, medicinas o un corte de pelo. Así las cosas, hubo necesidad de subir como presencia de la sociedad civil; esto duraría cuanto fuere necesario hasta que se marchara el ejército. En esos momentos, por un rumor de peligro en la comunidad de X'oyep —lugar visitado anteriormente por gente de la Caravana—, dos personas fueron en compañía de integrantes de varios medios de comunicación y de un guía.

La mitad del camino a X'oyep fue realizado en vehículos y el resto a pie; se caminó más de cuarenta y cinco minutos por veredas, entre cuestas y bajadas; en algunos tramos del camino, debido al peso del equipo o por accidente, los reporteros cayeron en varias ocasiones. Desde la entrada de X'oyep hay un letrero que da el nombre de la comunidad y aclara estar conformada por sociedad civil de Las Abejas. Conforme uno avanzaba podía ver varias edificaciones de madera y dos grandes emplazamientos de hules como campamentos: uno con paredes de plástico firmes, otro prácticamente a la intemperie —sólo era un manteado con dos caídas laterales no sujetas al piso—; gruesas capas de lodo abrazaban la periferia de los campamentos, en ellas los pies podían hundirse en buena medida; afuera de éstos la gente formaba grupos donde tenía efecto una repartición de ropa, mientras en el interior abundaban los enfermos recargados en las paredes o recostados en el piso, niños pequeños o mujeres que amamantaban a sus hijos, así como hombres y mujeres de diversas edades heridos en Acteal. El pozo de donde tomaban agua era muy insalubre, apenas constituía un hoyo en el piso con un poco de agua revuelta con tierra demasiado turbia —de color café— e incluso tenía animales. En fin, X'oyeb era un lugar donde la insalubridad, la pobreza, las enfermedades y el hambre dominaban al ser humano: un lugar de inhumanidad vuelto realidad.

X'oyep el refugio.

El grupo fue recibido por un representante de la comunidad, Roberto Pérez Sánchez, quien informó que en el lugar habitaban personas de diversas comunidades; el cálculo aproximado de seres humanos desplazados ascendía a más de 1 200, que arribaron en los últimos días, e iba incrementándose a diario, por lo que no existía una cifra exacta —otro cálculo estimaba de 1 200 a 1 700 personas en total—. Los desplazados provenían de comunidades como Yashjemel, Los Chorros, Esperanza, Puebla, Tzajalukum, Acteal, y otras más.

"Vida" cotidiana en X'oyep.

* * *

Informe de X'oyep por parte del representante de la comunidad:

Nosotros aquí vivimos muy difíciles porque no tenemos casa, alimento. Ahorita estamos comiendo maíz, frijol, atún, pero no alcanza para tanta gente. La ropa nos la regalan, la medicina es muy poca. Hay muchos enfermos de calentura, diarreas, vómitos, dolor de cabeza, presión alta, heridos [por el desplazamiento], heridos de bala [había un niño con una herida en la cabeza, Emilio Luna Pérez, un señor y señora con heridas en la pierna].

Diarrea y vómito [informa el promotor de salud de la comunidad] es porque los niños duermen húmedos sobre la tierra; no hay suficiente agua, necesitamos letrinas, las ropas que no tienen más los niños [concluye el promotor y toma la palabra el representante].

Aquí sólo hay trece familias originalmente —setenta mamás—. Escogimos este lugar porque no queremos meternos a la guerra, somos sociedad civil Las Abejas. Escogimos este lugar porque las trece personas [familias] que viven aquí son sociedad civil. Vienen rumores, pero aquí no vienen los priístas.

163

Mandamos comunicados... sigue visitándonos la prensa, la televisión. Pensamos solicitar nuestra seguridad. Nos preocupamos por las mujeres, los niños.

Cuando salimos los grupos paramilitares ya tiraban balas junto a nuestras casas. Vienen a destruir las casas de los simpatizantes, ahí nos van a encontrar a nosotros también. Los priístas nos echaron la culpa, vinieron las amenazas.

Ya construimos casas, viene mucha gente a esconderse aquí. Todavía solicitamos ayuda, las láminas. No recibimos las ayudas por parte del gobierno, porque bien sabemos que si el gobierno nos da la ayuda, si aceptamos ese ayuda: "los campesinos se los di todo" [hace alusión a la respuesta del gobierno], siempre queda mucho para él y para el campesino poquito. Si el gobierno no nos da apoyo tenemos derecho para defendernos así solos. Si recibimos el apoyo nos tapa la boca, quedamos callados.

Resistir nuestra pobreza, pero tenemos que luchar por nuestras niñas, para todo el pueblo. Es muy difícil, no tenemos casa, no tenemos agua, falta leña. Tenemos miedo, las mujeres, porque ya ha entrado en su corazón el susto, el miedo.

* * *

Por tanto, las condiciones en que se encuentran los habitantes de X'oyep son infrahumanas, desgarradoras; quien visitaba la comunidad no podía dar crédito a lo que ahí veía. Imaginar los días, las noches en ese lugar supera todo límite; no es posible entender la increíble belleza natural aledaña al lado de tanta miseria, y aún así aquí "no pasa nada" —cómo muchos se atreven a decir eso—. En qué condiciones está la comunidad que de regreso, después de la una de la tarde, algunos reporteros decían que no querían volver al lugar; pedían a sus empresas no los mandasen a ese tipo de sitios.

En Polhó todo seguía igual, el ejército permanecía apostado a la entrada, ahora para resguardar la instalación de un ministerio público, así como a las autoridades que en él estarían; aunque, desde el día anterior, también había sido instalado un ministerio público en rebeldía, con objeto de tomar declaraciones a la gente sobre lo sucedido en Acteal. La Caravana elaboró un documento dirigido al ejército para pedir su salida; incluso, algunos compañeros transcribieron el Artículo 129 y 39 de la Constitución en cartulinas, donde se demandaba la no presencia del ejército, que fueron colocadas en una barda de la entrada al pueblo —visibles desde cualquier punto.

Además, el acceso al pueblo debía realizarse a través de un proceso de identificación, especialmente con los medios de comunicación o visitantes; el trámite

Miseria, hambre y enfermedad no es una pesadilla, es X'oyep.

era sencillo: pedían la credencial, la mostraban a las autoridades de la comunidad y ellos determinaban si permitían o no entrar a la comunidad. Alrededor estaban los compañeros de la Caravana en su labor de vigilancia y presencia civil. En eso, varios autobuses con mantas y altavoces aparecieron en la carretera: eran integrantes del Frente Zapatista de Liberación Nacional, FZLN; ellos primero fueron hasta las cercanías del campamento del ejército, luego volvieron a la entrada de Polhó, pasaron de largo y finalmente llegaron caminando a la comunidad donde se les recibió con aplausos de todos —hasta de algunos miembros del ejército—. En su caminar vitoreaban consignas, entre ellas una dirigida a los soldados: "Soldado mexicano, no mates a tu hermano", o vivas al EZLN; bajaron a la plaza de Polhó donde dio comienzo un mitin, a veces en español, otras en tzotzil e incluso en inglés —por la presencia de observadores.

Por otra parte, algunos caravaneros quedaron vigilando, otros cantaban enfrente de la cocina y un grupo trabajó en letrinas. Los compañeros de la música juntaron un buen número de gente a su alrededor e inclusive bailaron. El equipo de letrinas terminó sus labores a las 17:30 horas. Desde días anteriores no podían usarse los baños de una parte de las construcciones, pues las fosas habían rebasado su capacidad, esto creaba un inminente foco de infecciones, por tanto era necesario resolver el problema de inmediato. A lo largo del día también fue terminada otra letrina en una parte superior del poblado —por falta de espacio adecuado—, las otras se construyeron en la parte baja.

"Soldado mexicano, no mates a tu hermano".

El mitin del Frente finalizó como a las 18:15 horas, luego comieron algo. A las siete el ejército todavía no se retiraba, dieron las ocho y proseguían a un lado de la entrada a Polhó. Los caravaneros subieron al puesto de vigilancia para apoyar a la comunidad y a los del Frente en su petición de que el ejército saliera de las inmediaciones de la comunidad. En tanto, el tiempo que duraba la espera fue aprovechado por un grupo de la Caravana que, sentados al borde de la carretera, daban lectura a un periódico del día anterior; algo raro, pues si era difícil conseguir un diario en San Cristóbal más en los Altos, donde recibíamos sólo alguno que otro llevado por los visitantes; de ese modo unos escuchaban sentados, otros parados, mientras algunos más alumbraban con lámparas las hojas del diario; una de las noticias leídas, que dio un tanto de satisfacción a todos porque no había indiferencia ante los hechos de Acteal, fue una nota de Hermann Bellinghausen que informaba sobre las reacciones en el mundo por lo sucedido el 22 de diciembre.

* * *

GENERÓ PROTESTAS DIVERSAS EN EL MUNDO LA MASACRE DE ACTEAL. GOBIERNOS Y PARTIDOS CONDENARON LOS HECHOS

Hermann Bellinghausen. El estupor mundial por los acontecimientos de Acteal ha tomado las manifestaciones más diversas. Gobernantes, partidos, ciudadanos de muchas naciones se expresan con elocuencia. La lista es larga y atendible. Incluye a la Unión Europea, a Bill Clinton, al obispo Pedro Casáldiga, Izquierda Unida de España, al conocido periodista sueco Dick Samuelson, al gobierno de Jospin, Refondazione Comunista de Italia, al papa Juan Pablo II, Danielle Mitterrand, intelectuales de Canadá, Nicaragua, Bélgica, Argentina, grupos de solidaridad y apoyo a los indígenas en Norte y Sudamérica, Europa y Australia. Y cualquier cantidad de etcéteras.

La Unión Europea exigió el 24 de diciembre al gobierno mexicano que "realice sin demora una investigación para esclarecer los hechos, toma nota del compromiso asumido por el presidente Ernesto Zedillo y exige que vaya seguido de hechos".

En su mensaje, la Unión Europea muestra su "preocupación por la situación de los derechos humanos en esa región de México", y recuerda que la UE firmó recientemente un acuerdo de cooperación comercial con México donde se señala que "ambas partes se comprometieron sin reserva a respetar los principios democráticos y los derechos humanos fundamentales a la vez que el estado de derecho".

El obispo Pedro Casálgida, de Sao Félix do Araguaia, reconocido teólogo y defensor de los indígenas brasileños, envió una carta mostrando "toda nuestra indignación y solidaridad. Nos sentimos en el deber sagrado de denunciar la omisión y complicidad de las autoridades del estado de Chiapas y de las autoridades del país ante esa sistemática violencia organizada que estalla en masacres, violaciones, amenazas, quema de casas, calumnias y hasta el intento de acabar con la vida de los dignísimos pastores de esa Iglesia de Chiapas".

En las navideñas tierras de Noruega, la embajada mexicana en Oslo amaneció el 24 de diciembre pintada "de arriba a abajo con consignas de apoyo a los zapatistas y contra la horrible matanza de Chenalhó". Al consulado mexicano en Sevilla le fue peor: amaneció manchado con manchas de pintura roja y pintas contra el gobierno de este país. Más tarde, como se vio en las fotos de la agencia Ap en las primeras planas de los diarios en varios países, 45 manifestantes se tiraron al suelo frente al consulado mexicano en la ciudad aragonesa de Zaragoza, con las ropas manchadas en rojo, mientras la gente pasaba haciendo sus compras navideñas.

Desde Estocolmo, el periodista sueco Dick Samuelson, especialista en América Latina, hizo pública una carta a los indígenas de Chiapas: "Reciban mi sincera protesta y rechazo a la barbarie ejecutada por las fuerzas oscuras del estado de terrorismo mexicano. Al mismo tiempo entrego mi profundo pésame y dolor a los familiares de las víctimas. No es extraño —agrega—, que las fuerzas militaristas del Estado mexicano tomen ese rumbo, copiando las pistas de los peores terroristas de América Latina".

Rabia contra la máquina

El cantante Zack de la Rocha, del pesado grupo Rage Against the Machine, acudió el pasado día 26 al consulado mexicano en Los Ángeles para hacerle pesada la vida al cónsul general José Pescador. De la Rocha y sus acompañantes le plantearon a Pescador cuatro preguntas sobre la masacre de Acteal. Pescador admitió que el incidente es uno de los peores episodios de la historia de México, y se comprometió a transmitir "directamente" al gobierno de Chiapas y al presidente Zedillo "la inquietud y preguntas de los ciudadanos estadounidenses que lo requieran".

Afuera, un centenar de manifestantes respaldaba a la delegación que hablaba con el cónsul. Acciones similares se suscitaron en consulados mexicanos en Nueva York, Oakland, Sacramento, Austin, Denver y Boston.

En la capital de Vermont, la noche de Navidad, un grupo de ciudadanos de la localidad recogió, bajo la nieve y el intenso frío, un millar de firmas (en una ciudad de 8 mil habitantes), para exigir al gobierno de Clinton que cese "toda ayuda militar a México".

Y emitieron un mensaje: "La alegría de la noche de Navidad estuvo en Vermont teñida de tristeza, y si este mensaje alcanza las montañas del sureste mexicano, sepan que, en las altas montañas del noreste de Estados Unidos, estamos pensando en sus muertos. Estamos profundamente indignados, y sepan que haremos lo posible por detener la ayuda militar de nuestro gobierno al de ustedes. Y les deseamos, para el año que viene, paz".

En Nicaragua, un grupo de intelectuales y ciudadanos, en un documento titulado *Navidad con Chiapas o del genocidio de baja intensidad*, afirman: "Solidaridad es una bella palabra, pero no puede ser gastada sin sentido. No permitamos que Santa Claus se robe al dios de los pobres. Sólo una presión fuerte por parte de la sociedad civil puede imponer al gobierno de México una solución pacífica para el problema de Chiapas. Mientras tanto, es preciso que la verdad se sepa".

En la ciudad canadiense de Toronto también hubo una protesta frente al consulado mexicano la noche de Navidad. En Quebec, un centenar de personas exigió a los gobiernos canadiense y quebequense cancelar la misión comercial llamada "Equipo Canadá" que llegaría a México el próximo 10 de enero. Los quebequenses señalan: "nuestros gobiernos deben dejar de tener los ojos cerrados frente a la complicidad del gobierno mexicano con los grupos paramilitares que aterrorizan y asesinan a los indígenas de Chiapas".

En Buenos Aires, Argentina, la Comisión de Solidaridad con la Rebelión Zapatista divulgó una carta enviada al presidente Ernesto Zedillo, "profundamente conmovidos ante este temible asesinato en masa, principalmente de mujeres y niños indefensos, ante la indiferencia y la inacción de las fuerzas policiales y militares del Estado, que habían sido previamente advertidas de la planificación de este trágico hecho".

Movilizaciones en Europa

Otras tierras europeas también conocieron reacciones ciudadanas. En Roma, Italia, el día 24 se efectuó una manifestación de 600 personas, a las que una inesperada carga policial impidió llegar a la embajada mexicana, con el saldo de varios heridos, carros destruidos y vitrinas comerciales rotas. Los muros de Roma también se tiñeron de pintura roja.

El 26 hubo una manifestación en el centro de París, y medio centenar de intelectuales y representantes entregaron al embajador mexicano una carta desconsolada: "Usted conoce la simpatía que la opinión pública francesa tiene respecto a la lucha de las comunidades indígenas. Nosotros teníamos alguna esperanza y pensábamos que las declaraciones tranquilizadoras del presidente Zedillo serían seguidas de acciones concretas. Sin embargo —agregan—, lo que ocurre va en sentido de la guerra".

En una carta dirigida al gobierno de Bélgica, el Grupo de Apoyo para los Pueblos Indígenas, con sede en Amberes, señala que "la reciente irrupción de violencia encaja dentro de la estrategia de guerra de baja intensidad contra el EZLN. Después de la marcha de los 1 111 zapatistas a la ciudad de México, se vio que éstos cuentan con la simpatía de gran parte del pueblo de México".

En el Estado español se han sucedido las protestas. El día 26, cientos de madrileños acudieron a la embajada de México para entregar al embajador una carta más. Ésta, firmada por 20 organizaciones y miles de personas, contra la matanza. Dos hombres escalaron la fachada de la legación diplomática, ubicada frente a la Cámara de Diputados española, y desde el segundo piso arrojaron sangre humana, manchando las paredes y el suelo. La policía desalojó la concentración con lujo de golpes y detuvo a los dos escaladores y otra persona más.

En la plaza de Sant Jaume, en Barcelona, se encendieron 45 velas, y centenares de manifestantes realizaron un ayuno, mientras se recababan firmas, miles de firmas y se leyó un manifiesto de organizaciones civiles de Cataluña. En él exigen "la cancelación del Acuerdo Preferencial de Comercio entre la Unión Europea y México".

Actos similares se han registrado estos días en Bilbao (País Vasco), Lugo (Galicia), Murcia, Zaragoza y Cantabria. En Lugo, el día de hoy, 28 de diciembre, un grupo de manifestantes, colocó en la plaza mayor 45 cruces y 45 muñecos. Además, se efectuó una "mesa redonda ampliada" sobre los acontecimientos de Chenalhó.[10]

* * *

Los del FZLN, antes de irse, integraron una comisión para pedir al ejército su salida; el grupo comisionado fue hasta un camión del ejército y pidió hablar con el responsable del operativo, a su alrededor la gente formó una valla. Luego de discutir un momento, entre queriendo y no, el destacamento militar procedió a retirarse, para ello dejaron ir un camión en reversa porque supuestamente no arrancaba y luego lo encendieron; a su vez, la gente del Frente caminó atrás de ellos —gritando consignas— hasta una curva lejana; todo ello fue acompañado de aplausos, misma forma en que la gente despidió a los del frente, quienes viajarían a Oventic.

Luego, todos bajamos a comer algo. Al terminar, a través de una junta fueron sintetizadas las actividades del día: corrió información de la capacitación en el área de salud, dirigida por los médicos a los promotores —pequeñas sesiones tipo clase, con un tema a tratar diariamente—; se anunció la realización de una peregrinación de Polhó hacia Acteal por el novenario; también fue solicitada una cooperación para la comida y algunas cosas más. La junta sufrió una interrupción, pues un hombre de la comunidad avisó del regreso del ejército.

Nuevamente todos subieron a la entrada, tomó forma una cadena humana hasta la caseta del teléfono para avisar a San Cristóbal; esto dio resultado, aunque también comprobamos que el teléfono estaba demasiado intervenido, pues de inmediato el general, con sus seis unidades —lo triple que en todo el día—, tornó a retirase. Cuando esto sucedió la gente aplaudió, había una gran

---

[10] Hermann Billinghausen, "Generó protestas diversas en el mundo la masacre de Acteal. Gobiernos y partidos condenaron los hechos", *La Jornada*, 29 de diciembre de 1997, p. 5.

participación de la comunidad; el ejército estuvo con actitud irónica antes de marcharse y, por último, una llamada telefónica más de la Caravana informó sobre el retiro de las tropas.

Posteriormente, bajamos al centro de la comunidad, no sin antes haber acordado que subiríamos si había necesidad, aunque fuese ya entrada la noche. Como ya era tarde, la gente fue a dormir, sobre todo para descansar y estar listos al otro día por lo de la peregrinación. A propósito, en condiciones similares a las del otro día, volvió a morir otro bebé de nombre Pedro...

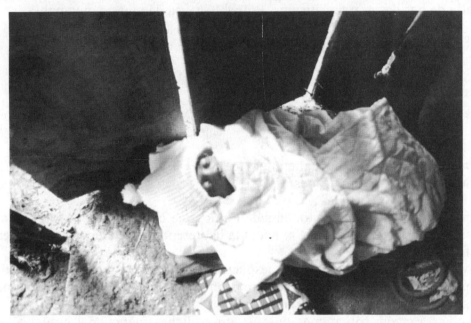

¿Qué lógica explica estas muertes?

* * *

(1)

Polhó, Chenalhó, Chiapas, 30 de diciembre de 1997.

El día de hoy, a las 9:00 horas, acudimos a una casa de esta comunidad a constatar el fallecimiento de un menor del sexo masculino, quien nació el día 3 de diciembre del actual en Xcumumal. Sus padres, Pablo Arias Hernández de 20 años de edad y Angelina Pérez Pérez de 18, fueron desplazados de su comunidad de origen, Chimish; tuvieron que permanecer en la montaña sin alimentos

171

y sólo con la ropa que tenían puesta, por lo que el menor empezó a presentar síntomas de enfermedades de vías respiratorias como tos, dificultad respiratoria, fiebre, llanto frecuente. El día de ayer llegaron a Polhó por la tarde, donde estaba lloviendo; la temperatura descendió de manera importante, con lo cual los síntomas anteriores se agravaron, hasta que hoy a las 6:00 horas falleció.

En la inspección general se encontró el cuerpo de un menor del sexo masculino, con edad aparente igual a la cronológica —27 días— con los labios cianóticos, hipotermia, aún sin rigidez ni salida de secreciones; no observaba huella de heridas ni traumatismos. Probable causa de muerte: neumonía.

[Acta levantada por los médicos de la Caravana.]

(2)

Presidencia Municipal Autónoma, San Pedro
Chenalhó, a 30 de diciembre de 1997.

A la opinión pública nacional e internacional.
A las autoridades competentes.

Esta cabecera municipal autónoma de Polhó, que comprende a todo el municipio de Chenalhó, no es cuartel ni necesita la presencia de la Seguridad Pública ni de fuerzas armadas.

Aquí se encuentran miles de desplazados de distintas comunidades, todos pobres y sin armas. Hay mucho temor entre la población desplazada por la presencia de estas fuerzas policiacas.

Por esta razón, solicitamos que se retiren dichas fuerzas del poblado, pues su presencia no es necesaria ni ha sido solicitada por la población que aquí radica.

Les decimos, claro, que en este municipio hay una estructura de acuerdo al derecho y cultura indígena. Dentro de nuestra estructura civil brindamos protección a la población y hacemos todo lo posible por cuidar nuestros propios recursos.

ATENTAMENTE

Desplazados y pobladores de San Pedro Chenalhó.

* * *

31 DE DICIEMBRE DE 1997

Este día inició el movimiento después de las siete, excepto para los de la cocina, quienes desde las seis empezaron a preparar el desayuno y la comida. En la entrada de Polhó ya estaban apostados los militares, aunque más atrás de donde acostumbraban, debido a que hay gente de la comunidad y sus alrededores sentada al filo de la carretera.

La presencia de la gente se debía a la procesión que partiría de la comunidad hasta Acteal. La finalidad de dicho acto consistía en: primero, llevar la imagen de una Virgen y fundar una capilla en el lugar donde fueron masacradas las 45 personas; segundo, muchos de los desplazados, residentes en Polhó, pretendían regresar a su comunidad y reconstruir sus casas. En consecuencia, siguiendo la sentencia de "la fe mueve montañas" —no eran la excepción estos lugares—, la gente de los alrededores ya aguardaba desde muy temprano el inicio de dicha procesión. La mayoría de estas personas lucían su vestimenta tradicional, con bordados de colores naranja, rojo sobre fondo blanco; además, iban preparados con su itacate de comida para el día. Resultaría casi imposible entender a los pueblos indígenas desligándolos del contexto religioso: ellos reciben y recrean los contenidos del catolicismo, adoptan todo a su realidad, veamos un ejemplo:

PADRE NUESTRO DE LOS MÁRTIRES

Padre nuestro
del pobre y del marginado.
Padre nuestro
de mártires y torturados.

Tu nombre es santificado en aquel que muere al defender la vida.
Tu nombre es glorificado cuando la justicia es nuestra medida.

Tu reino es de libertad, de fraternidad, paz y comunión,
maldita toda violencia que devora al hombre por represión.

Hágase tu voluntad, eres el verdadero Dios liberador,
no vamos a seguir doctrinas amañadas por el poder opresor.
Pedimos el pan de la vida, pan de la esperanza, el pan de los pobres,
el pan que trae humanidad y reconstruye al hombre en vez de cañones.

Perdónanos cuando por miedo quedamos callados delante la muerte,
perdona y destruye el reino de la corrupción como LEY más fuerte.
Protégenos de la maldad de los prepotentes y los asesinos
Dios padre revolucionario hermano del pobre, Dios del oprimido

Por otro lado, una parte de los caravaneros lavaron su ropa antes del desayuno.
Más tarde, después de haber desayunado, un grupo de veinte personas de la
Caravana coincidió en salir a las once de la mañana a un río cercano, con
objeto de bañarse pues ya era necesario desde algunos días antes. El camino al río
cruzaba todo Polhó. Una vez en éste, el agua estaba helada; en forma pausada
nos bañamos, pues era difícil aguantar la temperatura del agua, sin embargo,
pudo más la necesidad que el frío, además, arriba un sol intenso iluminaba el
cielo. En los alrededores, el río tenía una exuberante vegetación que, junto con
los rayos de luz y lo claro del agua, formaban paisajes relajantes para la vista.
Al terminar, de manera rápida regresamos para estar en Polhó antes de que
saliera la procesión.

Ya de vuelta en Polhó, como suponíamos, algunos grupos de personas em-
pezaban a bajar hacia la explanada, donde estaba ubicada una Virgen —que
sería llevada hasta Acteal—. La cocina, para desgracia de quienes regresábamos,
permanecía cerrada al paso de la gente porque había sido lavada; esto preocupó
a los que tenían cosas ahí —un buen número—, pues la procesión pronto saldría y aún no estaban listos. Los compañeros que trabajaron en la excavación
de una fosa para letrina sufrieron el mismo percance: nadie podía entrar al
área de la cocina porque estaba aún mojada. Como la gente ya se iba, una
compañera comenzó a pasar las cosas de algunos compañeros; luego permitió
pasar a cada uno por las cosas necesarias para el trayecto. Preparamos todo y
subimos a la entrada de la comunidad apenas a tiempo, ya que la gente iniciaba
el recorrido.

En la procesión había gente que llevaba en las manos flores blancas, como
el enconado alcatraz, velas y junto a estos elementos un pequeño papelito escrito
que hacía alusión a las palabras paz, justicia, dignidad —o cosas similares—;

también portaban cartulinas o sostenían mantas donde demandaban justicia a los altos funcionarios por lo sucedido en Acteal, o especificaban su conformación como sociedad civil Las Abejas desvinculada de la vía armada. Mas la gente no presentaba otro tipo de protesta, no hubo consignas ni palabras en torno a ese asunto durante el trayecto; para ellos era suficiente con lo que llevaban escrito, con sus formas de protestar —las flores y velas con los papelitos escritos.

Caminar de luto y esperanza.

La procesión, a todo su largo y ancho, iba llena de colorido: exquisitos bordados multicolores lucían las mujeres en sus vestidos; los hombres, por su parte, portaban vestimentas muy blancas y al lado de su cuerpo, en su hombro, traían un morral de piel que poseía un brillo muy notorio —semejaba piel nueva recién pigmentada—. Los del Consejo del Municipio Autónomo, igual que el día del entierro, vestían sus trajes tradicionales: una pieza blanca, que caía desde los hombros hasta una cuarta arriba de la rodilla y, sobre ésta, otra pieza de tela gruesa —lana— negra; un sombrero con listones cubría su cabeza, y sus pies —de algunos— eran protegidos por huaraches.

Una larga hilera de hombres y mujeres le daba vida a la procesión; ésta era seguida por una buena cantidad de vehículos; en total aquella columna humana estaría conformada por no menos de 1 200 personas, todas en un rítmico andar con destino a la comunidad de Acteal —hasta un grupo musical del lugar iba en un camión de carga—. Entre la gente que asistió a dicho acto religioso —como en el entierro del 25—, iban tanto figuras del medio intelectual, periodistas, sociedad civil, religiosos e incluso personas del medio del espectáculo como Ofelia Medina. De esa forma, todo parecía ser como el recorrido del 25, pero, nuevamente, en un pequeño instante volvió a surgir esa concepción indígena de la vida.

De pronto, cerca de Acteal, hubo una parada; la procesión dejó de avanzar. Un camión avanzó de manera lenta entre la gente, una vez ubicado al frente de la columna humana, abrieron sus puertas y, en su interior, pudo verse una carga de tabiques, algunos hombres subieron y comenzaron a repartirlos: un tabique por persona, que deberían llevar cargando hasta Acteal. Todos los asistentes acudían por su pequeña pieza rojiza, acto que duró unos quince minutos; después una pequeña intervención en tzotzil aclaró el porqué de tal acto. Según la comunidad, el tabique rojizo simbolizaba la sangre de quienes fueron masacrados, pero también era símbolo de vida; esta significación constituía algo impresionante, fue un acto religioso profundo, sólo capaz de ser realizado por la cosmovisión indígena. Así la gente, con su tabique en la mano, siguió la marcha ahora con un nuevo incentivo para caminar, para vivir.

Entrega de tabiques: construcción de su futuro.

Fin de un año, inicio de un camino.

Al arribar a la comunidad de Acteal paulatinamente bajó la gente por las empinadas veredas de acceso; ahí todo estaba listo para dar principio a la misa, que de inmediato comenzó con todas las personas todavía en posesión de su tabique. De igual forma que en la anterior ocasión, el ambiente del lugar hablaba por sí solo: todo seguía igual; el tiempo parecía detenerse en este lugar; aunque ahora no había un ambiente tan pesado. Ya pasaban de las tres de la tarde y la misa duró más de dos horas y media, terminó alrededor de las seis de la tarde. El punto final de la ceremonia religiosa tuvo una carga emotiva fuerte, pues hubo una bendición de los tabiques y las veladoras; luego los asistentes fueron invitados a depositar su rojiza carga en un lugar que pronto semejó una diminuta montaña: en ese lugar sería edificada una ermita.

También tuvo efecto el nombramiento de un nuevo promotor de salud, que reemplazaría al titular muerto el día 22; de éste mencionaron su buen desempeño del cargo en vida, además, quien ocupó su lugar comentó lo difícil que le sería llevar la responsabilidad tan bien como lo hizo su antecesor. Él resultó electo en forma unánime por la comunidad, a sugerencia de algunas personas debido a sus cualidades. Luego, para asombro de los presentes, se anunció que el próximo año el día 22, y los siguientes, serían días de fiesta, así los recordarían; invitaron a los allí congregados a pasar la noche en el lugar entre rezos, música y comida.

Acteal: luz que ilumina la oscuridad.

Ante todo esto, tomando en cuenta lo dicho y realizado por la población el fin de año 1997 —entre ello el sembrar a sus muertos—, así como por las fatídicas fechas, aunque festivas para muchos, en que los masacrados fueron velados —24 de diciembre, Nochebuena— y sepultados —25 de diciembre, Navidad—; en vista de la horrenda masacre perpetrada en este lugar de los Altos, donde perdieron la vida 45 personas —21 mujeres, 9 hombres, 14 niños, un recién nacido y cuatro criaturitas de vientre—; por la forma brutal en que fueron asesinados todos, cazados cual animales: las mujeres embarazadas con su vientre destrozado y, en su interior, las criaturas victimadas sin dejarles ni siquiera la oportunidad de ver la luz del día; porque el inhumano ataque fue realizado cuando esta gente se encontraba en ayuno y orando por la paz; por las condiciones de miseria, temor, violencia, hambre, enfermedad, hostiga-miento, de huir de un lugar a otro en que vivieron —y en las cuales sigue viviendo la población-; debido a tanto dolor causado a muertos y vivos; por

178

tanta sangre y lágrimas derramadas: por todo lo anterior, y para recuerdo lleno de vergüenza de todo lo sucedido aquí —de no olvido en la memoria de este país y de la humanidad— no podría hacerse menos sino llamar a este lugar "Acteal de los Mártires", porque eso fueron: verdaderos mártires que perdieron su vida ahí, especialmente niños y niñas brutalmente cegados de su vida; todos hombres y mujeres armados de dignidad, amor y valentía. El nombre de "Acteal de los Mártires" servirá para no dejar en el rincón del abandono y el olvido cuanto sucedió aquí el 22 de diciembre, para que las generaciones del hoy y el mañana tengan su recuerdo siempre presente, y para evitar que el silencio oficial intente borrar todo vestigio de la memoria colectiva, del pueblo.

Dolor con dignidad.

La tarde abandonaba el lugar para abrir paso a la noche; en lo alto el cielo aparecía lleno de nubes desde horas atrás, que amenazaban con dejar caer su lluvia en la zona; unos minutos después de concluir el oficio religioso, una tenue cortina de finas gotas hizo acto de presencia; esa lluvia parecía más un llanto que llegaba con las sombras y el viento frío al lugar, algo especial llenaba la atmósfera. En tanto, la gente había ido retirándose paulatinamente, sólo quedaban los lugareños; la mayor parte de los caravaneros iba ya en camino de Polhó; los últimos abandonaron el lugar cuando empezaba a caer la brisa de lluvia. El regreso fue rápido ante el avance de la oscuridad y la inminente precipitación de agua. Todos nos encontramos en la comunidad alrededor de las siete de la noche.

Ya de regreso en Polhó comimos algo ligero, pues ese día cenaríamos tarde por ser fin de año. En seguida, personas de la comunidad avisaron de la presencia del ejército; pedían subir como apoyo de sociedad civil —igual que en los días anteriores—. En medio de una noche fría, con llovizna y fuerte viento, la gente de la Caravana subió a la entrada de la comunidad, donde ya estaban apostadas varias unidades militares; la mayoría nos preguntábamos cómo era posible que estuvieran ahí el último día del año soportando la lluvia y el frío, cercando a una comunidad que no posee armas, lejos de sus hogares, en esos días, cuando deberían estar al lado de sus familias, cerca de sus hijos.

Las unidades del ejército permanecían unos 150 metros alejados de la entrada, pero había soldados en las inmediaciones de las primeras casas —estaban escondidos tras ellas o a sus lados en medio de matorrales—; éstos últimos salieron de sus escondites porque se les tomó fotografías y regresaron de inmediato a sus camiones. Esa situación era vergonzosa para ellos —ser sorprendidos con cámaras y lámparas—. Justo enfrente de los soldados, unos treinta caravaneros formaron una cadena, a la cual se iba uniendo gente de la comunidad. Uno de los coordinadores de la Caravana y una diputada acudieron a ver al encargado del operativo para pedirle que se retiraran del lugar, mas sus peticiones no daban resultado.

* * *

Fragmento de la conversación entre la diputada y la Caravana con el encargado del operativo militar del 31 de diciembre:

Diputada: Yo creo que deberíamos tener ya una respuesta bien positiva de usted, en el sentido de no alterar la vida interna de las comunidades, y aquí nos vuelven a reportar que hay miedo con la presencia de ustedes.

Miembro del ejército: Cuando me ordene la superioridad, como le había dicho, nos retiramos.

Dip.: Por favor, aquí vamos a tener que proceder a hacer el cinturón civil entre ustedes [Caravana] y la población, hasta que tengamos una respuesta que esperamos sí sea positiva, porque no luego que nos retiremos regresen ustedes —se vuelven a poner—. Este patrullaje tan cercano, andar atrás de las casas, eso ya altera mucho la vida de las personas que viven ahí; ustedes están aquí enfrente. Y nos reportaron que se acercan demasiado a las casas, ¿no andan detrás incluso de las casas? Ándele, entonces, sí le pedimos ese favor, por lo pronto nos vamos a quedar aquí en cinturón nuevamente. Esperamos que pueda llamarle usted al general Jiménez y decirle que de nuevo la sociedad civil se tuvo que expresar a través del cinturón de seguridad, y que la presencia de ustedes es muy cercana a la comunidad, para ver si entonces ya da la orden de que puedan retirarse un poco más, lo suficiente.

M. E.: ¿Pues aquí ya me retiré lo suficiente o no?

Dip.: Pues mire que aquí están las casas. Digo son casas, ¿no?; no nos habíamos dado cuenta [agrega sonriendo]. Por qué no delimitamos entonces cuál es su cercanía; yo creo que podríamos considerar cuánto podría ser lo suficientemente lejos como para que la gente no se sienta atemorizada con su presencia.

M. E.: Lo voy a informar.

Dip.: Por favor, entonces aquí esperamos.

M. E.: Como gusten.

Dip.: Ándele, pues, aquí nos quedamos.

Caravanero: ¿Cómo se llama usted?

Dip.: Capitán [dando pie a que conteste].

M. E.: Ya lo sabe la señora.

Dip.: No, no, no, cómo cree.

M. E.: Ya lo sabe la señora, ya le di mi nombre.

Carav.: Por favor.

M. E.: La señora lo sabe.

Carav.: Pero nosotros no.

M. E.: Pídanselo el nombre a la señora.

Dip.: Yo no lo tengo, yo no apunto, no lo tengo.
M. E.: Yo no me acuerdo del suyo tampoco.

Dip.: Patria Jiménez, para servirle.
M. E.: Ah, bueno.

Dip.: Diputada.
M. E.: Yo no le conozco como diputada.

Dip.: Bueno, lo que traigo es una charola, se la muestro pero no·se la entrego [procede a sacar su identificación de diputada y la enseña].
M. E.: Está bien.

Dip.: Bueno, entonces esperamos su respuesta, muchas gracias.
Carav.: ¿Su nombre?
M. E.: Capitán Parra.

Un coordinador de la Caravana: Por favor que se retire el ejército de Polhó. Ya está saliendo en televisión, todo mundo lo está pidiendo; entonces, creo que ahorita lo mínimo que se puede hacer es, por favor, no acercarse porque están generando mucha incomodidad en la población: las señoras y los niños están temerosos.

Dip.: Ayer tuvimos que pasar gente, cuando ustedes se retiraron y se quedaron nada más en la última casita de aquel lado. Las personas ya no querían pasar a través de ustedes porque, además, tenían ustedes gente también ya en el piso, y nos pidieron que empezáramos a pasar gente a través de ustedes. Yo considero que eso sí entorpece la vida interna de la comunidad.

Coord. Carav.: La pregunta es: ¿puede usted atender nuestra petición?
M. E.: Voy a informar a la superioridad.

Dip.: Estamos viendo que allá donde termina la curva, donde terminan las casas, es el área que estamos pidiendo que por favor desalojen.

Coord. Carav.: Y que se mantengan atrás de eso, por favor, o sea que no incursionen.

* * *

En vista del no retiro del ejército, la diputada acudió a la base militar con objeto de ver al general y pedirle la retirada de las tropas. Mientras, las cosas empeoraban en Polhó, el ejército avanzó un poco sus unidades hacia la entrada de la comunidad, además, una intensa lluvia empezó a caer. Los caravaneros, un poco por aguantar el frío y la lluvia y para vencer el temor que invadía a todos, dieron paso a los cantos —un recurso para aguantar, minar la tensión de todos—; uno de los temas cantados fue el "Himno a la alegría", debido a la fecha en que estábamos, luego, por error de atención, volvió a invitarse a cantar el himno, pero la gente entonó el "Himno nacional mexicano". Después, hubo necesidad de que se distribuyeran los caravaneros a lo largo de la cadena entre los pobladores, puesto que miembros del ejército y gente de la comunidad estaban entrando en choque verbal; el punto más difícil resultó cuando los soldados bajaron de sus unidades y cortaron cartucho; en ese momento poco faltó para una confrontación. Sin embargo, la gente mantuvo la cadena mano con mano y pudo evitarse todo choque.

Después de este incidente y de esperar un buen rato entre la lluvia y el frío, los soldados se retiraron aproximadamente a las 20:30 horas. Lo más impresionante de todo fue la enorme cadena humana formada: de unas treinta personas de la Caravana, pasó a contar con más de diez veces ese número, pues entre caravaneros, gente de la comunidad y observadores extranjeros conjuntó más de 300 personas, todas entrelazadas mano con mano en medio de sectores de oscuridad o con poca iluminación; esta cadena sólo podía ser comparada con la formada el primer día —23—, cuando procedió a descargarse los camiones con los víveres. La gente, al momento de abandonar el lugar el ejército, estaba muy entusiasmada, tanto que una persona aplaudió antes de que salieran en su totalidad los militares y su aplauso contagió a todos prematuramente, así, de un extremo a otro de la cadena, una cascada de sonidos de palmas irrumpió en el lugar junto con exclamaciones de alegría.

Todos procedimos a bajar, pues desde horas antes había música en la comunidad con motivo del fin de año. Primero estuvimos en la cocina, más tarde la comunidad invitó a la Caravana a tomar parte en un baile, que se efectuaría en la explanada; los caravaneros acudieron a éste mientras estaba la cena. En la plaza de Polhó, sobre un templete, había aparatos de sonido, abajo ya la gente de la comunidad bailaba gustosamente, a ellos se sumaron los caravaneros; éstos sacaban a bailar a hombres y mujeres de la comunidad respectivamente. En esos momentos toda sombra de tristeza era borrada por un ambiente de fiesta; una alegría especial tomaba posesión del lugar para hacer a un lado tanto sufrimiento de los últimos días: toda la gente estaba feliz.

El baile continuó un buen rato; los pasos de bailes urbanos se mezclaban con la muy particular forma de bailar de los pobladores de la comunidad; varias veces los pasos seguían el ritmo de una tonada ya clásica en esa zona: "La del moño colorado", canción entonada en español con un marcado acento indígena en su pronunciación, claro, todo a su modo; este tema inundó el lugar durante nuestros días de estancia en Los Altos, tanto que acabó por ser el tema musical de esta Caravana, pues uno la escuchaba a toda hora.

Pasadas las diez de la noche se efectuó la cena, por lo que los caravaneros regresaron poco a poco a la cocina; todos esperamos las doce de la noche —la llegada del Año Nuevo—. Las personas de la cocina sacaron, todavía no sabemos de qué lugar, pasas que agruparon en bolsitas de doce —por aquello de las doce uvas— para comerlas en punto de la medianoche —a ese paso ya todo nos resultaba posible—. Llegada la medianoche la alegría se intensificó en todos, la invitación a darnos un abrazo no tardó en aparecer y de un lado a otro de la cocina inició el apretón de manos, seguido de un fuerte abrazo. Para no romper la alegría presente, la gente regresó a la explanada del baile; ahí, entre saludos a la gente de la Caravana y el baile corrió el tiempo. Ya muy entrada la noche —dos, tres de la mañana— regresó la gente a dormir y de esa forma concluyó 1997 e inició 1998 con la Caravana en Los Altos de Chiapas, en el Municipio Autónomo de Polhó.

* * *

TEMA DEL SUBCOMANDANTE MARCOS

Subcomandante Marcos
guerrero de la esperanza
traes de las montañas
ideales de Zapata.

Eres el Mesías que nuestra
patria esperaba,
eres Quetzalcóatl de la profecía
anunciada
por quinientos años que tuvimos que
esperar.

184

Cuando mi nación
tuvimos que soportar
nuestra patria herida,
por el burgués embustero,
estaba esperando
mesías y guerrillero.

Selva y montañas
del sureste mexicano
mandan un consejo
a ese gobierno tirano:
basta del escollo,
basta ya de tanto ultraje,
basta de miseria
y tanto bandidaje.

Alíndame gringo
he vencido la nación,
han prostituido
nuestra indignación,
basta del escollo.

* * *

1 DE ENERO DE 1998

La primera mañana de 1998 aquí, en Polhó, fue fría y lluviosa, igual clima con que finalizó 1997. Mucha gente se levantó hasta las nueve por lo de la noche anterior; debido a la tardanza las actividades, pensadas para ser iniciadas a las ocho de la mañana, cambiaron de horario —incluso esto también se debió al clima poco favorable—; entre los actos programados estaban los juegos deportivos y las piñatas junto con la repartición de dulces a los niños. Con altavoces los representantes informaron a la comunidad de los juegos y las otras actividades, e invitaban a todos a participar en ellas.

A las diez los caravaneros desayunamos; quienes jugarían lo hicieron un tanto apresurados por la cercanía de la hora de iniciar. Más adelante dieron comienzo los partidos de basquetbol y voleybol con equipos de la Caravana y de la comunidad. A la par, en la entrada de Polhó siguió montándose guardias de vigilancia; en la cocina las actividades tuvieron cierta intensificación, pues era necesario terminar de llenar algunas piñatas, que tendrían por objeto ser la delicia de los pequeños. Tanto los niños como las niñas participaron en la terminación de las piñatas, o sea en su llenado; acudían a la cocina con una tremenda ansiedad y gusto; también ayudaron a su traslado hacia enfrente de los dormitorios —donde eran colgadas de cintas del techo—; a muchas ollas tuvo que colocárseles la cuerda para el amarre, ya que no tenían o era muy delgada para soportar el peso. Esta participación de gente de la comunidad en la cocina fue una constante durante los últimos días —sobre todo de los chiquillos—: entraban, curioseaban —especialmente los pequeños— y los adultos platicaban, cantaban o escuchaban canciones.

El clima mejoraba un poco, aunque el piso seguía mojado y no se podrían romper las piñatas; éste era un motivo de preocupación, pero confiábamos en que mejoraría en la tarde. Mientras, la explanada de Polhó se volvió cancha de voleybol, a su alrededor tenía una buena cantidad de espectadores de la comunidad; un poco más abajo, en la cancha de basquetbol, otros encuentros eran efectuados; en ambos escenarios los equipos sufrían con el resbaladizo piso a causa del agua o los grumos de tierra —producto del lodo de días anteriores—. Las ventanas de los salones ubicados a un costado de la plaza, del lado más largo, ofrecían a la vista los trabajos realizados por los niños en los talleres de artes plásticas. De todo fue testigo el Consejo tradicional de gobierno del Municipio Autónomo, cuyos integrantes lucían con orgullo su trajes típicos, además de tener a sus espaldas los trabajos de los niños; los del consejo estaban colocados en una banca y, en ese momento, explicaron a un grupo de caravaneros su forma de organización interna.

Consejo autónomo: democracia viva.

Domingo Pérez Paciencia indica que hay diversos cargos a manera de peldaños, los cuales tiene que recorrer forzosamente —de manera vertical— la persona que ocupe el más alto nivel, o sea el cargo de gobernador tradicional en el Municipio Autónomo. Entre los cargos de representación destacan los de alcalde —titular y suplente—, regidores, capitanes, mayoles —una especie de policía local—; de su elección "el Consejo, bueno, todo el pueblo elige a sus autoridades: el presidentes municipales y sus suplentes, sus alcaldes y sus regidores. Sí, así, se nombran en público". Al llegar el fin de la gestión de una persona en su cargo hay un periodo de descanso —que depende mucho de su desempeño—: "según su suerte, hay veces que descansan tres, cuatro, hasta cinco años, pero hay veces uno o dos años y después viene el cambio; según como se porte el persona".

El Municipio Autónomo cuenta con varios problemas, como el de educación o salud, así como con respecto al uso de la vestimenta tradicional. Del primero, educación, hay un interés especial: "nosotros pensamos organizar cómo se cambia la educación, pero todavía no hemos planeado con el pueblo, porque según el pueblo lo que diga. Bueno, yo como autoridad mando y obedeciendo según qué dice el pueblo. Entonces, nosotros queremos cambiar la educación, porque es mejor aprender cómo es el costumbre, la cultura y también que conozca ya su tierra, bueno, todo". En cuanto a salud cuentan con promotores en cada comunidad, pero enfatizan la importancia de las plantas medicinales cuyo uso viene de tiempos remotos —conocimiento manejado por los ancianos o gente de edad avanzada—; al uso y propiedades de las plantas medicinales atribuyen la fuerza de la gente grande, de los viejitos —como les dicen.

Sin embargo, también hay una preocupación en cuanto al uso de la ropa tradicional: "cada municipio tiene diferente su traje... si estamos todos aquí se ve bien de dónde vienen, pero ahorita no se ve, ya no se ve de dónde vienen [al momento que señala la explanada repleta de gente], porque ya se cambian el costumbre y las pinturas; por eso nosotros no queremos, pero poco a poco se cambian porque ya se acostumbraron; aunque no sabemos hablar bien el español, pero usamos costumbre de pantalón, de camisa. Poco a poco vamos a cambiar, pero es difícil... nosotros no hay problema porque ya estamos acostumbrados de pantalón y de camisa, pero ahorita no se acostumbran las mujeres, porque tienen vergüenza de poner vestido, porque no han acostumbrado de usar vestido; está acostumbrada con sus naguas, su ropa".

Por tanto, la indumentaria de hombres y mujeres es en sí misma un mecanismo de identidad; para describir sus componentes, quién mejor que un habitante de la zona, Jacinto Arias —además investigador:

Su indumentaria consiste, para los hombres, en una prenda larga de manta o tejida que se llama "natil k'u'il", abierta a los lados y que se amarra con un cinturón de cuero; como ropa interior se usa un calzón de manta con cordones que se sujetan a la cintura y una camisa de cualquier color. Sobre el "natil k'u'il" o ropa larga que llega sobre las rodillas, se pone el "xakitail" o cotón negro, también abierto a los lados, pero sin sujetarse a la cintura; éste sirve para protegerse del frío o como prenda de gala. Entre el atavío ordinario está el sombrero común... en ocasiones formales se usa el "pok'il", un paño de colores blanco y rojo que se enrolla en el cuello, y el sombrero de hechura chamula, adornado con listones de varios colores, que se llama "lixton pixkolal"... guaraches de cuero que sin falta lucían anteriormente.

La indumentaria ordinaria femenina se compone de enagua azul que se amarra a la cintura con una faja de hechura chamula; blusa, que se llama "yok vet" si es brocada. Sobre ella se pone el "mochibal" o toca de manta simple o con bordados... Como ropa formal está la toca brocada o "mochim pak'al", la blusa brocada con diseños complicados.[11]

Así como tienen problemas también poseen varias características como Municipio Autónomo: en primer lugar, en las comunidades está prohibido el alcohol, baste recordar lo que por años les trajo como consecuencia a los pueblos indígenas ingerir bebidas embriagantes; segundo, también está prohibida la portación de armas, como medida de seguridad, excepto el machete por ser herramienta de trabajo; tercero, cuentan con su propio cuerpo de vigilancia, una policía seleccionada encargada de mantener el orden que tampoco porta armas de fuego.

Por otro lado, los compañeros que elaboraron los murales iniciaron sus dos últimos trabajos en la comunidad, que debían ser trazados y pintados ese mismo día, pues al siguiente abandonaríamos el pueblo; uno de los murales sintetizó todo lo presenciado por la Caravana durante su estancia en la zona. Mientras los partidos continuaron, no sin varios resbalones de caravaneros en cualquiera de las dos canchas —especialmente en la de voleybol—; cuando esto sucedía arrancaba la risa de los presentes; los encuentros finalizaron y desafortunadamente la Caravana no pudo ganar ninguna final. Esto parece volverse una costumbre porque, según los de mayor participación en las otras doce caravanas, nunca se ha podido ganar ninguna final.

Al terminar los partidos de basquetbol, antes de pasar al momento esperado por todos los niños —romper las piñatas—, Luciano, el vocero de prensa en Polhó del EZLN, dirigió unas palabras a todos los presentes para recordar el cuarto aniversario del levantamiento armado zapatista el primero de enero de 1994; su mensaje fue tanto en español como en tzotzil.

* * *

---

11 Jacinto Arias, *San Pedro Chenalhó. Algo de su historia, cuentos y costumbres* (1985), Chiapas, Gobierno del estado de Chiapas/Dirección Bilingüe de la Dirección de Fortalecimiento y Fomento a las Culturas de la Subsecretaría de Asuntos Indígenas, pp. 7-9.

Fragmento del mensaje de Luciano, el primero de enero de 1998:

Recordar a todos nuestros compañeros combatientes cada año qué está pasando, y a culpa del mal gobierno, de las masacres y de las guerras sucias que hasta ahora han matado y nos matan; nos mandan matar en cada municipio, en las comunidades indígenas. Pero nosotros tenemos que mantenernos firmes, aunque el gobierno nos quiera matar no va a poder, porque todo mundo sabe de lo que está pasando aquí en Chiapas, sabe todo los nacionales, internacionales; la prueba que ya tenemos es cuando un grupo de compañeros zapatistas no lo pudo acabar el primero de enero de 1994, por esa razón lo esperamos que no nos pueda acabar también.

* * *

Mientras Luciano hablaba, una enorme cantidad de niños y niñas atiborró la explanada de Polhó —minutos atrás convertida en cancha de voleybol—; aunque ya con anticipación formaban grupos en torno de donde habían sido colocadas las piñatas. Por suerte, las condiciones climáticas —la lluvia— disminuyó hasta desaparecer, inclusive ni el suelo de la plaza estaba mojado, algo extraño pues todo el resto de la comunidad permanecía con rastros de agua en el piso —esto facilitaría a los niños poder romper las piñatas—. Debido a la gran cantidad de pequeños se les agrupó en dos, por una parte los niños y las niñas en otra; así cada grupo rompería sus piñatas sin riegos de choque entre ambos grupos.

Con la ansiedad reflejada en los rostros infantiles fue colocada la primera piñata, al momento brotaron sonrisas en su caras; hasta los adultos aguardaban con impaciencia el momento de inicio. El grupo de los niños fue el primero en asestar golpes a una de las coloridas ollas; cada intento, cada golpe erróneo o acertado desprendía exclamaciones de chicos y grandes. En forma alternada, dos piñatas por grupo, pasaban niños y niñas; especial cuidado recibían los más pequeños, pues se buscó la participación de todos. Sus risas resonaban con demasiada intensidad en toda el área, con ello nuevamente toda la tristeza y el dolor impregnados en el lugar eran alejados, vencidos por la alegría.

Todos los chiquillos se arremolinaban en torno a la piñata, formaban un semicírculo en espera de verla romperse para de inmediato lanzarse a recolectar todo cuanto les fuera posible; sus ojos no perdían de vista ni un instante el movimiento ondulante de la piñata, mucho menos el momento en que caían los dulces al piso; cuando esto sucedía, entre el tumulto no faltaba, mínimo, el llanto de un niño que era prensado por sus compañeros. Una infinidad de caras felices borraban los malos recuerdos de esos lugares y de todos los caravaneros, quienes con esas sonrisas veíamos subsanado un poco el sentir de pesar y las impresiones recibidas en esos días.

Rostros de Polhó.

Ya entrada la tarde también hubo piñatas destinadas a los adultos, tanto hombres como mujeres; todos participaban con entusiasmo, los hombres, obviamente, con mayor fuerza asestaban los golpes a las ollas multicolores, aunque las mujeres no se quedaban atrás; para entonces aquello era un todo de felicidad, de expresiones sonrientes. Concluida la actividad de las piñatas, cerca de las seis, la noche llegaba; ese fue el momento preciso para continuar con la entrega de las bolsitas de dulces —elaboradas días antes— a todos los infantes ahí reunidos. Con tal objeto fue necesario formar a todos los chiquillos y, de esa manera, en poco tiempo más de la mitad de la plaza de Polhó quedó repleta de hileras de niños y niñas ansiosos por recibir sus dulces.

En esos momentos surgieron problemas en cuanto a la repartición por la gran cantidad de niños; en muchas ocasiones las hileras estaban saturadas de pequeños: de un lado a otro, a lo ancho de la plaza, se extendían las hileras; crecían y crecían sin vérseles final. Hubo necesidad de trazar una línea en la

Romper piñatas, reconstruir destinos.

mano derecha de cada niño para evitar la repetición, aunque algunos superaron ese control —nunca falta el ingenio infantil—. La repartición era realizada por varias personas en labor de equipo: unos cargaban las bolsas o cajas, otros repartían y algunos más trazaban la línea en la mano o iluminaban, mientras otros controlaban el total de las bolsas preparadas o ayudaban a formar a tantos chiquillos —todos, en uno u otro momento, ayudaron a formarlos.

Agridulce sabor de Año Nuevo.

Luego de ver muchas manos, muchas caras, finalizó la repartición de dulces cerca de las ocho de la noche; quienes participaron en la entrega acabaron, momentáneamente, cansados por la intensidad de la actividad. Ahí mismo, desde el templete, representantes de la comunidad arrojaron dulces o juguetes a la concurrencia y una lluvia de cosas hizo acto de aparición, con ello concluyó lo destinado a los niños e inició un baile. También en ese tiempo fueron terminados los murales —a uno sólo le faltó una pequeña parte—, gracias al trabajo exhaustivo de sus autores.

Finalizado todo, los caravaneros acudieron a la cocina a comer algo; más tarde acudió Domingo Pérez Paciencia y su suplente para dirigir unas palabras de despedida a la Caravana; primero habló Domingo y luego su acompañante.

Sus palabras fueron correspondidas por una compañera de la Caravana, quien a nombre de todos dio las gracias por todo cuanto nos habían dado —en lecciones de vida comunal, de organización, de experiencias recibidas—. Aplausos y palabras se escucharon un buen rato, sin faltar los vivas al Municipio Autónomo de Polhó; después tuvo lugar una pequeña sesión de toma de fotografías con Domingo por parte de los caravaneros. Tampoco faltó el fantasma de lo sucedido, pues cuando habló el acompañante de Domingo las lágrimas aparecieron en su rostro.

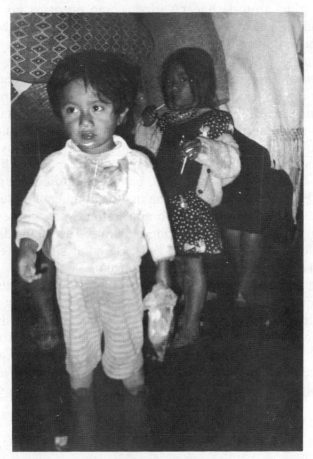

Un dulce en la amargura.

* * *

Mensaje de un representante de Polhó a la Caravana con motivo de la partida:

Donde hay más amor del pueblo, eso es lo que queremos decirles a ustedes. Y gracias por ustedes que vinieron a dar un servicio en este Municipio Autónomo. Y gracias por ustedes que hicieron favor de enseñar donde no sabemos hacer; yo quería agradecer el apoyo: gracias por ustedes que hicieron favor de brindar donde es muy importante en este lugar, es muy bonito y agradecemos bastante. Y, también, quería yo agradecerle donde hicieron, donde estuvieron y donde trabajaron de hacer varios, como nosotros no sabemos hacer porque, la verdad, no tenemos un buen maestro, no tenemos un buen licenciado, no tenemos un buen doctor. Y gracias por ustedes.

Me siento mucho porque han matado muchos hermanos y hermanas, así como toda la gente; esto duele porque están en ayuno, están haciendo sus oraciones en su ermita; no teníamos debiendo nada, sólo porque estamos luchando, porque aquí en nuestro pueblo de Chenalhó, aquí en nuestro estado de Chiapas, aquí el gobierno no da'justicia; no da justicia aunque la gente quieren la justicia, pero el gobierno no da la justicia... Los elementos federales ayer o hoy en la noche querían entrar aquí en la presidencia, pero qué vienen a hacer aquí en el lugar, porque toda la gente se encuentra, como quien dice, desplazados: hombres y mujeres. El gobierno del estado ha mandado muchos federales, eso es lo que dice siempre, cada segundo, el gobierno federal y el gobierno del estado; quieren una paz y justicia, y ha mandado más miles de Seguridad Pública, eso no es una señal de paz, eso no es una señal de amor sino que es una señal de guerra; eso es lo que estamos pensando nosotros.

Pues, vamos a esperar, mientras ya estamos aquí en nuestro municipio; vamos a esperar a ver qué dice el gobierno del estado: si hay solución o no hay solución, pero nosotros podemos exigir el solución; cuando hay una solución hay hiel en un municipio libre, en un municipio donde haya respeto. Entonces, yo creo que es toda mi participación y lo que yo quería decirles a ustedes: cada familia de ustedes —según su vivir sus papás, sus mamás de ustedes—, pues reciben algún saludo, a ustedes, y feliz año nuevo, gracias por ustedes.

* * *

Al saber que teníamos problemas para conseguir transporte, las autoridades del municipio ofrecieron su ayuda; preguntaron sobre nuestra hora de salida y luego se retiraron a buscar la forma de auxiliarnos. Poco tiempo después regresó Domingo con la noticia: consiguió algo de transporte, lo que ocasionó nuevos

aplausos y vivas para Polhó y su población; así, la hora de salida quedó esta-
blecida a las siete de la mañana del día siguiente. Volvió a salir Domingo y
luego hubo una invitación de su parte —aunque resulte un poco increíble por
lo escaso de sus recursos— a tomar un refresco; por ello, todos nos reunimos
en un dormitorio y, en señal de gracias a Polhó por ese gesto, la Caravana
entonó el "Himno zapatista", al que le seguirían diversas canciones sin faltar,
por supuesto, "La del moño colorado", misma pieza que bailó el propio
Domingo con una caravanera. Entre baile, canciones y alegría pasó ese momento; en seguida Domingo se despidió nuevamente y salió. Después, todos
procedimos a guardar nuestras cosas para estar listos al día siguiente; luego
hubo una nueva invitación de la comunidad a la Caravana para asistir al baile,
una parte asistió y otra se acostó. Con esto llegó el fin del día y de nuestra
estancia en Polhó.

2 DE ENERO DE 1998

Este día, el de nuestra partida de Polhó, inició para todos muy temprano, antes de las seis de la mañana, debido a que el transporte hacia la comunidad más cercana pasa entre las seis y las siete. La cocina y los dormitorios fueron aseados, pues debían quedar lo más limpios posible. Muchos víveres del acopio personal o colectivo —de lo comprado— se donaron a Polhó —alimentos, utensilios de cocina, lámparas y otros—. Algunos caravaneros a última hora tomaron fotos de los recientes murales. Nadie resistió a levantarse temprano, en todos había interés por retornar a su lugar de residencia. Entre broma y broma se terminó de empacar cosas, cerrar mochilas o anudar bolsas.

El clima, como en los últimos días, era frío y lluvioso, con mucha neblina. Una ligera expectación invadió a todos, que fue disipada con la indicación para subir a la entrada del pueblo a esperar el transporte y, de ese modo, con mochilas y demás cosas realizamos el último ascenso por ese camino. Ya en la entrada, después de un rato en el que no apareció ningún vehículo, nos fue notificado que un camión de carga conseguido por la comunidad para llevarnos fue cancelado porque el chofer enfermó, los otros vehículos tampoco llegaban —es sabido el temor de la gente a bajar hasta San Cristóbal, por los riesgos que implica—. Sólo llegó una camioneta con rumbo a Oventic; en ella subieron cinco compañeros, los demás aguardamos el paso de otro vehículo.

En tanto, las imágenes-vivencias de esos días llegaban como olas a nuestras mentes, por ejemplo las de la plaza-explanada de Polhó, que había tenido diferentes contrastes: el luto y llanto del martes 24 durante la misa-velación de los cuerpos, el eco de justicia con la custodia y entrega de presos, las caras alegres por la recepción y reparto de víveres y medicamentos, la incertidumbre en la concentración de los desplazados/desposeídos con su miseria a cuestas, la participación política e informativa de un mitin y una conferencia de prensa, el fervor religioso de la procesión, pero también fue lugar apropiado para las artes plásticas y el buen ánimo de los chiquillos por pintar, la agilidad de los lugareños y caravaneros en la improvisada plaza-cancha, el ritmo de los pasos como pista de baile, el entusiasmo de la comunidad en el rompimiento de piñatas y la inquietud de los niños por recibir dulces; todo en diez días.

La espera aumentaba; sin embargo, pasado un rato llegaron dos camionetas que nos llevarían a poblados con más transporte; en esas unidades partieron cuantos permitió el espacio de cada vehículo. Entonces, aún faltaban muchos y había poco paso de vehículos, factor que preocupaba a todos —a ello se sumaba que nadie había comido nada—. De esa forma pasó otro periodo de tiempo; de pronto una de las camionetas anteriores regresó, a ésta se le sumó otra y partió más gente. Sólo faltaba un grupo de trece personas que, después de otra espera, abordó otra camioneta que lo transportó a San Cristóbal al albergue Don Bosco, sitio al que llegamos inicialmente —cabe mencionar que en los Altos la forma de transporte más común es en camionetas, aparte de micro-buses.

Atrás quedaban las elevadas formaciones montañosas de los Altos y sus nubes, lluvia o neblina; atrás dejábamos el lugar en que nuestra memoria se nutrió de recuerdos, tristes muchos de ellos, pero otros alegres y "misteriosos"; por ejemplo la extraña desaparición de un plato. Un día por la mañana una compañera terminó su desayuno y acudió a lavar su plato, pero olvidó llevar el estropajo y jabón, así que dejó su plato en el piso y dio marcha atrás; cuando volvió con el jabón el plato había desaparecido, a pesar de no haberse tardado ni dos minutos; preguntó a los presentes y nadie le supo dar razón, para entonces su paciencia parecía agotarse y caminó hacia la orilla de la ladera sobre la cual estaba la llave de agua; en ese momento miró hacia abajo y su cara dibujó diversas expresiones al ver en el fondo su plato y al comensal: un perro medio flaco, con sus costillas pegadas a la piel, que lamía deliciosamente los restos de comida del plato; de inmediato la compañera superó su *lapsus* de sorpresa, corrió en defensa de su pertenencia y el perro salió huyendo del susto que le pegó nuestra amiga: total, nada más por una lamidita; en seguida las risas y la limpieza del plato no se hicieron esperar.

En fin, paulatinamente quedaba atrás una parte de nosotros mismos a medida que las unidades de transporte nos llevaban hacia la ciudad. En diversos grupos los caravaneros arribaron a San Cristóbal de las Casas. De quienes regresaban, algunos permanecían en el albergue, otros acudieron a hospedarse en posadas u hoteles. Eran las once de la mañana y, como sea, en el lugar donde cada quien se quedó, ansioso preparó sus cosas para un buen baño con regadera y agua caliente nuevamente. Al baño prosiguió la comida, por aquello de no haber probado alimento todavía. Un intenso sol iluminaba la ciudad y muchos permanecían un rato saboreando su calor sentados o parados, descansando del viaje y de todo lo vivido esos días en Polhó.

El resto del día la gente lo pasó en el centro de la ciudad recorriéndola, buscando los obsequios para sus familiares. Algunos de los coordinadores acudieron a entregar material recopilado por la Caravana a los centros de derechos humanos. Ya por la tarde, como a las cinco, la gente del Frente Zapatista —el mismo grupo que visitó Polhó— realizó una marcha por el centro de la ciudad; en ella saltaban a la vista las expresiones urbanas de protesta; a ésta se sumó gente de la Caravana y frente a la catedral la marcha terminó en mitin —en un lugar dispuesto con tal objetivo—. Tal acto no recibió mucho apoyo de la gente de la ciudad, predominaba la gente del Frente, de la Caravana y otras ciudades, así como reporteros.

Después de la tormenta.

Por la noche, los caravaneros buscaron diversos lugares para cenar y dar la vuelta por los alrededores; después, algunos regresaron a Don Bosco y un buen número —principalmente los más jóvenes— acudieron a bailar y regresaron ya por la madrugada. Muy entrada la noche concluyó el último día de estancia de la Caravana en Chiapas; había que descansar para el viaje de regreso y sus diecinueve horas de camino.

3 DE ENERO DE 1998

La hora de partir a la capital sería a las doce, por ello, todavía hubo tiempo de desayunar, ir al centro a comprar las últimas cosas —regalos o comida para el camino—. A las doce, todos estaban con su equipaje listo para salir; las caras de todos reflejaban alegría por el regreso a casa; durante un momento de espera hubo la constante de pedir y dar direcciones. La salida fue prolongada un poco y, finalmente, los camiones iniciaron la marcha alrededor de las 12:45 horas.

En el camino volvieron a surgir los paisajes de Los Altos, de San Cristóbal y de Tuxtla —con su peculiar vista desde lo alto de alargados hilillos de construcciones y caminos—, del cañón del Sumidero y de pueblos y más pueblos. La marcha se interrumpió en un poblado, ya que uno de los caravaneros enfermó y necesitaba descansar un poco; esta parada se aprovechó para comprar fruta, pan, refrescos y otros alimentos. Una vez recuperada la persona enferma, el viaje prosiguió.

A las 17:10 horas encontramos un retén del ejército federal, su objetivo era aplicar la Ley de Armas y Explosivos, no obstante pedían identificaciones y realizaban diversas preguntas a las personas de los autobuses. Pasada una revisión, un militar hizo señas a quienes permanecían fuera; subió otro militar de mayor rango a inspeccionar uno de los autobuses de la Caravana, quien un tanto enfadado informó de su actividad y contestó diversas preguntas; antes de bajar dio las gracias en un tono muy especial.

* * *

Fragmento de la respuestas del militar en el retén:

Miembro del ejército: Nosotros siempre tratamos bien a la gente, siempre nos dirigimos bien, lo mejor que podemos hacerlo; entonces, si el señor universitario [en referencia a uno de los coordinadores] dice que nosotros no queremos cooperar, eso no es así, no queremos molestarlos; por eso no se grita aquí en un autobús que estamos aplicando la Ley Federal de Armas de Fuego y Explosivos [aunque esto lo dice en un tono de voz muy, pero muy elevado], no lo hacemos para no molestar a los que van dormidos, ese es el motivo. Sin embargo, allá tenemos letreros en la entrada donde dicen, sí, que se está aplicando la Ley Federal de Armas de Fuego y Explosivos.

Caravanera: El problema es que piden identificación y eso corresponde a migración; lo que es migración y lo que es ejército es muy diferente.

M. E.: Sí, también, lo que pasa es que nosotros también, este, migración ha pedido el apoyo también del ejército mexicano. Entonces, nosotros pedimos identificación, pero no solamente para ver quién es, si son, este, indocumentados; también, eso es una cuestión en que la forma de conducirse de la persona, la respuesta dice mucho también.

Carav.: Ahora, nos están tratando como si fuéramos extranjeros; yo creo que en la cara y en todo esto nos delata que somos mexicanos.

M. E.: No, bueno, señorita, sí es cierto, pero lo que pasa de que también hay muchos que son de otro tipo, o sea, cómo le dijera, aparte de esa situación la respuesta y la reacción de ciertas personas eso nos da ciertos datos también. Gracias por su cooperación.

* * *

En seguida que bajaron los militares, uno de los coordinadores se levantó para comunicarnos una noticia: había presentado su renuncia el secretario de gobernación, Emilio Chuayfett; su lugar era ocupado por Francisco Labastida. Al instante, en forma sincronizada, todos los que iban en el autobús esbozaron expresiones de sorpresa y alegría, que dio paso a un aplauso generalizado; aunque en el fondo sabíamos, como dijo una caravanera con toda la razón de su parte, da lo mismo cambiar a un secretario de gobernación por otro si es igual o peor, lo importante, que es la estructura, queda ahí.

El resto del atardecer sería acompañado de canciones, al menos en un autobús; uno a uno pasaban los temas musicales de trova, canto nuevo, temas zapatistas y, por supuesto, la ya indispensable canción: "La del moño colorado".

De esa forma, la luz fue desapareciendo poco a poco, perdiéndose ante la majestuosidad de las elevaciones montañosas, no sin antes dejar constancia en el cielo de su presencia a través de una cambiante tonalidad de colores rosas, naranjas, violetas y amarillos.

La noche nos alcanzó en el camino y con ella arribamos a La Ventosa, zona llamada así por las fuertes corrientes de viento que la circundan. En ese lugar hay tanto una gasolinería como un restaurante, por lo que fue punto para cargar combustible y comer algo. En La Ventosa permanecimos de las 20:00 a las 20:45 horas; luego, con el silbar del viento y su fuerza golpeteando todo a su paso, subimos a los camiones y dejamos atrás la zona —claro entre el choque del viento con el autobús, que dicen llega a voltear unidades cuando posee demasiada intensidad—. Hicimos una parada a las doce en otra gasolinería y otra más cerca de las cuatro de la mañana en Puebla. De ahí seguimos con rumbo al Distrito Federal ya sin más paradas.

4 DE ENERO DE 1998

Todavía era temprano, seis de la mañana, y seguíamos viajando en los autobuses, pero ya estabamos cerca del Distrito Federal. El frío nos daba la bienvenida a la zona centro del país. En el interior, el sueño cerraba los ojos de todos; situación que cambiaría como a las siete, pues algunos compañeros ya no llegarían hasta el Ángel de la Independencia. Desde la estructuración del viaje de la Caravana se tenía pensado llegar al Zócalo capitalino —mismo punto de partida—, sin embargo, en vista de todo lo sucedido, y dado que en él estaba un plantón permanente de protesta en apoyo a Chiapas, hubo cambio del punto de llegada.

En las inmediaciones del Distrito Federal, varios integrantes de la Caravana se despidieron y bajaron de los autobuses; el resto continuó su avance por el centro de la ciudad —con muy poco tráfico en el camino por ser domingo y, además, temprano—. Finalmente, la Caravana llegó al Ángel a las ocho de la mañana y todos procedieron a bajar de los autobuses, primero para descansar las piernas, luego para bajar todas las cosas.

Por otra parte, en el Ángel y sus inmediaciones todo estaba en silencio, las imágenes que mostraban a quienes lo veíamos eran carteles, mantas, flores, veladoras, féretros alrededor de la base del monumento —con los nombres de cada uno de los 45 masacrados el 22 de diciembre—, tiendas de campaña, además del embozamiento con paliacates de las figuras femeninas del monumento. La gente del plantón-ayuno dormía, sólo algunos se habían levantado; uno de los pocos despiertos tomó el micrófono de los altavoces y anunció nuestra llegada, con eso también inició su día de actividades.

La gente de la Caravana siguió bajando y ordenando mochilas, otros aprovecharon las unidades móviles de sanitarios que estaban detrás de donde hicieron su parada los camiones. En seguida comenzaron las despedidas, llamadas telefónicas a familiares para informar del arribo al Ángel; muchos cruzaron la calle para sumarse a la gente del plantón, colocaron sus cosas en las escalinatas y ahí aprovecharon para tomar un café y un pan, que ofrecieron los del plantón.

Plantón del Ángel: respuesta civil a la violencia.

En el centro de las escalinatas del monumento, desde su parte más baja hasta la más alta, tenía todo un alfombrado de cartulinas con flores y veladoras alrededor —esto llamaba demasiado la atención—; dichas cartulinas ofrecían una gran cantidad de mensajes, que recordaban las elaboradas por la población de Polhó y sus comunidades aledañas durante el fin de año. La esencia de su contenido, el sentir de la población a pesar de la distancia y de la forma de concebir las cosas —un pensamiento arraigado en Mesoamérica y otro en Occidente—, resultaban semejantes o iguales; no cabía duda de que el eco de esas muertes irrumpió, en lo más profundo, el corazón de los habitantes de este país de manera similar.

Para que la paz amanezca y brille la justicia.

* * *

Mensajes escritos en las cartulinas colocadas en las escalinatas del Ángel de la Independencia:

LOS NADIES

LOS NADIES: LOS HIJOS DE NADIE,
LOS DUEÑOS DE NADA, LOS NINGUNOS,
LOS NINGUNEADOS... MURIENDO LA VIDA.

209

QUE NO SON AUNQUE SEAN.
QUE NO HABLAN IDIOMAS SINO DIALECTOS.
QUE NO PROFESAN RELIGIONES
SINO SUPERSTICIONES.
QUE NO HACEN ARTE SINO ARTESANÍA.
QUE NO PRACTICAN CULTURA SINO FOLKLORE.
QUE NO SON SERES HUMANOS
SINO RECURSOS HUMANOS.
QUE NO TIENEN CARA SINO BRAZOS.
QUE NO TIENEN NOMBRE SINO NÚMERO (45).
QUE NO FIGURAN EN LA HISTORIA UNIVERSAL
SINO EN LA CRÓNICA ROJA LOCAL.
LOS NADIES, QUE CUESTAN MENOS
QUE LA BALA QUE LOS MATA.

"NO HAY PEOR VIOLENCIA EN EL MUNDO QUE LA POBREZA".

"ELLOS MURIERON PORQUE COMETIERON DOS DELITOS: SER IN-DÍGENAS Y SER POBRES".

"¿ES ESTO NAVIDAD?"

"CIUDADANO, TU INDIFERENCIA TAMBIÉN ES VIOLENCIA Y COMPLICIDAD".

"LA SEMILLA ZAPATISTA REGADA CON SANGRE ¡¡¡VIVE!!!"

"CUÁNTOS MUERTOS SE NECESITAN PARA HACER ALGO".

"¿PODRÁS CENAR TRANQUILO ESTA NOCHE?, ¿QUÉ HARÍAS SI MATARAN A TUS HIJOS Y A MUJERES INOCENTES? ÚNETE CONTRA LA MUERTE".

"PARA QUE NO ESTUVIERA INCOMPLETA ESTA NAVIDAD NO PO-DÍA FALTAR HERODES, QUE ORDENÓ MASACRAR A LOS NIÑOS, LOS SANTOS INOCENTES.
ESTO FUE UNA CORTESÍA DE: EL GOBIERNO FEDERAL, EL GO-BIERNO DE CHIAPAS, EL EJÉRCITO FEDERAL, LOS ASESORES YAN-QUIS EN CONTRAINSURGENCIA.

EL LIBRETO SÓLO FUE PUESTO EN PRÁCTICA POR LOS GRUPOS PARAMILITARES".

"HACE DOS MIL AÑOS, EL NIÑO JESÚS SE SALVÓ DEL GENOCI-DIO DE HERODES. PERO ESTA NAVIDAD NACIÓ MUERTO, ZEDILLO LO MATÓ".

"ASÍ ES LA NAVIDAD EN CHIAPAS: 45 ASESINADOS".

"A TODOS LOS JÓVENES, POBLACIÓN CIVIL, MÉXICO: ¿QUÉ PASA? SI HASTA EL POPOCATÉPETL HA DESPERTADO, NOSOTROS ¿CUÁNDO? LUCHEMOS JUNTOS PARA OBLIGAR AL GOBIERNO A ACLARAR ESTE GENOCIDIO ¡QUE NO QUEDE IMPUNE!"

"CREÍA QUE EN MI TIERRA ESTO JAMÁS PASARÍA, PERO ES LAMEN-TABLE COMPROBAR QUE TENEMOS UN PRESIDENTE GENOCIDA".

* * *

La espera en el Ángel también se debió a que la Caravana participaría en una conferencia de prensa a las once de la mañana; mientras, los coordinadores terminaron de preparar un material sobre lo realizado y vivido por el grupo en los Altos de Chiapas. En tanto, algunos compañeros fueron a sacar fotocopias de los documentos e información obtenida en esos días.

Dieron las once y la conferencia de prensa no inició, luego se aclaró que había sido pospuesta media hora y hasta las 11:30 horas tuvo lugar; después de varios participantes tocó el turno al representante de la Caravana, quien leyó el resumen preparado con tal fin, comentó algunos aspectos sobresalientes y, luego, dio paso a la participación de otras personas de diversos grupos. Estaba por finalizar la conferencia cuando llegó Cuauhtémoc Cárdenas, de inmediato se le invitó a tomar la palabra e hizo su declaración sobre el cambio de secretario de gobernación y del conflicto chiapaneco.

* * *

Conferencia de prensa de Cuauhtémoc Cárdenas en el Ángel de la Inde-pendencia el 4 de enero de 1998:

Saludo a todos los compañeros y compañeras presentes aquí en este monumen-to a la Independencia, que han estado con su presencia brindando solidaridad y

211

exigiendo una solución de dignidad al problema que se vive en el estado de Chiapas.

Ayer se produjo un relevo más en la titularidad de la Secretaría de Gobernación; un funcionario sustituye a otro y no sólo no se percibe en ello un cambio de política, reclamado y esperado por amplios sectores del país, sino lo que dejan ver las primeras declaraciones del secretario entrante es, en el caso de Chiapas, que mantendrá las actitudes más viciadas y seguirá con las políticas más negativas reforzando los apoyos para el gobierno que desgobierna, que ha quebrantado el estado de derecho, y que solapa y alienta a las gavillas criminales que han impuesto una violencia creciente por las distintas regiones de aquella entidad.

Resulta altamente preocupante que el secretario de Gobernación se niegue a diferenciar a víctimas de victimarios y que, ante las incontables evidencias existentes, no haya hecho en su primera declaración política un claro señalamiento del principal factor de ingobernabilidad y confrontación social y política, como son las bandas p'aramilitares Máscara Roja, Los Chinchulines, Paz y Justicia, Movimiento Insurgente Revolucionario Antizapatista, Los Degolladores, etcétera, que asuelan a las comunidades y que deben ser desarmadas y desmanteladas como primera condición para restablecer la paz y la vigencia del derecho en Chiapas.

Hay que decir, por otro lado, al secretario de Gobernación que en San Andrés Larráinzar no se plantearon propósitos, como él declaró, sino que ahí los representantes, debida y públicamente acreditados por el gobierno al que él sirve, suscribieron acuerdos que comprometieron al gobierno y que éste, con inaudito descaro, desconoció las firmas de sus representantes y no ha dado cumplimiento a los acuerdos.

Sacar adelante y honrar los Acuerdos de San Andrés es compromiso pendiente del gobierno de la República; hacerlo significará dar un paso en firme para lograr una verdadera reconciliación nacional y para garantizar una paz estable y duradera en Chiapas y en toda la nación; así como para empezar a resolver, con respeto a la dignidad de todos, los problemas sociales, políticos y económicos que se encuentran en la raíz del conflicto que hizo explosión el primero de enero de 1994.

Los miembros del Partido de la Revolución Democrática hacemos un nuevo llamado a las más altas autoridades de la República, a su conciencia y responsabilidad, para que se reestablezca el estado de derecho en Chiapas, para que cesen las impunidades y la protección para los responsables por comisión u omisión —intelectuales y materiales— de los crímenes de Chenalhó, a los que debe castigarse con todo el rigor de la ley, y para que se rescate y respete la palabra empeñada en San Andrés Larráinzar, dando cumplimiento a los acuerdos ahí suscritos ante los ojos de la nación y del mundo. Muchas gracias.

* * *

Cuando concluyó la participación de Cuahutémoc Cárdenas, también finalizó la conferencia de prensa y, por el micrófono, se anunciaron diversas actividades. Quienes quedaban de la Caravana sólo esperaban los juegos de fotocopias —incluso otros habían regresado— y, al llegar los compañeros de la fotocopiadora, partieron después de recibir el material. Paulatinamente los caravaneros, de manera individual o en pequeños grupos, fueron perdiéndose en las calles de la ciudad más grande del mundo, salvo uno que otro que permaneció en el Ángel. Mas, una noticia en los diarios nos animaba y sorprendía, a la vez de preocuparnos: la resistencia que opusieron las mujeres de X'oyep a la entrada del ejército a su comunidad, una enorme lección de dignidad para todos —la más grande de este fin de siglo y de muchos años en nuestro país— ofrendada por las desposeídas y enfermas, las negadas, las mujeres indígenas de X'oyep.

Entrada del Ejército federal a X'oyep.

5 DE ENERO DE 1998

La actividad comenzó temprano en la capital del país con movilizaciones de grupos de simpatizantes del Frente Zapatista de Liberación Nacional, quienes se dirigieron a puntos estratégicos con objeto de difundir la problemática chiapaneca. Alrededor de las ocho de la mañana una emisora de la capital, Radio Red, recibió una llamada telefónica de Ernesto Peña, conductor del programa "Aire libre" en el 90.5 FM del cuadrante, quien informó sobre la toma de la estación radiofónica donde labora.

Los motivos de la toma de estaciones respondieron, según los participantes en dicho acto, a la falta de información en el país sobre los problemas en Chiapas; por tanto, los manifestantes ocuparon las instalaciones radiofónicas del Grupo Imagen, que alberga a las estaciones Pulsar FM y Radioactivo, con la finalidad de difundir testimonios sobre lo ocurrido en Chiapas durante el fin de año pasado. En breve tiempo la señal de la emisora tomada fue bloqueada y salió del aire.

La estación con que entablaron contacto, Radio Red, aceptó pasar al aire sus testimonios. Más tarde tuvieron que desocupar las instalaciones; con tal objetivo recurrieron a los vecinos del lugar, para que les ayudaran a salir, pues un impresionante operativo de seguridad había sido colocado fuera del edificio tomado. Los manifestantes, cubiertos del rostro, abandonaron el lugar en un microbús bajo el amparo de reporteros y sociedad civil; todo ello evitó una confrontación de consecuencias insospechables.

* * *

Fragmento de la conversación telefónica entre Ernesto Peña, de la estación Pulsar 90.5 F.M., y José Gutiérrez Vivó, de la emisora Radio Red 1200 A.M., con motivo de la toma de una radiodifusora:

Ernesto Peña: Generalmente mi programa se llama "Aire libre", porque tiene el propósito de dejar el micrófono abierto a la expresión juvenil o de cualquier otra especie, siempre que haya algo importante qué decir. Entre música y risas le dedicamos mucho espacio a la información o, más bien, a la opinión, al comentario; entonces, vienen personas del público con muchísima frecuencia, así sucedió esta mañana. Yo pensé que más bien venían a decir algunos buenos deseos de principio de año, pero en realidad venían con caras un poco contrariadas; cuando los puse en el aire me dijeron que, en realidad, la estación estaba siendo en ese momento tomada, y empezó una movilización aquí de un grupo de muchachos más o menos articulados que, en efecto, no estaban bromeando, estaban tomando la estación; empezaron a hacer pronunciamientos, pues, un poco agresivos que necesariamente debieron haber generado que las cosas se vinieran a pique y, entonces, ni ellos pudieron expresarse ni yo pude continuar con mi programa. Pero ahora sí ya me preocupó porque, lo que se siente, señor, es que el problema de Chiapas está alcanzando proporciones que no son buenas para nadie y que el país no necesita en este momento.

José Gutiérrez Vivó: ¿Estas personas siguen ocupando la emisora en este momento?

E. P.: Así es, de hecho tengo al lado mío a uno de sus activistas de nombre , ya ve que no les gusta identificarse con nombres completos ni nada; entonces, este señor , que me da la impresión que tiene alguna opinión importante qué comentar, si usted encuentra conveniente se lo pongo en la línea.

J. G. V.: A ver si no me toman entonces esta emisora, verdad [menciona en un tono humorístico]. A ver, en punto así específico y concreto, el hecho, la noticia es que tomaron la estación —así es como ellos lo dicen—, no le permiten a usted hacer su programa.

E. P.: Y dicen que el movimiento es nacional y que van a seguir tomando estaciones de esta misma naturaleza, me da la impresión.

J. G. V.: Bajo el pretexto de que van a una entrevista y después, ya que empiezan, se quedan con la emisora.

E. P.: Sí, pero no entiendo cuál es su mensaje, en realidad dicen que están muy ofendidos por el he... [es interrumpido por una mujer].

Mujer: Queremos información, queremos tener acceso a la información, queremos por lo menos tener una hora en cada medio para poder dar información veraz, y vamos a estar haciendo, realizando varias acciones para que se cumpla este objetivo, sí.

J. G. V.: Ahora me imagino.

E.P.: Bueno, ya lo oyó, me arrebató el soporte del micrófono.

J. G. V.: Le arrebató el micrófono. La emisora se salió del aire porque, ¿la sacaron ustedes?

E. P.: No, fíjese que no; no entiendo de dónde vino, pero de pronto salimos del aire completo y seguimos fuera del aire. Eso ya me preocupó muchísimo. Ciertamente no es una forma de llegar a un medio de comunicación donde debe empezar por el respeto, si se quiere respeto tiene que empezar así, ¿no ?

J. G. V.: ¿Cuántos muchachos son?.

E. P.: Deben ser alrededor de cuarenta.

J. G. V.: ¡Cuarenta!, y están ahí los cuarenta en el estudio.

E. P.: No, no, definitivamente no, dejé acceso a alrededor de diez, que serán a lo sumo los que están aquí.

J. G. V.: Y una de esas voces es la que le arrebató el micrófono.

E. P.: Así es.

J. G. V.: Bueno, pues me parece muy importante, yo le aprecio Ernesto que se comunique aquí al programa y nos haga saber lo que está pasando con esta emisora y con su programa; me imagino que la autoridad tendrá que ver porque, bueno, hay leyes muy claras y, en cuanto a lo que dijo esta joven, yo no entiendo por que razón tienen que hacerlo por la fuerza.

E. P.: Es lo que yo tampoco entiendo y no creo que eso construya nada ni permita llegar a nadie, pero insiste este señor , que no sé si es comandante o subcomandante o qué cargo o rango tiene, en hablar con usted, ¿por qué no le dedica un segundo?

J. G. V.: A ver, vamos a hablar con él y porque dice que es, bueno.

Ángel: Sí, le escucho.

J. G. V.: Perdón, con quién hablo, bueno.

Ángel: Perdón, ¿estamos al aire?

J. G. V.: Sí.

Ángel: Lo que pasa es, me parece un poquito... esto los medios de comunicación no es algo frecuente para mí; yo soy una persona común y corriente.

J. G. V.: Pero me dicen que es usted comandante de algo.

Ángel: Pues, es lo que supone el señor, pero nosotros no somos un grupo violento, no somos un grupo armado. [Entonces no es usted comandante —se oye al fondo—) No, somos un grupo organizado, simplemente somos gente, sociedad civil que ya estamos cansados de que nos bloquean la información. Venimos de pasar una semana con la gente en Chiapas, venimos de ver cómo la gente se está muriendo y no es posible que los medios de comunicación no hagan algo al respecto, no es posible que el señor Gutiérrez Vivó se gaste millones de pesos en Hong Kong y no mande gente capaz a Chiapas para transmitir la realidad de lo que sucede, ¿cómo es posible? [Oiga, oiga —al fondo

217

pronuncia Gutiérrez Vivó—]. Ahorita la Secretaría de Gobernación ya bloqueó las transmisiones de esta estación; en cuanto se dieron cuenta de que nosotros estábamos aquí, de que nosotros queríamos transmitir información verídica, en ese momento cortaron la transmisión. Eso no se vale, señor.

J. G.V.: Oiga, Ángel, déjeme decirle algo para que esto sea diálogo; primero, yo no tengo el gusto de conocerlo, no sé a qué se dedica usted, de dónde viene, etcétera, me gustaría que me lo dijera; pero, número dos, mire si dice que me gasto millones de no sé qué pesos o dólares en Hong Kong, le aseguro que no son de la sociedad, ¿verdad ?, son de nuestros anunciantes y ellos saben lo que hacen; número tres, nosotros hemos estado en Chiapas, hicimos una enorme transmisión hace un buen tiempo sobre lo que estaba ocurriendo, desplazamos a un número muy importante de reporteros y se escucharon las voces de Chiapas por primera vez en este programa; número cuatro, en este momento tengo cinco enviados a Chiapas, o sea, creo con todo respeto que no está usted bien informado de lo que estamos haciendo aquí.

* * *

A la par, otro grupo de hombres y mujeres, muchos cubiertos del rostro con paliacates y pasamontañas, marcharon con los féretros que tenían en el Ángel de la Independencia hasta la Bolsa Mexicana de Valores e impidieron el acceso a ella; llevaban una manta salpicada de pintura roja, que simulaba sangre, y letras de color negro que decían: "EL PODER DEL DINERO SE MANCHA DE SANGRE INDIGENA", en una cartulina también manchada de rojo escribieron: "¿EN CUANTO SE COTIZÓ \$HOY\$ LA SANGRE INDIGENA?" Un reportero del noticiero de una de las estaciones de radio mencionadas confirmaba: "Definitivamente se encuentran tomadas las instalaciones del centro bursátil... no dejan entrar ni subir a ninguna persona en este lugar. Ahí mismo, arrojaron pintura roja como símbolo de la sangre derramada en Chiapas a finales de año. Luego de permanecer un tiempo procedieron a retirarse".

Por la tarde, en un medio de comunicación televisivo —orientado a los espectáculos— comentaron el rumor de que podrían ser encarceladas Ofelia Medina y Ana Colchero; aclararon no conocer su paradero y relacionaron su posible detención por el hecho de estar cerca de las comunidades indígenas de Chiapas, a la vez que, en la pantalla, pasaban de fondo imágenes de indígenas. Al conocer esto uno no puede sino preguntarse: ¿acaso es delito apoyar la búsqueda del reconocimiento de los derechos de los pueblos indígenas, o llevar víveres a comunidades donde mueren de hambre será penalizado?

¿JUSTICIA EN MEXICO? ■ El Fisgón

PARA LOS QUE TOMAN RADIODIFUSORAS

PARA LOS VERDADEROS RESPONSABLES DE LA MATANZA DE ACTEAL

219

6 DE ENERO DE 1998

La noche anterior millones de niños y niñas habrían ido a la cama con el anhelo e impaciencia por ver despuntar la luz del nuevo día; con la llegada de éste, muchos sueños y deseos podrían ser saciados pues, ¿cuánta felicidad no produce en los rostros infantiles el día de los Santos Reyes? Los obsequios corren por doquier en infinidad de hogares y la alegría abunda en los corazones de los pequeños.

Sin embargo, la señora realidad recuerda una gran infinidad de chiquillos que no pudieron recibir nada debido a la pobreza; corazones que, vacíos, sólo conocen de oídas el encanto del seis de enero, mas no de hecho. Entre estos últimos se encuentran miles de niños y niñas indígenas de Chiapas, excepto aquellos muy afortunados que recibieron algún obsequio de grupos altruistas, instituciones y sociedad civil. Aunque la mayoría no recibió alegría, sino hostigamiento verbal y psicológico; no tuvo por regalo dulces ni galletas, sino hambre; no esperaron la luz del alba con la ilusión de recibir un obsequio, tan sólo se durmieron con el deseo de poder vivir un día más; su corazón no palpitó de gusto por ver un juguete nuevo, latió de temor al observar las armas de los militares; no corrieron por jugar o pasar el rato, caminaron y corrieron para salvar sus vidas al momento en que abandonaban sus comunidades por causa de las incursiones militares o por amenazas de grupos armados; sus rostros no esbozaron sonrisas, las enfermedades les hicieron expresar gestos de dolor y resbalaron lágrimas por sus mejillas; el día de Reyes fue en el sureste mexicano, simple y sencillamente, un día más.

En X'oyep las condiciones de vida de los desplazados, arriba de 1 500, tornó a ser más difícil a raíz de la entrada del ejército a esa comunidad. La población continuó, en su gran ejemplo de dignidad, mostrando su total rechazo a la ocupación del lugar con tropas, con el "objetivo" de buscar armas de fuego donde ni siquiera tienen para comer. Inclusive, enviaron una carta al procurador Jorge Madrazo Cuéllar para hacerle explícita su inconformidad ante los abusos de los militares, como lo fue el hecho de tomar bajo su control el pozo de agua de la comunidad que, aunque sólo sea un foso en la tierra con un poco del vital líquido, representa un tesoro para los habitantes. En suma, continuaron las incursiones militares a comunidades indígenas en zonas de influencia zapatista, no obstante las negativas gubernamentales de la no existencia de operativos o incursiones, como se habían venido afirmando desde los primeros días del año.

Entre la miseria y la esperanza.

* * *

Fragmento de una carta de los habitantes de X'oyep enviada al procurador Jorge Madrazo Cuéllar:

Cuando salimos de nuestras comunidades, salimos huyendo por las armas, es por eso que las mujeres ya no quieren ver las armas y tampoco quieren ver los ejércitos... No hemos logrado nada [en cuanto a sus manifestaciones de rechazo al ejército], sólo encontramos golpes y algunos soldados le levantaron su falda a las mujeres y les decían que los besaran. Será mejor que vayan a buscar las armas en las comunidades que ya conocen, porque aquí no tenemos.[12]

* * *

<hr>

[12] Juan Balboa. "Penetra el ejército en poblados de Mitontic en busca de armas. Desplazados de X'oyep denuncian hostigamiento a sus mujeres". *La Jornada*, 7 de enero de 1998, p. 5.

7 DE ENERO DE 1998

Este día la estructura política del país sufrió dos cambios importantes: la renuncia de un gobernador y el ascenso de una mujer, por primera vez, a una cancillería. Detrás de ambos movimientos estuvo el peso de lo sucedido en Chiapas durante el último mes. En el primer caso, en el sureste mexicano se produjo una renuncia esperada por amplios sectores del país: Julio César Ruiz Ferro abandonó la gubernatura del estado de Chiapas y, al hacerlo, aclaró estar con "la conciencia tranquila" y "las manos limpias", ¿qué significará conciencia tranquila y manos limpias para el ex gobernador?; quizás lo mismo que para Díaz Ordaz, quien declaró en 1977 ser un mexicano limpio, que no tiene las manos manchadas de sangre —¿y el 68 en Tlatelolco?—; por lo pronto, su lugar lo ocupó Roberto Albores Guillén, con él son cinco ya los gobernadores que ocupan el cargo desde 1994 a la fecha. Claro, la decisión vino del centro y el Congreso chiapaneco no fue convocado a reunión para tratar el asunto sino hasta después de que se supo la noticia a través de la televisión y otros medios; lo anterior provocó el descontento de los diputados locales.

* * *

(1)
Intervención en el Congreso de Chiapas del diputado Antonio de Jesús Pérez Hernández, del PAN, el siete de enero ante la renuncia del gobernador Ruiz Ferro:

[...] nos opusimos a su llegada, porque nos lo impusieron desde el centro. En este tiempo que despachó en el Palacio de Gobierno demostró su incapacidad y su ineficiencia, atributos que hoy lo obligan a irse... no se vale que se vaya ahora como el jibarito loco. Tiene responsabilidades, tiene mucho que explicar y exigimos juicio político en su contra... no se vale que se vaya tan campante y por supuesto que no se va limpio de culpas... hoy nuevamente se atropellaron

225

los derechos de los chiapanecos y desde el Distrito Federal se violó la voluntad de los chiapanecos, todo con la complacencia de la mayoría priísta, que no representa los intereses del pueblo. Nada cambia, se quita a un ilegítimo y se nos impone a otro ilegítimo.[13]

(2)
Antonio García de León. "Chiapas: la minoría de edad" [fragmento]:

Roberto Albores Guillén es el quinto "gobernador" desde el inicio de la crisis de 94, de una larga lista de 162 desde que Chiapas se adhirió al pacto federal en 1824: y en la cual 66 por ciento de ellos han sido nombrados desde la ciudad de México. La perpetua minoría de edad de los chiapanecos le ha sido, a lo largo de esta historia, recalcada por los gobiernos más centralistas, autoritarios o débiles: Antonio López de Santa Anna, que la convirtió en un "departamento" de su república; Porfirio Díaz que le designó un gobernador perpetuo (Emilio Rabasa); Venustiano Carranza, que la convirtió en un cuartel de su famosa División 21 (y que en un sexenio le nombró varios gobernadores militares); los regímenes de la Revolución que le construyeron mecanismos de intervención directa en el nombramiento de electos, interinos y sustitutos, y, por último, los regímenes de la "posrevolución neoliberal", que, desde Miguel de la Madrid a Ernesto Zedillo se han empeñado en gobernarla a través de regentes tutelados, activos promotores de ingobernabilidad, la represión militar y policiaca, el crimen organizado y la impunidad.[14]

* * *

El otro de los movimientos en el ámbito político correspondió a la Secretaría de Relaciones Exteriores: Rosario Green Macías tomó la titularidad del cargo que dejó vacante José Ángel Gurría Treviño al ser nombrado, el cinco de enero, secretario de Hacienda; no cabe duda de que la imagen de México en el exterior necesitaba un cambio, además, en el interior el antecesor de Rosario Green había recibido el mote de Ángel de la Dependencia por la manera en que desempeñó sus funciones —¿qué le esperará al país?—. Mientras esto sucedía en

---

13. Juan Manuel Vargas, enviado, y Ángeles Mariscal, corresponsal, "Desde el martes, Ruiz Ferro supo que saldría del gobierno de Chiapas", *La Jornada*, 8 de enero de 1998, p. 5.
14 Antonio García de León, "Chiapas: la minoría de edad", *La Jornada*, 10 de enero de 1998, p. 5.

las altas esferas políticas, los patrullajes e incursiones en comunidades indígenas proseguían, como sucedió en la comunidad La Unión del Municipio de Ocosingo.

* * *

Reporte de un vigía de la población La Unión, del Municipio de Ocosingo, Chiapas:

> Hechos: El día 7 de enero de 1998
> Entraron los ejércitos federales, a la
> comunidad La Unión, a las 12:30
> horas, con 4 vehículos de 3 toneladas,
> con 46 Elementos de los soldados
> Méxicanos; el campamentista civil por
> la paz salió de la brecha y le dijo, que
> no puedes entrar en las comunidades,
> el mando militar lo agarró de la mano
> de campamentista y lo empujo para
> allá, o para fuera de la Brecha.
> Pasaron hasta centro de la comunidad,
> bajaron de sus carros y se
> posicionaron bien, y amenazando la
> Gente.
> Trataron de llevar el campamentista
> civil por la paz para mandar a su país,
> el mando militar conocido que es
> comandante, el otro es general.
> *Que el mismo va a ir a dejar hasta en
> frontera de México*, según que no
> tienen derecho ellos.
> Los ejércitos mexicanos tienen
> derecho de entrar en las comunidades,
> porque ellos mandan.
> Su pretexto ellos es ayudar con
> medicamentos despensa, y cortar pelos
> a los niños de la escuela.

LABOR SOCIAL ■ Helguera

8-9 DE ENERO DE 1998

La Comisión Nacional de los Derechos Humanos (CNDH), a través de su presidenta Mireille Roccatti, emitió una recomendación al procurador general de la República, Jorge Madrazo Cuéllar, en torno a la masacre del 22 de diciembre; solicitó la renuncia inmediata de diversas figuras públicas del estado chiapaneco que hubiesen estado involucradas por acción, omisión, o comisión por omisión en los hechos delictivos de fin de año. El nuevo gobernador, Albores Guillén, antes de finalizar el día cesó de sus cargos a todas las personas contenidas en la recomendación de la CNDH; en la lista aparecen: Homero Tovilla Cristiani, secretario general de Gobierno; Uriel Jarquín Gálvez, subsecretario general de Gobierno; Marco Antonio Besares Escobar, procurador general de Justicia del estado; Jorge Gamboa Solís, general retirado y coordinador de Seguridad Pública del estado; Antonio Pérez Hernández, secretario para la Atención de Pueblos Indígenas; Jorge Enrique Hernández Aguilar, secretario ejecutivo del Consejo Estatal de Seguridad Pública; David Gómez Hernández, subprocurador de Justicia Indígena; José Rodríguez Orozco, militar retirado y director general de Seguridad Pública del estado; Julio César Santiago Díaz, jefe de asesores de la Coordinación General de la Policía del estado; el comandante Roberto García Rivas, primer oficial de Seguridad Pública —muy conocido por la gente de Polhó y la Caravana; el comandante Antonio López Nuricumbo, segundo oficial de la Policía de Seguridad Pública del estado; Roberto Martín Méndez, encargado de la base de operaciones de Seguridad Pública en Majomut. Por el momento sólo fueron cesados, ¿pero serán verdaderamente conducidas las investigaciones hasta el final y castigados los implicados?

En los periódicos, desde el fin de año pasado, aparecieron diariamente artículos sobre la problemática chiapaneca; la oposición a más derrame de sangre indígena fue contundente: nadie quiere que se perpetre otra inhumana masacre, nadie desea la opción de tener la muerte como futuro. Diversas plumas de este país le daban forma a la palabra en su intento por ayudar a solucionar el conflicto de Chiapas. También en la televisión, con los programas de Ricardo

Rocha, la gente tuvo oportunidad de conocer las condiciones de vida de la población de Chenalhó: las imágenes de pobreza que transmitió sorprendieron al país entero, penetraron el corazón de los mexicanos e hicieron derramar lágrimas a muchos; Chiapas volvió al primer lugar del escenario nacional, pero el costo resultó altísimo: 45 masacrados.

* * *

Artículos de *La Jornada* aparecidos los días 8 y 9 de enero de 1998:

(1)
Carlos Fuentes, "Chiapas: la guerra y la paz" [Fragmento].

¿Cuántos recordarán, dentro de diez, veinte años, la tragedia de Acteal? ¿Por qué habríamos de recordarla, si ya no recordamos las mil tragedias comparables que han herido el cuerpo de Chiapas desde hace cinco siglos?[...] El crimen de Acteal pesa sobre la conciencia colectiva de los mexicanos. Pero el crimen no lo cometió la historia, no lo cometieron los fantasmas, y no lo cometieron grupos indígenas adversarios. Ni la historia, ni los nahuales, ni los indios, pueden comprar armas de alto calibre que equivalen a la alimentación de toda una familia durante todo un año. ¿Esos pies desnudos, esas cabezas descubiertas entre la bruma, esos cuerpos tendidos bajo la lluvia, esas mujeres pariendo en el lodo, esos niños muertos de pulmonía en los caminos tenían con qué adquirir armas comparables a las de sus asesinos?

La explicación de una pugna entre grupos indígenas rivales no se sostiene y es peligrosa: alimenta la noción de una guerra civil de la cual desaparecen, como por encanto, los únicos capaces de comprar las armas, integrar las bandas paramilitares y ordenar la matanza. Estos son los finqueros, la oligarquía chiapaneca y sus tradicionales aliados y protectores en el gobierno y el PRI estatales. Ellos son, sobre el terreno, los únicos capaces de ordenar un acto que no beneficia, para nada, al Ejecutivo federal, pero que sí desnuda y entierra, junto a los cadáveres de Acteal, la esperanza de que "Chiapas se pudra solo" [...] Hay mucha anécdota en torno al origen del movimiento zapatista, pero una sola realidad: lo asombroso es que no se haya dado antes. La historia de explotación inmisericorde de la tierra y el trabajo en Chiapas hubiese justificado no una, sino mil rebeliones en ese maravilloso estado de riqueza inmensa e inexplotada, trabajo inmenso pero explotado, y encuentro fértil de culturas indígenas, mestizas y europeas. A la sucesión de gobernantes nacionales y locales habría que preguntarles, y ustedes, ¿qué hicieron por Chiapas? ¿Cuántas personalidades políticas, cuántos discursos, cuántas promesas han pasado, sólo en este siglo, por los palacios del poder en Chiapas, sin resolver un solo problema de esas comunidades descalzas, empapadas, sangrientas, que nos ha revelado Ricardo Rocha? ¿Pueden, después de la matanza de Acteal, dormir tranquilos los hombres que han ejercido el poder en Chiapas?

(2)
Horacio Flores de la Peña, "Chiapas y los cambios" [Fragmento].

La gente de mi generación, quienes como maestros vivimos el conflicto de 1968, creíamos que uno de los capítulos negros de nuestra historia, el de los crímenes políticos en gran escala y sin castigo, se había terminado después de la matanza de Tlatelolco. Pero después de los crímenes de Chiapas, vemos con horror y tristeza que se ha vuelto a abrir, y que en él podemos caer todos, especialmente los pobres y los indios.

Después de Chiapas hemos entrado, de pleno derecho, en el cuadro de honor de los países que violan sistemáticamente todos los derechos humanos, incluido el derecho a la vida.

Del prestigio internacional que habíamos ganado y que Cárdenas consolidó para muchos años, con sólo dos atributos: solidaridad con los oprimidos y valor para hacer prevalecer el estado de derecho, hoy no queda nada [...] Éste es un problema de pobres, por eso el silencio, el disimulo oficial, el esfuerzo por manipularlo y por convertir a las víctimas en culpables. Otra cosa hubiera sucedido si en lugar de matar a 45 indígenas hubieran muerto 45 dirigentes de cúpulas y empresarios; la gente del gobierno seguiría rasgándose las vestiduras y la prensa de colores estaría desatada en la defensa de "su" seguridad [...] Como siempre, se promete una "investigación a fondo, cualesquiera sean las consecuencias", que en nuestro medio político significa que no habrá culpables y no se castigará a ningún autor intelectual, sólo a los indígenas gatilleros.

(3)
Luis Javier Garrido, "La escalada" [Fragmento]

Los hechos no pueden ya ocultarse y hoy es evidente que la matanza de Acteal fue el burdo pretexto utilizado por los tecnócratas para optar de manera abierta por la alternativa militar. Al asesinar a un grupo de campesinos disidentes desarmados buscaron provocar a los zapatistas y, al mismo tiempo, medir la fuerza de la sociedad civil, iniciando así una nueva etapa de la guerra [...]

La estrategia de Acteal le permitió al gobierno la escalada militar, pero ésta les está fallando pues olvidaron en sus previsiones que están ante pueblos dotados de una capacidad de resistencia inigualable, que al defender su derecho a la vida tienen una evidente intuición de estrategas [...] La decisión "política", que responsabiliza a Chuayffet y a Ruiz Ferro de la matanza, deja además en el ridículo al procurador Madrazo, que en su celo por encubrir a Ernesto Zedillo, tras su investigación "jurídica" sólo ha acusado a un presidente municipal, y no ha detenido a los autores materiales de la matanza o a los paramilitares priístas ni mucho menos ha consignado a algún funcionario federal o local [...] Gustavo Díaz Ordaz asumió personalmente su responsabilidad por el 68, pero ante Acteal, Ernesto Zedillo se escuda en las reglas del "sistema" y culpa a Chuayffet y a Ruiz Ferro, con lo que supone está salvando su destino político.

(4)
Silvia Gómez Tagle, "Chiapas: aprender de la experiencia" [Fragmento].

Porque después de la matanza de Acteal, está en juego la transición a la democracia en México, es urgente rectificar la política seguida por el gobierno en el caso de Chiapas [...] El error ha sido creer que la guerra en Chiapas es producto de una conspiración de unos cuantos intelectuales radicales o católicos, pero la terrible realidad es que a los indios no les ha quedado otra salida porque prevalecen relaciones de violencia ancestrales. La teoría del complot y la solución militar no van a ningún lado, porque los indígenas no tienen a dónde ir, se volvieron zapatistas por desesperación [...] No es acosando a las víctimas como se va a encontrar a los responsables de la violencia, sin embargo el ejército insiste en buscar armas en las zonas habitadas por indígenas zapatistas, algunas de las cuales se encuentran muy distantes de Acteal (municipio de Chenalhó) como son los municipios de Las Margaritas, Altamirano y Ocosingo [...] según la Sedena en doce días decomisó 38 armas y 14 mil 491 cartuchos útiles (*La Jornada*, 6 de enero 98, p. 8). Ninguna de esas armas son del tipo usado por las fuerzas paramilitares en Acteal (como la Ak-47). ¿A quién sirve la presencia del ejército? ¿A quiénes están desarmando?

(5)
Adolfo Sánchez Rebolledo, "Acteal o el infierno" [Fragmento].

La monstruosa matanza de Acteal marcará la historia mexicana de este fin de siglo. Ningún castigo borrará de la memoria colectiva el horror vivido por las víctimas que esperaban el sacrificio orando en un templo de madera. Se cumplieron así, a pesar de las voces de alerta que advirtieron el peligro, las peores previsiones de estos cuatro últimos años: regiones enteras de Chiapas están militarizadas; la violencia arraiga en las comunidades bajo formas cada vez más perversas y hoy, literalmente, corren ríos de sangre inocente de humildes campesinos indígenas [...] La verdadera tragedia de México es la desigualdad. Pero la pobreza cotidiana, la injusticia social denunciada y documentada mil veces, la convierte en violencia ciega, irracional, en muerte. ¿Podía ser de otro modo? La palabra de los vencidos sin la sangre derramada no se escucha. ¿Será esa la terrible lección que nos deja la matanza de Chenalhó? ¿Puede la democracia sobrevivir a ese destino fatal?

(6)
Rodolfo Stanvenhagen, "Otra vez el espantajo" [Fragmento].

Pero mientras no se cumpla lo acordado y se proceda con la negociación para la paz, el peligro de la guerra aumenta día con día (ya conocimos un horrendo presagio en Acteal) [...] Quienes quieren negar lo ya negociado, pretenden hacer marcha atrás a principios de 1995. Olvidan que del otro lado están los pueblos indígenas, quienes sí pusieron su esperanza en la negociación y en sus resultados eventuales. Olvidan una vez más las causas profundas del levantamiento indígena de Chiapas, e ignoran que el propio gobierno organizó una vasta consulta nacional cuyos resultados favorables a los puntos negociados fueron dados a conocer públicamente por el presidente de la República en mayo de 1996. De seguir así, no habrá paz en el país, y sí en cambio aumenta el peligro de la guerra [...] Contrariamente a lo que nos dicen sus detractores, para muchos otros autonomía significa mayor libertad, mayor democracia y libre determinación. ¿No son estos valores y objetivos que compartimos todos los ciudadanos?

* * *

Al mediodía del nueve de enero, en Tuxtla Gutiérrez, la Secretaría de la Defensa Nacional, a través de la Dirección General de Comunicación Social, a cargo del general brigadier Jorge Alberto Cárdenas Cantónitar, emitió un boletín de prensa. El comunicado informó a detalle sobre el material hallado en un campamento ubicado cerca de Yalchiptic, en el municipio de Altamirano, Chiapas, el día primero de enero; entre lo requisado hubo armamento de diversos tipos, artefactos explosivos, equipos de radiocomunicación, de video, vestuario y equipo de campaña —mochilas, botas, uniformes, brújulas, cartucheras y otros— y, además, diversa documentación que, por su contenido, fue atribuido junto con el lugar a la pertenencia del EZLN.

EN CHIAPAS ◼ El Fisgón

Entre los textos había obras "peligrosísimas" como la "Revista de la cultura Anáhuac, denominada *Ce-Acatl*, núm. 72, de fecha 18 de octubre de 1995 [...] de diversos temas relacionados con las comunidades indígenas", los tomos "I y II del libro *Por el bien de Jesucristo, hermanos* [...] de Samuel Ruiz García, ediciones La Castalia, San Cristóbal de las Casas, 1993, en dialecto tojolabal", de Carlos Lenkersdorf dos obras: "*Los Derechos de los hombres y las mujeres* [...] publicado por la diócesis de San Cristóbal de las Casas en 1996 en dialecto tojolabal, que contiene aspectos doctrinarios de la Teología de la Liberación, adaptados a las tradiciones y culturas de las etnias indígenas chiapanecas" y "*Nos ayudaremos, ayudando por el bien del pueblo* [...] editado por el Centro de Reflexión Teológica en 1994, escrito en dialecto tojolabal", otros libros como "*Nuestros derechos en los tratados internacionales*, publicado por el Centro de Investigación y acción para la mujer, 1996", o "*La palabra de los armados de verdad y fuego*, editorial Fuente Ovejuna, de 1994 [...] Destaca en su contenido la 'Declaración de la selva lacandona'[...] por el EZLN, donde le declara la guerra al ejército y se propone [...] deponer al gobierno federal", junto con "Manuales y reglamentos que contienen información sobre actividades de adiestramiento que viene realizando el grupo armado", y diarios u hojas escritas.

También, se señalaron cuatro zonas de operación del EZLN: "el tzotzil (que sería la zona de Los Altos); el chol (que sería la zona del Norte); el tzeltal (que sería la selva de Ocosingo) y el tojolabal (que sería la zona de Altamirano y la frontera)"; al referirse a Marcos lo hacía como Rafael Sebastián Guillén Vicente, al igual que lo hizo el secretario de Gobernación, Francisco Labastida, en sus primeras declaraciones. Un punto a destacar del boletín, es la forma en que se refirió al habla de los pueblos indígenas, ya que la nombró "dialecto" y no idioma, que es lo apropiado —una sutil forma de menospreciar.

En el mismo acto de prensa de la Sedena, el general José Gómez Salazar, comandante de la VII Región Militar, involucró en el movimiento armado al obispo Samuel Ruiz, con base en la documentación de la diócesis hallada en el campamento; de inmediato su afirmación estuvo presente en todos los medios de comunicación pues, de manera oficial, se implicaba a la Iglesia en el conflicto y la polémica giró en torno a los tres textos de contenido religioso. Al llegar la noche, el mismo general emitía un comunicado donde aclaraba: "A pregunta expresa, emití una opinión que no refleja el criterio oficial, es simplemente una expresión personal".

A su vez, la diócesis de San Cristóbal de las Casas emitió un comunicado donde rechazaba "las imputaciones que se hacen contra Samuel Ruiz García", en cuanto a los textos religiosos reconocía que habían sido editados por la diócesis y aclaraba: "se trata de una traducción a la lengua tojolabal del Santo Evangelio Según San Marcos, un cancionero popular religioso y un catecismo acerca de la celebración y significado del Sacramento del Bautismo y la Devoción del Santo Rosario"; también indicaba: "no deja de extrañarnos que la aparición de estos materiales de divulgación de la Fe y al alcance de cualquier católico, sean ahora considerados como prueba de un supuesto involucramiento de la Iglesia en el movimiento armado como tal". Más tarde, diversas autoridades desaprobaban las declaraciones del militar y reconocían el papel del obispo Ruiz como mediador. La aclaración sobre el contenido de uno de los textos religiosos traducidos, el Evangelio Según San Marcos, dio pie a muchos comentarios irónicos.

10-11 DE ENERO DE 1998

El día 10 de enero inició la aplicación de un Programa Emergente de Atención a Desplazados, en la zona de Los Altos, a cargo del secretario de Salud, Juan Ramón de la Fuente; éste consistía en poner en funcionamiento 47 centros de salud, acompañado de 33 brigadas médicas móviles, 14 ambulancias, 165 médicos, 233 enfermeras y 21 paramédicos. Con objeto de aplicar el Plan, el grupo de salud fue acompañado por el gobernador Albores Guillén, además de integrantes de la CNDH —entre ellos su titular, Mireille Roccatti— y de la Cocopa en calidad de observadores, junto con otras autoridades estatales y federales. Las primeras comunidades visitadas fueron las de influencia priísta, como Chimish y Pechiquil. Sin embargo, después le tocó el turno a X'oyep, donde la comunidad mostró su negativa a recibir ayuda de las autoridades, excepto el apoyo médico urgente, al tiempo que hacían sus exigencias de justicia; y a Polhó la comisión decidió no entrar. Desafortunadamente, una niña más murió en X'oyep... Así, el drama de los más de 10 000 desplazados/refugiados continua en Polhó y sus alrededores; la estrategia de acorralarlos en un sólo lugar, y atemorizarlos —hostigarlos psicológica y físicamente— ha sido un éxito inhumano de quienes tienen el poder.

* * *

(1)
Palabras de Roberto Pérez, representante de la comunidad de X'oyep, durante la visita de autoridades estatales y federales al lugar:

[...] lo que queremos es justicia, paz y tranquilidad [...] Ahorita no queremos nada, ese es el punto de vista de los compañeros. Queremos que se retiren los ejércitos porque dan miedo, no queremos el alimento porque ahorita nadie tiene casa. Lo que queremos es el castigo a quienes actuaron mal, a los agresores de

237

esa mala acción, que se desarme a los paramilitares y se cumplan los acuerdos de San Andrés [...] ¿Qué culpa tenemos de que no apoyemos a paramilitares y al partido oficial?[15]

(2)
Fragmento de una carta del consejo de Polhó dirigida a las autoridades federales y estatales en su visita a la zona, que no les fue posible entregar:

Nada recibiremos de esas manos manchadas de sangre indígena [...] No basta con algunas despensas, unas cuantas láminas y un poco de ropa para solucionar la grave situación y para calmar el hambre, porque esos regalitos que reparte el gobierno se terminan en unos cuantos días y pobreza, hambre y enfermedad siempre se quedan con nosotros [...] Luchamos por nuestra voluntad.[16]

* * *

Si la comitiva encontró una gran reticencia en X'oyep respecto a la ayuda y presencia de funcionarios, al siguiente día, el once de enero, se topó con la negativa absoluta de Polhó cuyos representantes, cubiertos con pasamontañas, se opusieron a dejarlos entrar y a recibir su ayuda. Posteriormente, en Acteal el grupo de funcionarios tuvo que hacer frente al profundo sentir indígena; el secretario de Salud emitió sus ofrecimientos, al igual que el gobernador, pero éste recibió como respuesta la palabra indígena del representante de la comunidad, Antonio González, que en varia ocasiones lo cuestionó o replicó sus señalamientos. Y es que la palabra indígena es contundente.

* * *

Palabras de Antonio González, representante de Acteal, al gobernador y a la comisión de visita:

Hoy nos encontramos en este campamento civil por la paz llamado Tierra de Sangre. No tenemos más que decirles porque sentimos un gran dolor, muy

---

[15] José Gil Olmos. "Sólo aceptaron desplazados de X'oyep la ayuda médica urgente", *La Jornada*, 11 de enero de 1998. p. 3.

[16] José Gil Olmos y Hermann Billinghausen. "Recibirán en Polhó apoyo del gobierno si lo entregan ONG", *La Jornada*, 11 de enero de 1998. p. 3.

grande, en nuestro corazón, por nuestras familias que destruyeron, porque en muchas de ellas sólo quedó un niño, por esa razón a diario derramamos lágrimas.

Señor gobernador, no necesitamos su dinero, migajas ni los pantalones usados que nos manden, lo [que] queremos es la justicia, que se encarcele a todos los agresores, los grupos mandones organizadores de paramilitares, para que vivan tranquilamente todos, el pueblo chiapaneco y México, porque nosotros como sociedad civil no usamos las armas, únicamente nos dedicamos a hacer ayuno y oración, para que haiga paz y tranquilidad en todo el pueblo mexicano.

Exigimos por la sangre de los 45 hermanos que fueron quitados de vida por un grupo de asesinos priístas y cardenistas formadores de paramilitares. Ahora queremos que se cumplan los acuerdos firmados en San Andrés Larráinzar y retornar a nuestros lugares de origen [...] Lo que queremos es que se respeten las leyes de la Constitución. Creo que las leyes son para todos, no para sólo un grupo [...] Otro punto señor gobernador. Para mostrar la justicia legal, el respeto al derecho ajeno para que haya paz, queremos que se desmilitarice todo el estado de Chiapas, porque vemos que no respetan. Tenemos un campamento civil por la paz y siguen pasando los militares, eso no es justo.

[...] el EZLN no sólo es para gente de pueblos indígenas de Chiapas, sino que es para las 56 etnias de la República y [para] no indígenas también [que] tenemos la misma pobreza. Queremos que eso no se pierda, todos sufrimos lo mismo, nos llevan parejo [...] que se cumpla. Nosotros no queremos lo que se escucha nomás en la radio, cosas falsas[...] Toda la sangre de estos 45 hermanos indígenas no se quedará en el olvido.[17]

* * *

En el resto del país, durante los últimos días, tomaba fuerza una idea tanto en los medios de comunicación como en la sociedad en general, la de reiniciar el diálogo, de presionar al gobierno para que esclareciera lo sucedido en Los Altos, de optar por la paz y no la guerra, de cumplir lo acordado en San Andrés; todo esto apuntaba y se aglutinaba en torno a un día específico, esperado con incertidumbre: el 12 de enero, fecha elegida como en 1994 para manifestarse,

---

[17] José Gil Olmos, "Cárcel a los mandones que organizan grupos paramilitares: desplazados. 'Nosotros no supimos de su toma como gobernador; queríamos a Ruiz Ferro, dónde está'", *La Jornada*, 12 de enero de 1998, p. 3.

en el país y el mundo, a favor de la paz y con objeto de exigir una verdadera solución al conflicto chiapaneco, que es en gran medida el mismo conflicto de todos los pueblos indígenas. La capital del país sería el punto central de la manifestación nacional y mundial, con una marcha convocada por una infinidad de organizaciones y sectores sociales a través de los más diversos medios, que partiría del monumento al Ángel de la Independencia.

Volantes, desplegados y carteles circulaban en el Distrito Federal anunciando la marcha. Por ejemplo, un cartel firmado por el Campamento Civil del Ángel por Chiapas, presentaba la silueta de una bala que, en su interior, ofrecía la imagen de una niña indígena y a sus lados tenía varias frases: "Castigo a los culpables materiales e intelectuales de la masacre en Acteal", "Cumplimiento de los acuerdos de San Andrés", "Desaparición de poderes en Chiapas", "Desmilitarización de Chiapas y del país"; sobre lo anterior se leía esta leyenda en color rojo: "¿CUÁNTOS MUERTOS MÁS SR. PRESIDENTE?", e invitaba a la marcha. Otro cartel de la misma procedencia, contenía frases similares, pero con otro enunciado superior: "¡YA BASTA!", y de fondo la imagen de una mujer.

APOYO ■ Helguera

240

Incursiones militares "inexistentes" en Chiapas:

Comunidad	Municipio	Fecha	Fuente	Observaciones
Acteal	Chenalhó	22/12/97	FZLN y Global Exchange.	A partir del 22 de enero, constantes visitas de militares y PGR. Amenazas de los federales a los observadores internacionales.
Polhó	Chenalhó	30/12/97	FZLN y Global Exchange.	Entran el Ejército Mexicano y la PGR.
10 de Abril	Altamirano	1/01/98	Observadores internacionales.	La comunidad huye a la montaña. Cateos de militares, que se van en la noche.
Nueva Esperanza	Altamirano	1/01/98	Observadores internacionales.	Golpean personas. Roban gallinas, caballos, ganado. Saquean tiendas.
Yaltchilpic	Altamirano	1/01/98	Comunicado EZLN.	Entran soldados.
San Miguel Yaltchilpic	Altamirano	1/01/98	Observadores internacionales.	Tortura de personas.
San Caralampio	Ocosingo	1/01/98	Comunicado EZLN.	Entran soldados.
Morelia	Altamirano	2/01/98	Observadores internacionales.	Entran 70 integrantes del Ejército y de Seguridad Pública. Los hombres huyen. Las mujeres corren a los federales.
Acteal	Chenalhó	2/01/98	FZLN y Global Exchange.	Operativo del Ejército, Seguridad Pública y Policía Judicial.
Gabino Barreda	Altamirano	3/01/98	Observadores internacionales.	Los hombres huyen a la montaña. Las mujeres intentan impedir la entrada de los soldados.
Morelia	Altamirano	3/01/98	Observadores internacionales.	Los soldados entran y después son corridos por las mujeres.
Sanchibaté	Chanal	3/01/98	*La Jornada.*	Incursión soldados.
La Realidad	Margaritas	3/01/98	Observadores internacionales.	Colocan un cerco militar. Interrogan a habitantes del lugar. Los soldados se retiran por la noche.

Comunidad	Municipio	Fecha	Fuente	Observaciones
La Ilusión	Ocosingo	3/01/98	*La Jornada.*	Incursión de miembros del Ejército Mexicano.
Oventic	San Andrés	3/01/98	FZLN y Global Exchange.	El 3 y 4 de enero: hostigamiento con aviones cargando misiles. 30 soldados estaban a un kilómetro. La comunidad huye a la montaña durante el día.
20 de Noviembre		3/01/98	*La Jornada.*	Incursión de soldados.
Gabino Barrera	Altamirano	4/01/98	Observadores internacionales.	Robo de gallinas y de 100 pesos de la cooperativa.
Aldama	Chenalhó	4/01/98	FZLN y Global Exchange.	Hostigamiento aéreo. La comunidad se retira a la montaña.
Belisario Domínguez	Chenalhó	4/01/98	FZLN y Global Exchange.	Hostigamiento por parte de 30 integrantes del Ejército. Las mujeres, niños y ancianos impiden la entrada de los federales.
Polhó	Chenalhó	4/01/98	FZLN y Global Exchange.	En esta comunidad se encuentran 6 mil desplazados. Está instalado un "cordón retén" militar y de Seguridad Pública.
San José	Mitontic	5/01/98	*La Jornada.*	Incursión y cateos del Ejército Mexicano.
Roberto Barrios	Palenque	5/01/98	Observadores internacionales.	Hostigamiento aéreo. Las comunidades están listas para evacuar.
San José Fiu	San Andrés	5/01/98	FZLN y Global Exchange.	3O efectivos entran y amenazan a la comunidad apuntando con sus armas.
Magdalena	Mitontic	6/01/98	*La Jornada.*	Incursión de integrantes del Ejército Mexicano.
Mitontic	Mitontic	6/01/98	*La Jornada.*	Incursión de militares e instalación de un campamento.
Revolución	Mitontic	6/01/98	*La Jornada.*	Incursión de efectivos militares.
San Jose	Mitontic	6/01/98	*La Jornada.*	Incursión de militares e instalación de un campamento.

Comunidad	Municipio	Fecha	Fuente	Observaciones
Jonalchoj		6/01/98	*La Jornada.*	Incursión militar.
10 de Abril	Altamirano	7/01/98	Observadores internacionales.	Incursión militar.
Morelia	Altamirano	7/01/98	Observadores internacionales.	Llegan a dos kilómetros de la comunidad, que no les permitió entrar.
Guadalupe Beteaton	Ocosingo	7/01/98	Observadores internacionales.	Patrullajes de grupos de 12 soldados. Cerca de un pastizal se encuentran 100 efectivos escondidos pecho a tierra con mapas, mochilas y armamento.
La Unión	Ocosingo	7/01/98	Observadores internacionales.	46 efectivos llegan a la entrada de la comunidad. Los observadores preguntan el motivo de la presencia militar pero son agredidos y los pretendían detener. La gente de la comunidad corre a los militares.
Morelia	Altamirano	8/01/98	Observadores internacionales.	Llegan 105 soldados y cinco judiciales a 100 metros de la comunidad. Los corren a una posición más alejada.
Huitiupan	Huitiupan	8/01/98	Boletín Sedena.	Decomiso de armas.
Amador Hernández	Ocosingo	8/01/98	*La Jornada.*	Incursión militar.
Cuxuljá	Ocosingo	8/01/98	*La Jornada.*	Incursión militar.
Che Guevara	Ocosingo	8/01/98	*La Jornada.*	Incursión militar.
Latzbija	Ocosingo	8/01/98	Comunicado EZLN.	Entran soldados.
Moisés Gandhi	Ocosingo	8/01/98	Comunicado EZLN.	Entran soldados.
Pamala	Ocosingo	8/01/98	*La Jornada.*	Entran soldados e instalan campamento.
Prado Pacayal	Ocosingo	8/01/98	Comunicado EZLN.	Entran soldados.

Comunidad	Municipio	Fecha	Fuente	Observaciones
La Providencia	Ocosingo	8/01/98	*La Jornada*.	Entran soldados.
Santo Domingo	Ocosingo	8/01/98	Comunicado EZLN.	Entran soldados.
Sibaca	Ocosingo	8/01/98	Observadores internacionales.	Entran 150 soldados en 17 vehículos. Catean todas las casas. Grupos de 10-20 efectivos patrullan los cerros cercanos.
Uk'umiljá	Ocosingo	8/01/98	Comunicado EZLN.	Entran soldados.
Tila	Tila	8/01/98	Comunicado Sedena.	Decomiso de armas.
10 de Mayo	Altamirano	9/01/98	Observadores internacionales.	Entran 200 efectivos. Las mujeres los corren. 13 mujeres y nueve bebés son golpeados y tienen que ser hospitalizados.
1° de Enero	Altamirano	9/01/98	Observadores internacionales.	Ingresa una columna militar a la comunidad.
La Laguna	Altamirano	9/01/98	Observadores internacionales.	Entran seis vehículos con militares. Son expulsados por las mujeres.
Lucio Cabañas	Altamirano	9/01/98	FZLN	Hay cuatro desaparecidos.
Ocotal	Altamirano	9/01/98	FZLN	Cateos militares en las casas.
San Pedro Guerrero	Altamirano	9/01/98	Observadores internacionales.	Ingresa una columna militar a la comunidad.
Galeana	Ocosingo	9/01/98	Observadores internacionales.	Entran 80 efectivos militares y roban caña de azúcar de la comunidad, que los obliga a replegarse.
Patria Nueva	Ocosingo	9/01/98	*La Jornada*.	Entran efectivos y después se retiran.[18]

---

[18] Masiosare, *La Jornada*, 1 de febrero de 1998, pp. 8 y 9.

12 DE ENERO DE 1998

¡Y llegó el 12 de enero!, día de la gran marcha en favor de la paz, de la justicia, contra la violencia y la guerra. 12 de enero, Ángel de la Independencia como punto de reunión, así había sido anunciada la movilización desde días anteriores. Un desplegado en un diario de circulación nacional, con el nombre al calce de Epigmenio Ibarra —como responsable de la publicación—, acompañado de más de 450 nombres de figuras del ámbito cultural, resultaba especialmente impactante: entre otras cosas, ofrecía la imagen de una mujer indígena desplazada de unos cuarenta años, que recargaba su brazo y mano sobre su cara a causa del llanto y el dolor; alrededor, a manera de contorno, una gota roja como la sangre envolvía la silueta de la mujer; sobre la parte superior dos palabras sentenciaban "NUNCA MÁS", y daban paso a más líneas.

* * *

Texto de un desplegado del 12 de enero en el diario *La Jornada*:

NUNCA MÁS

LOS MATARON MIENTRAS REZABAN
LOS MATARON Y ERAN NIÑOS
LOS MATARON Y ERAN MUJERES
LOS MATARON Y ERAN ANCIANOS
LOS MATARON Y ESTABAN DESARMADOS

LOS MATARON CUANDO ORABAN POR LA PAZ
LOS MATARON A PLENO SOL

Y POR LA ESPALDA
45 MUERTOS QUE NOS DUELEN
45 ASESINATOS QUE NOS AVERGÜENZAN

UNA MASACRE —ACTEAL— QUE NO PUEDE OLVIDARSE JAMAS.

EXIGIMOS:

CASTIGO A LOS RESPONSABLES

No basta el simple cambio de hombres. Funcionarios federales y estatales fueron advertidos con tiempo y nada hicieron para evitarlo. La masacre se produjo en las inmediaciones de un retén de seguridad pública y en una zona donde están acantonados en las llamadas "bases de operaciones mixtas" efectivos del Ejército mexicano. Armados y uniformados los asesinos se movieron impunemente.

QUE HONRE EL GOBIERNO SUS COMPROMISOS

En San Andrés Larráinzar el gobierno negoció y alcanzó acuerdos con el EZLN. Fue una delegación gubernamental con plenos poderes la que asumió compromisos que hoy se consideran inviables. Más allá de las declaraciones, el gobierno debe impulsar una política real y consistente de diálogo y negociación.

FIN A LA ESTRATEGIA CONTRAINSURGENTE

Es vergonzoso que el gobierno impulse ahora una estrategia cuya aplicación en otros países había condenado antes en los foros internacionales. Deben ser removidos de sus cargos los mandos políticos y militares que, en una irresponsable vuelta al pasado han prohijado la creación de grupos paramilitares y alientan en los hechos y con sus declaraciones una peligrosa "cacería de brujas". En los manuales de contrainsurgencia del ejército norteamericano o en sus versiones criollas no se encuentra el camino de la paz. Así como las "defensas civiles", "la mano blanca" o "los escuadrones de la muerte" ensangrentaron Guatemala y El Salvador; los grupos como "los chinchulines" y "paz y justicia" han llevado a Chiapas muerte y discordia.

PORQUE ACTEAL NO DEBE OLVIDARSE
NOS SUMAMOS A LA MARCHA DE ESTE LUNES

Lunes 12 de enero a las 4:00 de la tarde en el Ángel de la Independencia

* * *

Desde antes de las cuatro de la tarde inició un movimiento enorme de gente en torno al Ángel de la Independencia, mientras un sol intenso envolvía la capital del país. El plantón del Ángel finalizó y todo estaba listo para comenzar la marcha. Personas iban y venían. Los altavoces anunciaban la ubicación de los diferentes contingentes. En fin, mucha actividad humana circundaba el lugar, se cumplía una cita de hombres y mujeres de todas las edades —niños, jóvenes o adultos—, de diferentes filiaciones políticas y religiosas, de diversas etnias, de todos los sectores sociales —lo mismo pobres que ricos, iletrados e intelectuales, estudiantes u obreros, comerciantes o campesinos, amas de casa o ejecutivas, mujeres embarazadas o con niños en brazos, personas en silla de ruedas o empujando carreolas—, pero todos con un mismo fin: manifestarse a favor de la paz, repudiar de manera unánime la masacre del 22 de diciembre.

Los integrantes de la Caravana no podían faltar a tal acto, una vez más estuvieron reunidos, ahora en la glorieta del Ángel, para agruparse e incorporarse al grueso de la columna que, después de las cuatro, comenzó a moverse como una gigantesca serpiente compuesta de miles de seres humanos, quienes avanzaban sobre las principales avenidas del Distrito Federal con rumbo al Zócalo capitalino. Casi a punto de iniciar la caminata, frente a la Caravana avanzó un contingente de habitantes de Acteal, eso causó alegría y sorpresa en todos, ya que de pronto las imágenes-recuerdo empezaron a fluir en nuestras mentes. Luego dio principio el andar de la Caravana, sumándose al andar de toda una inmensa multitud.

Conforme avanzábamos, el éxito de la marcha saltaba a la vista: éramos parte de un río humano de voces, colores, creatividad, fiesta y, por supuesto, de protesta. Las consignas no dejaban de escucharse, insistentes acusaban, advertían, sentenciaban o pedían, por ejemplo: "Ni bombas ni fusiles vencerán a los tzotziles", "Los Acuerdos de San Andrés son ahora y no después", "Urgente, urgente que renuncie el presidente", "Chiapas, Chiapas no es cuartel, fuera ejército de él". Los mensajes escritos abundaron en mantas de todos los tamaños, desde pequeñas de un metro hasta gigantescas de entre 12 metros de longitud por cinco de ancho, con una gran diversidad de colores, del negro de luto a los más encendidos colores fosforescentes.

En la movilización hubo todo tipo de expresión popular, como las siguientes:

- Una señora de entre 30 y 40 años sostenía, en su mano derecha, un muñeco ensangrentado con la forma de un bebé; sobre el estómago del muñeco colocó pequeños montículos a manera de intestinos, que simulaban el interior del organismo abierto salvajemente; en la mano izquierda portaba una cartulina que tenía escrito "Zedillo, asesino de inocentes".

- Un grupo de señoras vestidas de negro llevaban en sus manos diversos tipos de flores blancas; dos de ellas habían intercalado moños de color negro y blanco con un alcatraz en medio.

- Un joven padre, cargaba a su pequeñito en brazos y le ayudaba a sostener un palito que, en su punta, tenía una paloma de papel blanco; a veces el bebé perdía el control del palito y lo tiraba, entonces, su padre lo recogía y se lo daba de nuevo.

- En un espacio entre dos contingentes marchaba orgulloso un indígena huichol con su colorida vestimenta, además, llevaba una insignia multicolor de su etnia en un palo de madera con la forma de un rombo en la punta superior, de cuyas esquinas caían largos listones de colores.

- Un grupo de jóvenes mujeres portaban, adheridos a la ropa de su cuerpo, muñecos con los cuales interactuaban con el público volcado en las banquetas de las calles, haciendo alusiones al conflicto chiapaneco.

- No faltaban los jóvenes que cubrían sus rostros con pasamontañas, a la manera de los zapatistas, y sostenían orgullosos una gran bandera mexicana, que cubría por su dimensión lo ancho de la calle.

- Un niño de cuatro años corría alegre a lo ancho de la banqueta, en sus manos sujetaba dos palitos con una paloma en la parte superior de cada uno, que ondeaban con el viento y, además, tenían tres palabras escritas: "Paz con dignidad".

- Por supuesto no podía faltar el ritmo de la música, en diversos contingentes había grupos musicales de varios géneros. Y con la música llegaba el baile; el grupo más vistoso fue uno de batucada, enfrente de ellos bailaban personas sobre zancos vestidas de muerte.

- Otros tocaban una marcha fúnebre y varias mujeres vestidas de esqueletos acompañaban un carro con un letrero: "La ignorancia corroe y mata".

No están solos.

En suma, no faltaron las formas de expresión, lo mismo había niños con palomas adheridas a palitos, que adultos vestidos de superhéroes. Innumerables fueron los símbolos de luto: ropa negra, moños, palitos con globos blancos y negros en la punta, cruces y una hilera de 45 ataúdes —los que habían estado en el Ángel— con el nombre de los victimados en Los Altos de Chiapas. Otra respuesta no menos favorable fue la del público que se desbordaba de las banquetas o esquinas de las calles; mucha gente se arremolinaba al paso de la movilización, se adherían o apoyaban con gritos a quienes marchaban. Tampoco hubo la ausencia de las inquietantes preguntas de los niños, como la de aquel que interrogó a su papá porque no entendía bien una palabra que gritaban: "dicen arcos papá" y su padre le respondió de inmediato "no hijo, Marcos".

La marcha avanzaba a la par que el sol iba perdiéndose en el horizonte, así, los rayos de luz se dispersaban solitarios por entre los edificios. En el contingente de la Caravana predominó todo el camino un ambiente de fiesta, muchas veces fueron entonadas las canciones aprendidas en Polhó, en otras ocasiones el gritar de las consignas daba pie a innumerables risas por su contenido y algunas eran acompañadas de saltos. El baile no fue la excepción, su máxima expresión fue cuando cerca de quince caravaneros comenzaron a bailar en semicírculos, iban uno atrás de otro acompañando su movimiento con el ritmo de sus palmas, que era complementado por los acordes de la guitarra.

Dieron las siete y el grupo de la Caravana apenas cruzaba Bellas Artes, hacia atrás y adelante sólo podía verse una inmensa multitud de personas avanzando a lo largo y ancho de la calle; los comentarios que nos llegaban decían que el Zócalo estaba lleno desde las cinco de la tarde y la gente continuaba arribando sin interrupción, además de estar todas las calles —por donde pasaba la marcha— repletas de gente en sus orillas. El sol tenía tiempo que se había ocultado, sin embargo, poco a poco la luz de una impresionante y naranja luna llena fue colándose entre los edificios conforme avanzaba en el firmamento y ganaba altura. Para entonces ya eran las ocho de la noche, la Caravana estaba a cuatro calles del Zócalo e inundaba el entorno con el sonido de una canción, que rebotaba entre las paredes de los edificios aledaños. Justo una calle antes de llegar, el caminar de los caravaneros tuvo una pausa que duró lo necesario para permitir la formación de un espacio libre entre éstos y la plancha de la explanada; en tanto, todos los integrantes de la Caravana se habían puesto en cuclillas y, a la cuenta de tres, saltaron para ponerse de pie e iniciar una carrera con la que la Caravana, de manera alegre y agitada, llegó al Zócalo capitalino a la par de gritar consignas de apoyo a Chiapas. Conforme el grupo entraba corroboraba el alto número de participantes.

Una vez colocados en un lugar de la explanada, los caravaneros procedieron a descansar un poco y a escuchar a los oradores que tomaban la palabra, y se leyó un comunicado de la dirigencia zapatista. Como sucedía con otros contingentes, la mayoría llegaba y luego de un rato pasaba a retirarse, igual situación se presentó con la Caravana, muchos permanecieron un tiempo y paulatinamente fueron retirándose a causa de lo tarde y cansado del recorrido; aunque todos se supieron parte de una gran manifestación nacional y mundial por la paz y la justicia en Chiapas.

Sin embargo, el fantasma de la violencia, de la muerte, no dejó de estar presente este día. Mientras miles y miles clamaban por la paz y contra la guerra, en Ocosingo, al arribar la tarde, elementos de Seguridad Pública de ese estado dispararon sobre manifestantes indígenas. Primero hubo una exigencia verbal de los manifestantes contra la presencia de la policía, adherido al reclamo de su presunta implicación con grupos paramilitares y a su participación en los hechos de sangre del 22 de diciembre, luego procedieron a lanzar piedras hacia los miembros del cuerpo policiaco y la respuesta fue una ráfaga de balas. Des-

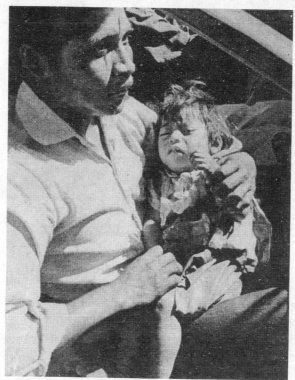

La paz herida en Ocosingo. [Foto de *La Jornada*, 13 de enero]

graciadamente, una mujer resultó muerta, Guadalupe López Méndez, quien murió protegiendo a su hija, Isabel Santis Méndez, que recibió una bala en su brazo, y también resultó lesionado Lázaro López Vázquez.

Las imágenes televisadas de la niña herida resultaban contundentes, ni siquiera mostraba gestos de dolor a pesar de tener una bala incrustada en el brazo. Estas imágenes se sumaban a las de días anteriores y la realidad desbordaba cualquier declaración oficial... por tanto, las autoridades estatales de inmediato tuvieron que ordenar el arresto de los policías implicados así como el desmantelamiento del cuerpo de Seguridad Pública. Mas, ¿eso basta?

Zócalo unido por el duelo y la indignación.

Debido a lo anterior en la capital del país, frente al Zócalo inundado de personas, las campanas de la Catedral tañeron a duelo y miles de manos se alzaron por la misma razón. En el interior del país hubo manifestaciones en Guadalajara, Jalisco; Jalapa, Córdoba, Orizaba, Poza Rica, Coatepec, Papantla y el puerto de Veracruz, en Veracruz; Monterrey, Nuevo León; Morelia, Michoacán; Puebla; Chihuahua; Tuxtepec, Putla de Guerrero, Tlaxiaco, Teposcolula, Itsmo de Tehuantepec, en Oaxaca; Valle del Mezquital y Tulancingo, en Hidalgo; Villahermosa, Tabasco; Mérida, Yucatán; San Luis Potosí; Tlaxcala; León y San Miguel de Allende, en Guanajuato; Aguascalientes; Tijuana, Baja California Norte; La Paz, Baja California Sur; Durango, Querétaro y Zacatecas; San Cristóbal de las Casas y Ocosingo, en Chiapas. La jornada de movilizaciones tuvo su eco en diversas partes del mundo: Los Ángeles, Washington, Chicago, Tucson, Nueva York, Oklahoma, Idaho, San Diego, en total más de treinta ciudades —según las agencias de noticias— en Estados Unidos; Ottawa, Canadá; Buenos Aires, Argentina; San José de Costa Rica; Montevideo, Uruguay; La Paz, Bolivia; Quito, Ecuador; San Salvador; La Habana, Cuba; Madrid, Barcelona, Sevilla, Zaragoza y otras ciudades en España; París, Francia; Berna, capital de la Confederación Helvética; Praga, República Checa; Italia y hasta en Tokio, Japón. Y después de esto, ¿quién puede decir que en Chiapas no pasa nada?, ¿quién tiene duda de que la masacre de Los Altos no tocó el alma de millones de hombres y mujeres tanto en México como en el mundo?

Con una luna llena en lo alto despidiendo su luz radiante, y tenue a la vez, pronto llegó a su fin la actividad en el corazón del país. Hombres y mujeres de todas edades y sectores sociales retornaban a sus hogares, en diversas formas y medios, con un anhelo en su interior, el de alcanzar la paz y la justicia en Chiapas, ¿acaso un sueño?

EN OCOSINGO ■ El Fisgón

* * *

Desplegado del Congreso Nacional Indígena, Comisión de Seguimiento [fragmento]:

Los pueblos indígenas vivimos uno de los periodos más difíciles de nuestra historia. Esperábamos el reconocimiento de nuestros derechos tantas veces negados, y vemos que sobre la base del autoritarismo y el prejuicio racial, se opera una estrategia militar en contra de nuestros pueblos.

Ante nuestra insistencia por construir una nueva relación con el Estado y la sociedad, con base en los principios de pluralidad, sustentabilidad, integridad, participación y libre determinación, acordados en San Andrés Sakamch'en de los Pobres, el gobierno nos ha respondido con hostigamiento militar y represión.

Los Acuerdos de San Andrés y su traducción a iniciativa de reforma constitucional que realizó la Comisión de Concordia y Pacificación (Cocopa) son importantes para nosotros los pueblos indígenas, no sólo porque en ellos están contenidos los principios básicos del reconocimiento de nuestros derechos, sino porque éstos fueron el resultado de un amplio consenso entre los pueblos indígenas de todo el país.

La Mesa de San Andrés significa para los indígenas la posibilidad de participar por primera vez en un proceso de diálogo nacional, en donde la sociedad civil brindó un franco apoyo. Desde el constituyente de 1917 hasta la fecha, resulta difícil encontrar una iniciativa que haya despertado tantas adhesiones nacionales e internacionales como ha sido el caso de la iniciativa de la Cocopa. Nunca antes una iniciativa de ley había provocado un debate público nacional tan amplio.

Es la palabra de los pueblos indios apoyada por la sociedad civil que le da razón y sustento a la iniciativa de la Cocopa resultado de los diálogos de San Andrés[...]

Sin embargo, el gobierno está empeñado en la vía contraria: dialogar y acordar sin cumplir, legislar sin consensar y negar el pleno reconocimiento de los derechos de los pueblos indígenas [...] hoy el gobierno promueve la ruptura del diálogo e impide los acuerdos. Pretende suprimir a las instancias de intermediación y coadyuvancia, presionando para que los partidos políticos presenten iniciativas de reformas constitucionales dictadas desde la Secretaría de Gobernación omitiendo nuestros principales derechos en su interpretación a los Acuerdos de San Andrés.

Como tantas otras veces en la historia, se pretende reformar la Constitución bajo los dictados del presidente de la República, quien no parece dispuesto a renunciar a la costumbre extralegal del Ejecutivo de ejercer el derecho de veto, erigiéndose como único legislador, pasando por encima de la voluntad ciudadana y de la soberanía del Poder Legislativo.

A los partidos políticos les decimos que la alternativa que hoy les presenta la historia es: legislar para la guerra o legislar para la paz. Tomen su decisión de acuerdo con su profundo sentir y principios, como mexicanos. En esta decisión no hay prebenda ni promesa gubernamental que tenga más peso que la paz para todos los mexicanos, construyámosla.

Por lo anteriormente expuesto, los pueblos indios elevamos nuestra palabra y con ella honramos la memoria de todos nuestros muertos, niños, jóvenes, abuelos y venerables ancianas. Teniendo presente su espíritu indomable y su inquebrantable voluntad de lucha.[19]

* * *

[19] *La Jornada*, 15 de marzo de 1998, p. 12.

NO PUEDO CALLAR

(A los mártires de Acteal)

Un río de lágrimas florece
allá en el paraje de Acteal,
y todos los niños que allí mueren
jamás han tenido Navidad.

El hambre clava y clava sus colmillos
en Chiapas, Guatemala y El Salvador
y claman los hermanos masacrados
en medio de la guerra y el dolor.

No, no puedo callar
no puedo pasar indiferente
ante el dolor de tanta gente
no, no puedo callar.

No, no puedo callar
me van a perdonar amigos míos
pero yo tengo un compromiso
y tengo que cantar la realidad.

Yo vi morir al pobre en la miseria
la muerte lo atrapó en el cafetal,
de sus pulmones no quedó una huella
pero dejó al patrón un dineral.

Cada minuto muere en nuestros campos
un niño de tanta desnutrición,
y el terror que se gasta el potentado
devora su nivel de exportación.

257

Los millones de extranjeros se divierten
en ríos de placer y carnaval,
mientras que en otros lugares
se mueren por la falta de pan.

Y mientras las naciones poderosas
pueden echar el trigo en altamar,
los cínicos exponen sus razones
para subir el precio más y más.

HABLAN LOS CARAVANEROS:
VIVENCIAS Y OPINIONES

Ellos, con su resistencia física y espiritual, nos están enseñando hoy por hoy que el ser "humano" significa algo más que sobrevivir. Yo creo que el impacto de este viaje, de esta Navidad y Año Nuevo con la gente de Polhó es tan fuerte que todavía no lo hemos asimilado. Es como estar cerquita, tan palpable, tocar la muerte, la injusticia, la pobreza, la explotación de tantos años: tocarla, verla, sentirla. Creo que no han sido tratados ni siquiera como humanos, y de ahí que el conocer la situación tan de cerca es un compromiso muy fuerte, también, un cuestionamiento a la vida y a la sociedad en la que estamos. Somos muy frágiles y mucho más de lo que pudimos dar es lo que aprendimos, sobre todo en el aspecto de vida comunitaria, de respeto en el trato a los niños, a las mujeres, a los ancianos, también, del sentido de dignidad que ellos tienen.

Rebeca González

* * *

En mi caso no me gusta la Navidad, este 24 nos entregaron 45 ataúdes, 45 personas, doce eran de niños; se me hace muy injusto, una época en donde se supone que todo es armonía y tranquilidad venir a romper con esto. Mientras millones de seres humanos, mexicanos por lo menos, estaban celebrando la Navidad, nosotros estábamos acompañando a los indígenas que sufrían por la matanza de Acteal. Muchos de nosotros hemos perdido el sentido de humanidad. Me volví a dar cuenta de que estemos en Tijuana, en Chiapas, todos somos mexicanos, somos humanos y, sobre todo, hermanos de patria.

Alfredo Aguado López

* * *

259

Este viaje ha sido parte de los momentos más culminantes que puedan existir en mi vida y creo que es un momento de revolución; me preocupaba día con día que estábamos en el lugar más importante que pueda existir, ahorita, en la historia y en el territorio mexicano. Ver el llanto de muchos hombres, de padres de familia y de niños fue lo que más me impactó y lo que más me dolió.

Rosaura Contreras

* * *

La gente carece absolutamente de todo, carece de agua —en calidad y cantidad suficiente—, carece de medios adecuados para la disposición de excretas —o sea, para defecar, para orinar—. Hay problemas de piel, respiratorios, diarreicos, de desnutrición crónicos —eso se puede observar claramente en el tamaño de la gente, son de tamaño pequeño—; los niños tienen abdómenes muy grandes, que también son indicativos de problemas parasitarios. Lo que se necesita es llevar a cabo acciones que duren.

Constanza Sánchez

* * *

En Polhó yo despertaba muy temprano, como a las cinco —después de la llegada de los desplazados— y el único sonido que podía escuchar era el llanto de los bebés; eso hacía preguntarme, pensar, cuál era el motivo del llanto, no sabías si era de hambre, por el frío del ambiente o por el frío del alma. Yo haría una pregunta: ¿quién planeó Acteal?, porque te enfría el alma, te la lleva, aunque en medio de tanta muerte también te hace sentir que sigues vivo.

Diana Navarro

* * *

Ha sido una de las más impactantes visitas que he tenido a Chiapas, claro, con la del 94. A nosotros nos comentaron que el ejército tenía un operativo para el primero de enero: entrar a lo que es territorio zapatista. Como seres humanos se rebasó todo. Una señora que a las cuatro de la mañana había dado a luz en la montaña —donde ellos estaban desplazados— comenzó a caminar a las cinco, entonces el bebito llegó súper mojado a Polhó; otra niñita de tres días de haber nacido estaba empapadísima, le cambiamos la ropa, fue algo impresionante: una bebita tan pequeñita y ya con esa agresión recibirla al mundo y, además, fuera de su casa. Una realidad bastante cruel: querían ver muertos y ya hay muertos, ya hubo 45; a ver si con esto cree la sociedad, todos los mexicanos que están incrédulos.

Socorro Castorela

Ya se mira el horizonte...

* * *

Un niño llegó a mí con sus brazos abiertos, se sentó conmigo y casi durmió, entonces los soldados pasaron por la calle y él despertó de repente: miró, puso atención, después durmió nuevamente; pensé que él iba a recordar eso por su vida entera. Los niños de ahí son especiales, están aprendiendo la dignidad, están aprendiendo cómo luchar, pero es muy difícil para ellos. No sé qué me imaginaba antes, pero una masacre así, no, nunca imaginé que tendría que enfrentar esto.

Siobman (Giovanna) Mac Gram

* * *

Yo fui a X'oyep, en esta comunidad vimos que las condiciones de vida de los desplazados son terribles, realmente deprimentes: una anciana, que por salir huyendo de su comunidad se lastimó la pierna, tenía una herida muy profunda, se le tuvo que operar, pero le dejaron los puntos, hace como tres semanas se los quitaron —la operación se la hicieron en septiembre—; la herida estaba totalmente en descomposición, la señora no podía caminar, no había recibido atención médica, se le tuvo que cortar parte de su piel que ya estaba en putrefacción. Es muy difícil haber visto todas esas condiciones de vida tan tristes y encima imaginarse la comunidad rodeada de soldados.

Diana Real

* * *

Te imaginas un poco o te enteras de algo mediante los diarios, pero ya estando ahí ves que es totalmente distinto; los diarios son muy parciales, esconden mucho de la verdad que hay. Tienes que cuidarte no sólo del ejército sino de gente civil que está dentro de las comunidades, de la propia Seguridad Pública. Las condiciones de las comunidades son terribles, es un aislamiento total; no hay condiciones mínimas para poder al menos tener la seguridad de que no va a haber más gente con mayores enfermedades de las ya existentes; en X'oyep, beben agua de fosas con ajolotes. Sientes remordimiento, coraje, impotencia.

Germán Mejía

* * *

Siempre una muerte es muy fuerte y más la muerte injusta; había muertes de niños, muertes que no se sabía por qué habían sucedido y, entre todo lo que podemos ver, la muerte es el culmen de la masacre. Había hambre, había despojo, desplazamientos, pero todo se aúna: la masacre ha sido un fermento que estos pueblos nos están dando para poder luchar por la justicia. Ahora lo que nos corresponde es difundir.

Miguel Ángel Herrera

* * *

No hay nada como la paz. La gente no es mala allá, no son problemas étnicos, no son problemas de raza, sin embargo, el poder, la ambición de unos cuantos es lo que genera todo ese tipo de movimientos. Me decepciona ver formado el ejército mexicano con gente de las comunidades, con gente campesina, con gente pobre que solamente recibe instrucciones de quien venga y las lleva a cabo sin pensar que asesina al mismo pueblo, se asesinan ellos mismos porque es la misma gente, es la misma raza, es el mismo pueblo.

Leonardo Torres Almazán

* * *

En Polhó me impresionó mucho la manera en que se organizan cuando llega acopio, discuten y al final les toca lo mismo, se intentó hacer que todo fuera justo, democrático. Llegamos a México y ves de nuevo las cajas [en el Ángel], no tienen cadáveres adentro, pero tienen los nombres y vuelves a estar presente; no te dejas de preguntar por qué son todas esas cosas y hay algo aquí adentro, en el corazón, que te duele y es una herida que no se cierra. Yo tenía planeado un taller de teatro y no se pudo hacer, pero al final hice un taller de aprendizaje para mí misma.

Alejandra González Batúa

* * *

Todo lo que se vivió, los eventos en que estuvimos fueron demasiado fuertes: como estar presentes justo en el velorio, en el entierro de Acteal, convivir con esa gente y realmente involucrarnos con todo ese dolor. Yo conocí la dignidad cuando estuve en Acteal.

Nadia García

* * *

Pasamos momentos tan impactantes y tan dolorosos que propiamente no sé cómo pude permanecer tanto tiempo ahí. Hubo incertidumbre acerca de lo que pudiera suceder, temor, lágrimas que brotaron, lágrimas que se quedaron dentro, coraje que se quedó atado. El dolor más impactante fue ver a las mujeres cargando a sus niños en medio de la lluvia, cargando su historia, cargando sus amores, sus dolores, su ansiedad, su duelo, su luto, su coraje, mojándose, deslavándose; no sabías hasta dónde la lluvia mojaba tu cara, hasta dónde la

desesperación dañaba tu incapacidad, tu debilidad, tu fragilidad. Sentir al ejército que ocupaba a tus hermanos, tratar de ayudarlos para que se fueran, saber
que ellos se quedan y que a ellos sí los van a matar, a ellos sí. Es muy difícil
cantar en medio de la lluvia para tratar de sensibilizar a los soldados, para
tratar de darte valor y que los soldados sientan que eres fuerte a pesar de que
tienes miedo; es difícil mantener la sonrisa y no estallar en llanto, no caer en
tantos errores... no, no puedo hablar mucho.

Jorge Ángeles

El hoy y el mañana

* * *

El viaje fue una de las mejores formas de poder saber qué es lo que está
pasando en mi país, sin mentiras, sin engaños. Nunca imaginé lo que pudiéramos

presenciar, todo esto que me ha tocado vivir, ver, es una gran experiencia como humano; no es justo que, entre comillas, éste sea un país libre pero que de libertad no tengamos nada.

Tomás Ángeles

* * *

Me tocó constatar el estado de terror creado por grupos armados en Chiapas, su bestialidad que se puede ver, percibir a partir de observar cadáveres de gente inocente, masacrados, incluso niños con los cráneos destrozados. Solamente la sociedad, la presión nacional e internacional puede promover o exigir que se haga justicia imparcialmente, porque quienes cometen atrocidades y quienes no hacen justicia son los mismos.

José Luis García

* * *

Nos encontramos en situaciones muy difíciles, muy tensas. Me impresionó mucho una plática con una muchacha de un poblado de desplazados: empezó diciendo la situación difícil en la que se encontraba, que a veces sentía la muerte cerca y que se sentía muy triste por no estar en su comunidad; que el ser zapatista le implicaba la lucha y el sentir temor —dando su impresión como mujer—. Platicamos con ella que no están solos, que hay gente que los está apoyando y pensamos que se sintió un poco más animada.

Paola Arteaga Martínez

* * *

Fue como mucho miedo, mucha angustia, impotencia, coraje, tristeza, muchos sentimientos encontrados. Ver a las personas, ver a un niño que se llamaba Ausencio —lo conocí cuando tenía cuarenta grados de temperatura y todavía se estaba riendo y jugando—, verlos descalzos —riéndose a pesar de todo—, me conmovió muchísimo; como que fue la gota que derramó el vaso y de plano ya no pude más: lloré. No quería que nadie me calmara, era algo necesario: llorar de tanta impotencia, y me hice una pregunta, un porqué, el cual todavía no entiendo ni creo que entienda, de por qué sucede eso, y a ellos. Sentí una gran admiración de verlos, de verles su fortaleza de niños, niñas, mujeres, hombres, ancianos, ancianas; esa gran dignidad me enseñó muchísimo.

Karla Arteaga Martínez

Aprendiendo a vivir

* * *

Yo soy indígena tzeltal, soy originario de Chiapas, hablo tzeltal y un poco le entiendo al tzotzil. Fui preso el año de 1995 por la acusación de ser simpatizante del EZLN. Es la primera vez que veo cadáveres, cadáveres así en vivo, entonces me queda muy profundo en mi corazón, no sé, algo muy diferente de otras muertes que me ha tocado; por primera vez vi cadáveres y todo el masacre que sucedió en las zonas afectadas, y ese odio pues cada vez lo tengo más y nunca lo olvidaré. Yo creo que eso no se olvida; la muerte de los indígenas es algo que para nosotros los indígenas es histórico, pues, para nuestro país.

Juan Martínez González

* * *

Quedé sumamente conmovida al ver a los niños tristes, con miedo. Te da un coraje terrible ver que el gobierno dice que se miente, que no sucede nada; ver que llegan los militares a las comunidades y los hostigan, se portan cínicos. Pude ir a Oventic, ahí la comunidad tuvo que evacuar porque había sido amenazada de un ataque paramilitar; debieron salir a las once de la noche y tomar posición de montaña. Yo diría que ya es una guerra cruda abiertamente declarada por el gobierno, pero no reconocida.

Xochiquetzal Alvarado Sánchez

* * *

Se me hace difícil entender la masacre que se vivió. El hecho de que se haya matado mujeres y niños, pues ya es sobre alguien que tramó esto, alguien demente, loco, de poca sensibilidad humana, que no tiene principios de nada de lo que es la vida; y que digan que no pasa nada, pues que vayan y se queden dos días y verán si aguantan la presión del ejército, de los paramilitares, de la policía, de Paz y Justicia —que de eso no tiene nada—. Es doloroso que en nuestro país se dé eso; prácticamente Chiapas no es otra cosa que un cuartel militar.

Ofelia Esparza Anaya

* * *

Se siente uno impotente de ver cuánta gente necesita cosas como el comer y no cuenta con eso, porque ahí su comida es una tortilla con sal y es comida —los que comieron—, y se me hace desgarrador que viviendo en un país que lo produce no tengan para eso, para comer. A mí sí me dolió ver niñitos de pecho que no tenían ni qué ponerse y lloviendo, así en el agua, y llegar y saber que no cuentan con algo que ponerse ni dónde meterse, eso es lo más doloroso. Y aquí las noticias nos dicen que nada de eso pasa, que eso lo inventamos, que está nada más en la imaginación de unos alborotadores. Yo pido que nos unamos y que nos humanicemos.

Sra. Carmen Ortiz

* * *

Hoy otro día triste. No sé ya cuál ha sido el más triste de todos, pero ni modo —así nos dijo un día Domingo Paciencia, presidente del Consejo Autónomo de Chenalhó—. Todos terminamos por aceptar los muertos, vivir con los muertos, llorar y reír con ellos: así es la vida en este país soberano y democrático. Allá en los Altos chiapanecos estuvimos de luto: 45 muertos en un día, cientos en los últimos tres años, sólo porque miles de rostros hambrientos pidieron un poco, sólo un poco de lo que nos sobra allá afuera. Este pueblo está luchando solo contra el ejército nacional, "seguridad" pública, grupos paramilitares priístas, latifundistas, gobiernos —estatal, municipal y federal—, contra el hambre, contra la insalubridad y la muerte. Ésta es la desgracia.

Larisa Escobedo

* * *

Fue como una pesadilla inesperada y cruel. El indígena ante la muerte, es tan distinto a nosotros con nuestro miedo a desaparecer. Tenemos tantas cosas a las que estamos aferrados. Ellos no tienen nada más que la dignidad y la vida. Después de todo sólo pienso en los verdaderos responsables y en la magnitud de su maldad, y que es necesario que el pueblo les reclame y los obligue a responder por tanta sangre derramada.

Ana de Alba

* * *

268

Miradas de esperanza.

Platicando empiezan a salir las tragedias de la matanza. Te llevan a un niño que no quiere comer, un bebé, un recién nacido que se está dejando morir: a la mamá la hirieron y está gravemente herida en San Cristóbal, el bebé queda aquí, le pegan una mamá nodriza y no quiere comer, se estaba dejando morir; muchos días después más o menos comenzó a comer, es patético. Otro caso, un niño que tiene un rozón, una herida superficial en la cabeza, que salvó su vida porque quedó debajo de los cuerpos de su familia. Historias de las que dando consulta te vas enterando: familias separadas, muy trágico, gente que lleva muchísimo tiempo desplazada, salieron de una comunidad, se fueron a otra y ahí tuvieron que huir a otra más porque los fueron a balear ahí también; son historias muy duras.

Víctor Ríos

HABRÁ UN DÍA

Habrá un día en que todos
al levantar la vista
veremos una tierra
que ponga libertad.

Hermanas y hermanos
será tuya mi frente
y tu gesto de siempre
caerá sin levantar
huracanes de miedo
ante la libertad.

Haremos el camino
en un mismo trazado
uniendo nuestros hombros
para así levantar
a aquellos que cayeron
gritando libertad.

Sonarán las campanas
desde los campanarios
y los campos desiertos
volverán a granar
unas espigas altas
dispuestas para el pan.

Para un pan que en los siglos
nunca fue repartido entre todos
a aquellos que

hicieron lo posible
por empujar la historia
hacia la libertad.

También será posible
que esa hermosa mañana
ni tú ni yo ni el otro
la lleguemos a ver,
pero habrá que forzarla
para que pueda ser.

Que sea como el viento
que arranque los despojos
surgiendo la verdad,
y limpie los caminos
de siglos de destrozos
contra la libertad.

VOCES A UN AÑO DE DISTANCIA

Hay en nosotros un solo rostro y un solo pensamiento,
nuestras palabras caminan con verdad en vida y muerte.
Seguiremos caminando: no hay dolor en la muerte,
esperanza hay en la vida.

[Manta elaborada por la comunidad de Polhó
con motivo del primer aniversario de Acteal.]

La PGR no ha detenido a todos los paramilitares. Gobierno del estado y federal no tiene la voluntad de resolver la situación. La gente ha sufrido mucho por el agua; por la cantidad de desplazados está escasa la leña, muchas gentes viven apretadas.

Todas las víctimas se están enfermando por la tristeza, siempre lloran por sus familiares; la mayor parte no tienen ganas de comer porque están llorando todos los días. Los niños cuando ven los soldados ya quieren correr, cuando los soldados disparan en el campamento ya quieren huir; hasta los hombres cuando oyen el ruido de los triques quieren huir rápido.

Nosotros, Las Abejas, estamos esperando la justicia no la venganza, que se desarme a todos los paramilitares no al EZLN, que haya un cambio en los gobernantes para la nación. Nosotros siempre ayunamos para la paz en México, en todo el mundo, porque en la guerra sufre el pueblo; el cambio es mejor pacíficamente. Nosotros luchamos , exigimos la justicia para todos. Si no hay cambio las Abejas siguen ayunando.

Agustín Vázquez, Acteal,
representante de la Sociedad Civil Las Abejas.

273

Nosotros salimos en las montañas y salimos hasta aquí. Allí están los paramilitares por eso no podemos retornar, aquí estamos, no hay paso en la carretera, hay mucho peligro por los paramilitares.

No hay agua potable, estamos tomando de un pocito, no hay tierras donde cultivar, no saben qué hacer, no tienen tierra. Nosotros estamos esperando, tenemos conciencia. El gobierno es muy mañoso, hasta que cumpla su palabra vamos a retornar. Ahorita los paramilitares, los priístas están despojando, robando nuestro café, nuestras pertenencias. Nosotros estamos conscientes.

José,
Campamento de desplazados de Poconichim.

Nosotros tenemos mucho sufrimiento, pobres compañeros hombres, niños y mujeres que tienen miedo con las armas. Los paramilitares están acompañados, por eso la gente piensa que ojalá no entren a su casa; estamos rodeados, no podemos salir, está muy grave la situación.

La esperanza nosotros, aunque sufrimos por esta situación como hizo el gobierno, estamos aguantando hasta que se solucione todo lo que tiene en demanda el EZLN. Nosotros estamos dispuestos de esperar. Resistimos con esos sufrimientos. Mueren unos pero nacen otros.

Victoriano,
Campamento de desplazados núm. 6, Xolontoj, Polhó.

El gobierno dice que ya hay soluciones para retornar, pero sólo dice y no cumple su palabra. Todavía hay rumores porque los paramilitares siempre andan con sus armas. Aquí estamos esperando. Aquí estamos en el campamento.

El gobierno va a decir que hay justicia pero no es cierto, es injusticia, pero aquí nos vamos a esperar hasta que estén detenidos todos los paramilitares.

Los desplazados siempre resistían aquí aunque tenían sus tierras o sus pertenencias, pero ya no tienen sus pertenencias; tienen sus cafetales pero los perdieron, sus cosechas lo cortaron los paramilitares. Ahorita ya no tienen sus pertenencias ¿qué podemos hacer allí? Todavía están los paramilitares. Aquí estamos más seguros.

Siempre nosotros esperamos la justicia, paz y dignidad, la democracia a todos los desplazados; si no hay mejor justicia, aquí estamos. Si no hay justicia, no hay soluciones, no nos vamos a retirar.

Representante de X'oyep.

Aquí quedaron mis familias, mi mujer, mis hijos y mis hijas. No siento contento, no estoy olvidando: ¿por qué no estoy olvidando?, porque no tenemos culpa ninguna persona. Fueron balaceados, pero qué culpa tienen las mujeres, los niños, recién nacidos.

Hasta ahorita no estoy olvidando lo que pasó, casi siguen igual. Ahorita casi es igual el dolor; nunca se olvida. Cuando estamos en una familia sabemos cuántos somos; hay veces cuando me acuerdo del dolor voy a comer una vez al día o dos veces al día, cuando no había problema salgo una o dos veces al día, voy a comer tres veces al día.

No tengo miedo, estoy esperando; sé que no tengo culpa. No han ido a la cárcel todos los paramilitares, aquí están. No hay justicia. Queremos que se castigue a todos los que vinieron a participar.

Vicente Jiménez Santos,
Acteal.

Cuando la presencia de muchos hermanos me alegro. No encuentro comidas, tortillas para poder comer, no es igual como cuando está mi esposa; estoy cuidando a Jerónimo porque siempre llora por sus brazos, no me deja salir. Estoy sufriendo mucho, no tengo con quien preparar mi alimento. Me acuerdo por mi esposa, porque ya quedé sólito con Jerónimo [de cinco años, herido de bala en el brazo y que perdió los dedos de su mano].

Los médicos dicen que van a poner los dedos al niño, y cada vez que presento a Jerónimo dicen que todavía falta mucho, entonces yo me desanimo, no hay intención; lloro, me siento como la hora de la masacre porque tengo que ir a México.

Estoy sufriendo con mi hijo Jerónimo: a donde voy va Jerónimo, me da mucha lástima; cuando empieza a llorar Jerónimo yo lloro también, empiezo a recordar la masacre. Pues, estoy sufriendo con mi hijo Jerónimo.

Mariano Vázquez Ruiz,
Acteal.

Esperamos que un día regresemos a nuestros hogares, que un día salgan los paramilitares. Estamos aguantando, estamos trabajando colectivo, sigan viendo cómo van las cosas, no nos dejen solos.

Campamento de desplazados núm. 2,
Cocal, Polhó.

No nos resulta difícil recordar a nuestros mártires. Cada mes, durante doce meses hemos celebrado su memoria [...] Los tenemos enterrados en medio de nosotros. Es un cementerio comunitario. Ahí están a la vista, siempre hablándonos, siempre animándonos, siempre resitiéndonos.

No ha desaparecido el gran dolor que nos dejó esta masacre. Es un peso enorme el que hay que cargar [...] Los mártires de Acteal nos han abierto los ojos todavía más [...] no sabíamos que podíamos llegar a estos extremos; los mártires nos lo han dicho ya. Pagaron con su vida para comunicarnos esta verdad tan dura. Nos dejan esta herencia.

A un año de la masacre nuestras situación no se compone, se agrava: 10 500 desplazados en el municipio sin condiciones para retornar a nuestras tierras; paramilitares sueltos y armados; tenemos más ejército que nunca (un soldado en Chenalhó, por cada 12 habitantes, sin contar las fuerzas de Seguridad Pública), pero tenemos menos maestros que nunca [...] recibieron, sí, los niños familiares de las víctimas, 35 mil pesos por cada uno de los muertos y lo recibieron porque pensamos así: nuestros muertos no tienen valor monetario. Nos pueden dar mucho o poco, lo que sea, pero no tienen valor económico. Si nos dan 35 mil pesos está bien, lo recibimos porque con esto el gobierno reconoce que tuvo una responsabilidad criminal en la masacre.

Y creemos que nuestros mártires han hablado a través de muchos labios, de muchos corazones sensibles que se han atrevido a venir a visitarnos [...] Hubo uno de Portugal [José Saramago, premio Nobel de literatura 1998], que dijo que si su voz no servía, nos la regalaba. Y así lo ha hecho [...] Y con ellos muchos otros nos han regalado su voz, su tiempo, su solidaridad. Han hecho de este pequeño paraje un centro grande de indignación, de denuncia valiente, de esperanza compartida. Hablar de Acteal es hablar de Chiapas, de pueblos indígenas, de los muchos acteales que hay en México y en el mundo [...] estos mártires nuestros han pasado a formar parte de las raíces fuertes del pueblo maya, de los pueblos indígenas.

Mensaje de la Organización de la Sociedad Civil "Las Abejas" y del Equipo Pastoral de la Parroquia de San Pedro Chenalhó, Chiapas, en el primer aniversario de la masacre de Acteal.

Cementerio comunitario/Monumento a la Paz.

El pasado 13 de diciembre ocurrió una emboscada cerca de la comunidad de los Plátanos, en el municipio de El Bosque, cuyo resultado fue la muerte de un menor de edad y varios heridos [...] en la comunidad de Unión Progreso, hay rumores de que entrarán la Policía de Seguridad Pública, y el Ejército Nacional Mexicano a masacrar a toda la comunidad [...] mismos rumores corren en las comunidades de Chavajeval y Álvaro Obregón. Esta última comunidad ha reportado que la Policía de Seguridad Pública ya ha entrado a la comunidad. El día de hoy recibimos la información sobre familias huyendo de la comunidad de Unión Progreso ante un inminente ataque.

Por otro lado, la Sociedad Civil las Abejas denuncia a su vez los acontecimientos recientemente ocurridos en las comunidades de origen de los desplazados de Chenalhó, Chiapas, que hacen recordar los meses previos a la masacre del año pasado. Declaraciones, reuniones, avisos, acciones y rumores que se han realizado.

[...] Los soldados vigilan las parcelas de los desplazados, mientras que en las parcelas de los paramilitares no se percibe la misma vigilancia [...] Según otra información recibida, los paramilitares de Majomut, La Nueva Esperanza y Los Chorros se han puesto ya de acuerdo para atacar de nuevo a miembros de la sociedad civil Las Abejas [...]

Fragmento del Comunicado del Centro de Derechos Humanos
Fray Bartolomé de Las Casas, 16 de diciembre de 1998.

El gobierno pretende engañar y destruir totalmente a nuestro municipio, porque a pesar de que el gobierno ha desmantelado nuestro municipio, encarcelado y asesinado a varios de nuestros compañeros, nosotros seguimos y seguiremos en resistencia y en rebeldía contra los planes de muerte del mal gobierno.

[...] Queremos decirle al gobierno que ya conocemos demasiado su estrategia, sus mañas y su guerra sucia, ya no nos vamos a dejar engañar, ya no nos vamos a dejar llevar por sus mentiras y promesas, Y NO VAMOS A RECIBIR LAS MIGAJAS DEL GOBIERNO PORQUE ESTÁN MANCHADAS CON LA SANGRE DE NUESTROS COMPAÑEROS ASESINADOS POR EL MISMO GOBIERNO de Roberto Albores, NO VAMOS A VENDER NUESTRA DIGNIDAD por unas cuantas migajas, por la liberación de unos cuantos presos, sino que exigimos la liberación inmediata de todos los zapatistas presos y de todos los presos políticos privados de su libertad injustamente, no vamos a negociar así nomás la sangre de nuestros compañeros caídos.

Fragmento del comunicado del Municipio Autónomo de San Juan de
la Libertad (antes El Bosque), emitido el 13 de diciembre de 1997.
[Lugar de otra masacre amparada bajo el estado de derecho.]

Paz, paz, paz,
paz con justicia y dignidad,
para los pueblos indios de México
justicia y paz.

[Canto entonado durante la homilía del
22 de diciembre de 1998 en Acteal.]

Luis Hernández Navarro: "Acteal: el compendio del horror".

1) Número de personas asesinadas en Acteal, Chiapas, el 22 de diciembre de 1997: 45.

2) Composición de las víctimas: 21 mujeres, 15 niños y nueve hombres.

3) Cantidad de mujeres con un embarazo de entre 10 semanas y cinco meses que murieron en el ataque: cuatro.

4) Confesión de uno de los criminales, el padre de Juan Javier Ruiz, a su esposa: "Yo le eché cuchillo y machete a las embarazadas".

5) Responsable directo de la masacre: grupo paramilitar formado por militantes del PRI.

6) Filiación política de las víctimas: refugiados de la Sociedad Civil Las Abejas de Chenalhó, grupo pacifista que desde el inicio del conflicto en 1994 buscó una salida pacífica y negociada.

7) Responsables de la organización y entrenamiento de los paramilitares: elementos del Ejército Mexicano.

8) Militares y ex militares implicados hasta el momento en la matanza: general de brigada retirado Julio César Santiago Díaz; Mariano Arias Pérez, soldado raso del 38 Batallón de Infantería; Pablo Hernández Pérez, ex militar que encabezó la masacre; sargento Mariano Pérez Ruiz.

9) Responsables de la protección y entrega de uniformes de los paramilitares: integrantes de la Policía de Seguridad Pública.

10) Responsable de la distribución de armas a los paramilitares: Jacinto Arias Cruz, presidente municipal de Chenalhó y dirigente del PRI.

11) Armas recogidas por la PGR utilizadas en la masacre: un rifle AK-47 y tres calibre .22.

12) Número de víctimas que, según la prueba de rodizonato de sodio, realizaron disparos con armas de fuego: cero.

13) Hora aproximada del inicio de la agresión: 10:30 horas.

14) Actividad que realizaban las víctimas cuando comenzó el ataque: orar por la paz en la ermita del lugar.

15) Distancia a la que se encontraba la policía de Seguridad Pública del baño de sangre mientras éste ocurría: 200 metros.

16) Parte a sus superiores del general retirado Julio César Santiago, que estaba a escasos metros de los hechos: "Sin novedad".

17) Respuesta del capitán Ricardo García Rivas cuando tres vecinos de Acteal lo alertaron, a las 11:30 de la mañana, del inicio de la balacera: ordenar la detención de los informantes.

18) Hora del día en la que Gonzalo Ituarte, integrante de la Conai, se comunicó con Homero Tovilla, secretario de Gobierno del estado, para informarle de lo que sucedía en Acteal: 11:00.

19) Hora en la que el Cisen alertó a Homero Tovilla , según la CNDH, del inicio de la carnicería: antes de las 11:00.

20) Declaración del subsecretario Uriel Jarquín sobre la degollina: "A las 11:30 tomé nota y le notifiqué que no teníamos ningún reporte en ese momento".

21) Informe de Homero Tovilla a la diócesis de San Cristóbal a las 18 horas: "La situación está bajo control y sólo se escucharon unos tiros..."

22) Hora de entrada de la policía a la comunidad: 17:00, esto es, seis y media horas después del inicio del ataque.

23) Orden girada por Jorge Enrique Hernández, secretario ejecutivo del Consejo Estatal de Seguridad Pública: apresurarse a levantar los cadáveres para que no fueran a llegar los periodistas.

24) Momento en el que el gobernador Julio César Ruiz Ferro comenzó a ser informado del operativo: 12:00.

25) Número de funcionarios que, según la CNDH, tienen responsabilidad penal o administrativa por la masacre: 17.

26) Cifra de esos funcionarios que, hasta el momento, han sido consignados ante la justicia: cuatro.

27) Número de detenidos por los asesinatos: 97.

28) Contratante del grupo de seis abogados defensores de los incriminados en la matanza: gobierno de Chiapas.

29) Indemnización otorgada por cada uno de los asesinados: 35 mil pesos.

30) Monto proporcionado por el gobierno de Guerrero por cada uno de los muertos de la masacre de Aguas Blancas: 45 mil pesos.

31) Versión de la PGR sobre el móvil de la matanza: conflictos interfamiliares o intercomunitarios y disputa por un banco de arena en Majomut.

32) Relaciones de parentesco entre los paramilitares y sus víctimas: ninguna.

33) Participación de los asesinados en la disputa por el banco de arena de Majomut: ninguna.

34) Fecha en que la Secretaría de la Defensa Nacional trasladó a Veracruz al 38 Batallón de Infantería destacado en Rancho Nuevo y al que pertenecían algunos de los militares implicados en la masacre: enero de 1998.

35) Número de operativos militares con acciones violatorias a los derechos humanos realizadas durante los 100 días posteriores a Acteal: 88.

[*La Jornada*, martes 15 de diciembre de 1998, p. 8.]

Acteal de los Mártires

Nosotros los insurgentes
ayer, hoy y siempre venimos
a gritar la palabra de nuestro
padre Vicente Guerrero:
vivir por la patria
o morir por la libertad.
Hoy venimos a decir,
otra vez, que la paz
que queremos es la paz
con justicia y dignidad.
Que no aceptaremos viviendo
y muriendo sin libertad.
democracia y justicia,
porque todos los pueblos de México
necesitamos la liberación.
No nos rendimos
mientras no haya paz.

"Pepe", abril de 1998.

Don Mariano: pasado de opresión, presente de lucha y esperanza en el futuro.

DONDE NO HAY FINAL

En memoria de don Mariano (q.p.d. nov. 98)

Don Mariano vive en la montaña, a diario la recorre y en su caminar trae consigo sus 105 años de vida. Don Mariano es tzotzil, sus labios cuentan que sus padres fueron esclavos; no recuerda al gobernante que les dio libertad, pero sí cómo los antes esclavos formaron parajes y comunidades cuando había puro monte. Nunca aprendió a leer ni a escribir, mas sabe medir el tiempo a su manera: sigue el paso del sol. Pasaron los años, envejeció y la vida le guardó de la muerte el 22 de diciembre de 1997: salvó su vida escondiéndose en medio de un tronco de árbol, sintió cómo los paramilitares brincaron sobre su refugio al perseguir a su gente para matarla; en la espera por salvar su vida, unas hormigas picaron su cuerpo y le causaron dolor, pero más dolor le produjo saber que uno de los paramilitares, implicado en el crimen, está preso y es uno de sus muchos hijos: "vino en contra de mí" —dice él.

Don Mariano piensa mucho, tiene demasiadas dudas sobre si se va a resolver el problema; pide que haya solución, justicia. Él es uno más de tantos desplazados, guarda entre sus recuerdos lo que antes podía comer en su casa —res, pollo—, pero lejos quedaron sus animales, sus pertenencias, su hogar; ahora come poquito, quisiera comer muchas cosas y no se puede, "¿dónde lo voy a encontrar si no hay nada?" Se sabe anciano, aunque no quiere morirse todavía; sin embargo, ni su vida ni sus deseos de comer y vivir bien le importan a los que tienen todo porque:

PARA LOS DE ARRIBA

Hablar de comida es bajo.
Y se comprende porque
ya han comido.

Los de abajo tienen que irse del mundo
sin saber lo que es
comer buena carne.

(Bertolt Brecht)

* * *

Otros relatos del 22 de diciembre:

Micaela tiene once años [...] primero le dieron a su madre y luego a los dos chiquitos. Ella quedó bajo sus cuerpos, por eso se salvó, ni hizo ruido, sentía el peso del cuerpo caliente de su madre, no sabía que estaba muerta. Tenía mucho miedo [...] Cuando se fueron los hombres Micaela se fue a esconder a la orilla del arroyo. Ahí vio cómo regresaban con sus machetes en la mano, eran los mismos y también eran otros, hacían bulla, se reían. "Hay que acabar con la semilla", decían. Desvistieron a las mujeres muertas y les cortaron los pechos, a una le metieron un palo entre las piernas y a las embarazadas les abrieron el vientre y sacaron a sus hijitos y juguetearon con ellos, los aventaban de machete a machete. Después se fueron.

Hay quienes no han podido combatir la tristeza. Marcela y Juana han perdido la razón, ya no hablan, parece que no escuchan, sólo lloran a ratos y reaccionan con miedo emitiendo monosílabos ante el ruido de los helicópteros que sobrevuelan la comunidad desde el 23 de enero.

Juana perdió la razón desde antes, desde las primeras incursiones de los priístas a Tzajalucum, desde que de tanto miedo el niño se le salió antes de tiempo y le tocó parir en el monte [...] Parece que algo se le quedó en el vientre y se empezó a pudrir por dentro [...] pero no hubo medicinas ni se pudo buscar un doctor. Entre las amenazas de un ataque, la tos constante de su hijo recién nacido y las noches de frío bajo los techos de palma ni ella ni su esposo volvieron a mencionar el raro olor que salía de su cuerpo. Su madre, su esposo y sus hermanos se han acostumbrado a su silencio, a su mirada perdida. En medio de su trastorno atiende a su hijo, lo cambia, lo amamanta. Su responsabilidad es más fuerte que cualquier locura.[20]

---

[20] Ana María Garza R., Aída Hernández, Marta Figueroa y Mercedes Olivera, "En Acteal Micaela oyó que gritaban: 'Hay que acabar con la semilla', *Perfil de La Jornada*, 22 de enero de 1998, pp. I y II.

* * *

La Tierra avanza incesante por el espacio, con su avance ininterrumpido nos brinda espléndidos amaneceres y bellos atardeceres. En el lado opuesto, las fiscalías especiales e investigaciones de la Procuraduría General de la República en los casos Colosio, Aguas Blancas, Acteal y otros, no avanzan nada, al contrario, retroceden; en vez de aclarar y mostrar verdades, ensombrecen y pierden sus averiguaciones por senderos un tanto inverosímiles, oscuros. Por lo acontecido el 22 de diciembre ha sido ejercida acción penal a más de cien personas, autores materiales en su mayoría, pero, ¿y los actores intelectuales? En general, como dijeran desde hace décadas, tal parece que "el procurador procura no procurar justicia" y el juicio político se vuelve un inquietante sueño utópico plasmado en hojas de papel con título de Ley, pero sin ninguna posibilidad de aplicación práctica aun cuando haya sobradas razones para hacerlo realidad. Un año después, los resultados de la investigación de Acteal, el libro Blanco, están como indica el color del título que se les dio... Y Chiapas vive, con el gobernador sustituto del sustituto Albores Guillen, uno de los peores momentos de impunidad e ilegalidad como nunca antes visto (violaciones a los derechos humanos, expulsión de extranjeros, léase persecuciones, violaciones a la constitución, ataques a comunidades indígenas bajo la supuesta defensa del "estado de derecho", paramilitarización creciente y más).

En tanto, el emperador y sus emperadorcitos (los hombres del poder y del dinero) se empeñan en empeñar todo cuanto está a su alcance, llámese patrimonio nacional, educación o lo que sea; todo aquello que produzca alguna utilidad es digno de su aprecio, lo que no es objeto rentable o se opone a sus intereses debe desaparecer, ser eliminado y ahí, precisamente en primer lugar, está el indígena. Así han mantenido, hasta nuestros días, actitudes despectivas hacia todo lo relacionado con los pueblos indígenas; han fomentado una actitud de racismo, que tiene un fundamento histórico, ratificado por una historia oficial que minimiza la participación de los pueblos indígenas en la historia de nuestro país. Para eliminarlos demográficamente implementan supuestas campañas de "planificación familiar" y "salud reproductiva", donde difunden el uso de anticonceptivos o intervienen a las mujeres —sin su consentimiento— con objeto de esterilizarlas: bajan la natalidad y no combaten la mortalidad, que es igual a desaparecer un pueblo.

Su lógica mercantilista no puede entender este tipo de pensamiento: "lo que vale es el amor, el dinero no vale" (Agustín V., habitante de Acteal), porque no habla el lenguaje de vender-comprar. A la vez, muchos han dejado de tener acceso a su lenguaje de dinero y van uniéndose a las condiciones que por años

287

han padecido los indígenas, puesto que una vida no importa si es en aras de obtener más, y así llenan las poblaciones —campo y ciudad— de pobreza, desempleo, falta de servicios. Por eso cuando:

LOS DE ARRIBA DICEN:

éste es el camino de la gloria.
Los de abajo dicen:
éste es el camino de la tumba.

* * *

De la actuación oficial en Acteal [Fragmento de un comunicado de la PGR]:

El agente del Ministerio Público de la Procuraduría del Estado que se constituyó en Acteal la madrugada del 23 de diciembre, no preservó el lugar de los hechos, no dio intervención a peritos en criminalística de campo, no se fijaron fotográficamente con la pericia requerida los cuerpos de los occisos, no practicó legalmente las diligencias de levantamiento de cadáveres ni dio fe del lugar donde fueron encontrados los elementos balísticos (casquillos); estas circunstancias inicialmente dificultan el esclarecimiento de un conjunto de elementos criminalísticos como son: las posiciones víctima-victimario(s); el lugar exacto en el que se encontraban las víctimas al sobrevenir la muerte; si los cuerpos fueron movidos del lugar, si había preparativos para alguna acción posterior en el terreno; el posible número de agresores y, desde luego, sus identidades.

Sin embargo, a partir de las fotografías tomadas sin ninguna pericia, de las necropsias y de pruebas químicas practicadas a los 45 occisos por personal del Gobierno del Estado, la Dirección General de Coordinación de Servicios Periciales de la PGR ha rendido un informe [...][21]

* * *

En estos momentos, en algún lugar alguien lleva a su boca una taza de café chiapaneco, sorbe su contenido y su paladar se deleita con el sabor. Supongamos

---

[21] PGR, "Informe preliminar sobre la investigación de los hechos delictuosos en el municipio de Chenalhó, estado de Chiapas", boletín núm. 023/98.

que ese café es producto de la cosecha de 1997, de los Altos, de las tierras de gente hoy desplazada: ¿sabrá nuestro bebedor toda la sangre, violencia y despojo que se haya inmersa detrás de su taza de café? Lo más seguro es que no, pero lo cierto es que gran parte de la producción cafetalera fue robada y su cosecha ha implicado muchas muertes. Los encargados de efectuar esos despojos son grupos paramilitares coludidos con cuerpos de seguridad como la policía o, incluso, el ejército.

Los paramilitares son indígenas desposeídos, principalmente jóvenes, que obtienen, en primer lugar, dinero de quien los controla, en seguida poder y un estatus social por la simple y sencilla razón de poseer un arma, además de tener la posibilidad de llevarse un rico botín de guerra en café, maíz, animales, utensilios y otros, sin ningún esfuerzo; usan armas de alto poder, reciben instrucción militar, portan uniformes, se desplazan en diversas unidades de transporte y reciben un trato especial. Son los encargados de realizar el trabajo sucio: desestabilizar comunidades a través de sus propios habitantes, forzarlos a pagar impuestos de guerra, detener poblaciones enteras y convertirlas prácticamente en campos de concentración, obligar a la población a realizar trabajos forzados, castigar ejemplarmente a quienes desobedecen, asesinar a los opositores aunque sean sus propios familiares —sin importar edad ni sexo—; en pocas palabras, son humanos vueltos máquinas de guerra.

Ante todo esto, no podemos dejar de preguntar: ¿pueden grupos aislados tener acceso a tantos recursos?, ¿no hace falta investigar el origen de esos recursos económicos en las esferas estatales y federales?, ¿por qué si diversos organismos e instancias denuncian su presencia no se hace nada por desmantelarlos? Por si fuera poco, ahí donde ejecutan sus acciones dan pie a la intervención del ejército, que con su presión social, perdón, "labor social", coadyuva a la intimidación de las poblaciones: entonces, ¿el ejército no puede o no quiere detenerlos?, ¿importan más los intereses económicos de unos cuantos que miles de vidas de indefensos y desposeídos?

Además, la presencia del ejército altera la dinámica de las comunidades, introduce el alcoholismo y otros vicios, junto con la prostitución. Sin duda, el ejército está para defender al pueblo no para atacarlo, hostigarlo o robarle lo poco que tiene. Quienes controlan las fuerzas armadas, ayer y hoy, sólo han logrado su descrédito popular, así como ha sucedido con todas las instituciones de este país. Qué hará el ejército en Chiapas que provoca deserción en sus propias tropas, qué órdenes tienen que cumplir los soldados de sus generales, cuántos militares más tienen que morir lejos de su tierra; pero a los altos mandos militares se les olvida algo:

GENERAL, TU TANQUE
ES MÁS FUERTE QUE UN COCHE

Arrasa un bosque y aplasta a cien hombres.
Pero tiene un defecto:
necesita un conductor...

General, el hombre es muy útil.
Puede volar y puede matar.
Pero tiene un defecto:
puede pensar.

* * *

La autonomía es la expresión concreta del ejercicio del derecho a la libre determinación, expresada como un marco que se conforma como parte del Estado Nacional. Los pueblos indígenas podrán, en consecuencia, decidir su forma de gobierno interna y sus maneras de organizarse política, social, económica y culturalmente. Dentro del nuevo marco constitucional de autonomía se respetará el ejercicio de la libre determinación de los pueblos indígenas en cada uno de los ámbitos y niveles en que la hagan valer, pudiendo abarcar uno o más pueblos indígenas, conforme a las circunstancias particulares y específicas de cada entidad federativa. El ejercicio de la autonomía de los pueblos indígenas contribuirá a la unidad y democratización de la vida nacional y fortalecerá la soberanía del país.

Resulta pertinente reconocer, como demanda fundamental de los pueblos indígenas, su derecho a la autonomía en tanto colectividades con cultura diferente y con aptitud para decidir sus asuntos fundamentales en el marco del Estado Nacional. Este reconocimiento tiene su base en el Convenio 169 de la OIT, ratificado por el Senado de la República. En este sentido, el reconocimiento de la autonomía se basa en el concepto de pueblo indígena fundado en criterios históricos y de identidad nacional. (Acuerdos de San Andrés firmados entre el gobierno federal y el EZLN, 16 de febrero de 1996.)[22]

---

[22] Documento 2: "Propuestas conjuntas que el gobierno federal y el EZLN se comprometen a enviar a las instancias de debate y decisión nacional, correspondientes al punto 1.4 de las reglas de procedimiento", Acuerdos de San Andrés.

* * *

La claridad y limpieza del cielo son impactantes, ¿tendrá la expulsión de extranjeros la misma claridad? Sin duda no. Los extranjeros que observan y dan la mano a los habitantes más pobres de este país son perseguidos y la expulsión, en aras del discurso nacionalista, es vuelta solución no obstante sean pasados por alto los derechos humanos y los acuerdos suscritos internacionalmente en dicho ámbito. Esta actitud del hoy hace falta poco para aplicarla al ayer e ingresar al absurdo histórico. Ejemplo: el panteón nacional de héroes deberá sufrir una expulsión-depuración de sus miembros, bajo el cargo de haber sido extranjeros que intervinieron en el destino del país; por tanto, el guerrillero español Francisco Javier Mina, implicado en la liberación independentista de México, y los integrantes del multiinternacional Batallón de San Patricio, que se opuso a la intervención norteamericana, serán dados de baja de la lista de héroes nacionales.

En cambio quienes sí atentan contra la soberanía nacional son los que siguen las políticas monetarias del FMI, del BM; quienes aceptan la injerencia de la DEA y la CIA; quienes por años han considerado al indígena un estorbo, un obstáculo para la "modernización" del país; quienes durante siglos al grito de "que vivan los indios muertos y mueran los indios vivos" glorificaron al indio histórico y enterraron al indígena del presente; quienes han tenido y tienen el poder, los mismos que nada hacen por aliviar las condiciones de miseria de la población, los mismos que permiten que se maten y violen los derechos de miles de mexicanos indocumentados del otro lado del Río Bravo; todos ellos son los que, en aras de atraer la inversión extranjera e integrar al país al mercado mundial, han puesto en venta o hipotecado todo México; son los hombres con el destino en sus manos, poseedores de un lenguaje propio, ambivalente, pues:

CUANDO LOS DE ARRIBA HABLAN DE PAZ

el pueblo llano sabe
que habrá guerra.

Cuando los de arriba maldicen la guerra,
ya están escritas las hojas de movilización.

* * *

291

ACTEAL DE LOS MÁRTIRES

Luchar contra la desigualdad no necesariamente significa pelear contra las diferencias; al contrario, la lucha contra la desigualdad implica al mismo tiempo luchar en favor de la diferencia. Una cosa es ser diferente y otra cosa es ser desigual: debemos respetar la diferencia y acabar con la desigualdad (Guillermo Bonfil Batalla).[23]

* * *

El susurro del mar domina el silencio de la playa cuando llega la noche y, con ella, la ausencia de sonidos. El susurro del pueblo pronuncia una palabra: PAZ, pero a pesar de ser muy fuerte no logra dominar las voces de los hombres del poder que se oponen a ella, como la de Luis Enrique Grajeda Alvarado, director del Centro Patronal de Nuevo León (CPNL), que declaró en enero de 1998: "Si se van a morir miles de gentes que se mueran, porque se está afectando muy seriamente nuestro prestigio internacional y se está yendo un mundo de inversión extranjera";[24] otros aseguran la existencia de soluciones a los problemas cuando en realidad se vuelven más difíciles y conflictivos, ejemplo: Julio César Ruiz Ferro, ex gobernador de Chiapas, el 27 de noviembre durante su Tercer Informe de Gobierno afirmó: "Afortunadamente, muchas de las razones que pudieron justificar los lamentables acontecimientos de 1994, ya no están presentes", aunque el 22 de diciembre su inacción quedó en evidencia ya que muchas voces advirtieron lo que podía pasar y ni él ni nadie hizo nada por evitarlo. Así la Paz fue herida profundamente en Chia-paz.

Los que están muy alto pretenden olvidar que la paz en México requiere, además del reconocimiento de la autonomía de los pueblos indígenas, el combate a la miseria, a la insalubridad, al analfabetismo así como de otros "productos-lindezas de la modernidad". Emiten declaraciones donde privilegian el diálogo, la solución sin violencia al conflicto chiapaneco; se pronuncian contra el derramamiento de sangre, contra las provocaciones, y a la vez promueven la división de las comunidades, llenan de militares un estado, desmantelan los municipios autónomos aunque esto signifique desmantelar la democracia y la pluralidad en México; así tenemos que:

---

[23] Guillermo Bonfil Batalla, "Diferentes pero iguales", *México Indígena*, enero-febrero de 1991, núms. 16-17, p. 61.
[24] David Carrizales y Rosa Elvira Vargas, "Desarme total aunque mueran miles en Chiapas: IP de NL", *La Jornada*, 20 de enero de 1998, p. 5.

LOS DE ARRIBA DICEN: LA PAZ Y LA GUERRA

son de naturaleza distinta.
Pero su paz y su guerra
son como viento y tormenta.
La guerra nace de su paz
como el hijo de la madre.
Tiene
sus mismos rasgos terribles.

Su guerra mata
lo que sobrevive
a su paz.

* * *

La Convención para la Prevención y la Sanción del Delito de Genocidio (1948) ratificada por los Estados Unidos Mexicanos el 22 de julio de 1952, en su artículo II establece el concepto de genocidio:

[...] se entiende por genocidio cualquiera de los actos mencionados a continuación, perpetrados con la intención de destruir, total o parcialmente, a un grupo nacional, étnico, racial o religioso, como tal: a) matanza de miembros del grupo; b) lesión grave a la integridad física o mental de los miembros del grupo; c) sometimiento intencional del grupo a condiciones de existencias que hayan de acarrear su destrucción física, total o parcial; d) medidas destinadas a impedir los nacimientos en el seno del grupo; e) traslado por fuerza de niños del grupo a otro grupo.

Consideramos que el Estado mexicano a través de su gobierno de manera sistemática violó su obligación internacional de garantizar y observar la vigencia del patrimonio humanitario de los pueblos indios de Chiapas: sus derechos. (Centro de Derechos Humanos Fray Bartolomé de las Casas)[25]

* * *

---

[25] CDHFBC, *Informe especial de Chenalhó: camino a la masacre*, del inciso 7.2 Responsabilidad Internacional del Gobierno de México, pp. 60-62.

El edificio de la democracia se ha venido abajo nuevamente en nuestro país, sus cimientos no eran lo suficientemente fuertes ni estaban completos los pilares sobre los que se alzaba. Sobre la sangre de muchos se edifican los nuevos cimientos del edificio democrático; la última cuota de sangre ha sido la indígena, con ella fue erigida una nueva base y un pilar ausente o, mejor dicho, negado hasta hoy: el de la diversidad. La sangre derramada el 22 de diciembre habla por esa diversidad, por la inclusión de los pueblos indígenas como tales en el proyecto de nación de un país donde siempre han sido relegados, de "esa patria que nunca ha podido serlo verdaderamente, porque quiso existir sin nosotros".[26]

Esa sangre de tantos hombres (9) y mujeres (21), niños y niñas (15), criaturitas de vientre "no nacidos" (4), viene a constituir un nuevo paso en el camino del reconocimiento del otro; su muerte sirve para que los "más primeros" en estas tierras dejen de ser los "más últimos", como sucede hasta hoy. Con sus vidas arrebatadas nos dicen que no les sigamos quitando todo. Nos recuerdan que negarlos es, a su vez, negarnos a nosotros mismos. Desde el fondo de su tumba comunitaria-colectiva pronuncian, junto con miles y millones de voces étnicas, estas palabras de Ricardo Flores Magón: "Vamos hacia la vida [...] vamos hacia adelante. El abismo no nos detiene: el agua es más bella despeñándose".

A través de la vía armada, como el EZLN, o pacífica, como Las Abejas, los pueblos indígenas de Chiapas, y del país, luchan por salir de las condiciones de pobreza y sometimiento en que han vivido durante más de quinientos años; su resistencia a ser por siempre negados no es sólo de ahora, ya desde el siglo XVI "tenían por uso y costumbre de rebelarse".[27] El ayer y el hoy se repiten para ellos, la situación de los desplazados no es nueva, durante la conquista pueblos enteros tuvieron que abandonar sus hogares; sin embargo, no es posible que se siga apostando a su aniquilación por hambre, enfermedades o por medio de la violencia —situación que padecen miles y miles—. ¿En qué lógica puede justificarse la muerte evitable de bebés, de ancianos? Es 1999 y la situación de los desplazados se agrava a diario, la falta de alimento y las enfermedades son pan de cada día, ¿cuánto tiempo más habrán de padecer y sobrevivir en esas condiciones sin que se haga nada y sólo sean dichas palabras vacías de solución que no llevan a ninguna salida y sí a la guerra, al exterminio?

---

[26] Rosa Rojas y Matilde Pérez, "Diálogo nacional pide el Congreso Indígena", *La Jornada*, 12 de octubre de 1996, p. 5.

[27] Jan de Vos (1985), *La Batalla del Sumidero*, México, Katún, p. 122.

Desgraciadamente, en todo el mundo la muerte y la miseria se erigen como verdadero indicador de la globalización económica, de la "modernidad"; en Argelia, la misma semana del 22 de diciembre, fueron asesinadas arriba de un centenar de personas, y las masacres han seguido suscitándose, y es la sangre de los niños la de más alto valor, la de más vergüenza para la humanidad. Mientras la Caravana permaneció en Los Altos de Chiapas pudimos ser testigos de cosas aterradoras, pero lo que más miedo nos causó fue el saber que estábamos ante una ventana del futuro, donde la inhumanidad y la falta de valores gobiernan el mundo. Ya también Kosovo nos habló de esa palabra de guerra y muerte que acecha al mundo.

Es 1999, fin de milenio, pronto iniciará uno nuevo y hay dos caminos: el de la guerra, la destrucción y la muerte, que oferta un futuro oscuro con la posibilidad de acabar con la humanidad y el planeta, o el de la paz, de la vida, de la esperanza, de la preservación del ser humano y de la tierra, este sí un camino con futuro. Y hombres y mujeres tenemos la decisión del camino que hemos de escoger.

En nuestro país, como en muchos otros, aún tenemos tiempo de pagar nuestra deuda con el mundo indígena y de caminar como humanidad hacia un mundo mejor. Si históricamente hemos sido productores-reproductores de una discriminación hacia todo lo que tenga que ver con el indígena —su persona, comida, costumbres, forma de pensar, de ser—, es tiempo de cambiar, de adoptar una postura nueva de acercamiento-entendimiento a los pueblos indígenas, para que no tengan necesidad de tomar las armas, ni de decirnos "**Venimos por la patria que nos olvidó**". Es hora de escuchar su milenaria voz, y aquí está una de tantas para empezar y finalizar este trabajo, la de Mercedes:

22 de Enero 1998

Estimado presidente Ernesto Zedillo:

Mi nombre es Mercedes, y tengo 16 años y soy de Oventik, Chiapas, México. Vivo con mi papá y mamá y 6 hermanos. Soy la más grande de mis hermanos.

Me levanto como a las 6 de la mañana para hacer las tortillas para toda mi familia. Después lavo ropa, barro la casa y preparo la comida por la tarde. Tengo una vida muy feliz, Me amo mi familia, y me amo mi pueblo.

Pero, ahora me siento triste. Tengo miedo de lo ejército porque mataron la gente y violaron mujeres, no quiero ir a un retén. ¡Yo quiero que se vaya el ejército! Además, yo quiero comida, tierra, vivienda, salud, educación, paz, justicia para los pueblos indígenas a México y a todo el mundo.

Por favor, presidente Zedillo retire sus soldados, cumpla los acuerdos de San Andrés, y escuche la voz de los indígenas.

Gracias por su tiempo
Mercedes

Ayer fue Tlatelolco, Aguas Blancas, ahora Acteal, ¿qué sigue, quiénes serán los nuevos mártires de la democracia?

NO AL CAMINO DE LA MUERTE, SÍ AL DE LA VIDA Y LA PAZ

"Acteal no se olvida, su gente sigue viva"

(Consigna coreada durante una marcha en Chiapas.)

EPITAFIO

Sufriendo perdimos la vida, nos humillaron, nos desnudaron. No hubo distinción para nadie, lo mismo se atacó a hombres que a mujeres, a niños y ancianos. Corrimos, nos escondimos, pero de nada sirvió: dispararon sobre nosotros, con machetes nos asesinaron y nuestra sangre regó la tierra, los árboles, la vegetación, lo mismo que corrió y tiñó de rojo los hilos de agua del arroyo.

Desgarraron lo que debían ser nuestros cuerpos. Sí, no importó que fuéramos criaturas por nacer, ni que aún dormíamos en el interior de nuestras madres: abrieron sus vientres y nos despedazaron. Todo escuchamos, todo sentimos. No conocimos el mundo, pero sí su maldad, sí su violencia.

Dolor y lágrimas dejó nuestra partida no sólo en nuestros hogares, también en el país y en el mundo. Sin embargo, morimos para nacer: si en vida fuimos olvido, la muerte nos hizo historia. Nos mataron pequeños, indefensos y como los más últimos —por ser indígenas—, pero renacimos gigantes, inmortales y, de nuevo, como los más primeros de estas tierras. Ahora somos fragmentos de la luz que impide que todo sea noche, somos voces que emergen del silencio y de la muerte, somos esperanza y ejemplo: somos indígenas tzotziles.

Nuestro tiempo fue de muerte para florecer la vida, la dignidad, la justicia, la paz y la memoria. Perecimos por la diversidad, por el reconocimiento de nuestros derechos como pueblos indígenas. Entregamos nuestras vidas para nacer un mundo mejor donde podamos no "sobrevivir" sino vivir, un mundo que tenga cabida para todos.

Somos esa gran parte de la patria ultrajada y negada que se resiste a morir, a pesar de la muerte misma, entre el olvido, la miseria, la represión y el exterminio. Nacimos el ayer de estas tierras y, hoy, ayudamos a nacer el mañana. En paz vivimos y luchamos, descansamos en paz: cumplimos.

Acteal, Chiapas, 22 de diciembre de 1997:

María Capote Pérez, 1981.
Marta Capote Pérez, 9-III-1985.
Marcela Capote Ruiz, 1968.
Marcela Capote Vázquez, 10-V-1982
Graciela Gómez Hernández, 13-V-1994.
Guadalupe Gómez Hernández, 13-XII-1995.
Roselia Gómez Hernández, 27-VII-1992

Juana Gómez Pérez, 15-IV-1936.
Daniel Gómez Pérez, 1973.
Sebastián Gómez Pérez, 7-III-1988.
María Gómez Ruiz, 1974, con
siete meses de embarazo.
Paulina Hernández Vázquez,
18-II-1975.

Susana Jiménez Pérez, 1980.
María Luna Méndez, 1953.
Catarina Luna Pérez, 6-XI-1976,
con cinco meses de embarazo.
Juan Carlos Luna Pérez, 26-XII-1995.
Marcela Luna Ruiz, 25-VI-1962.
Juana Luna Vázquez, 1952.
Vicente Méndez Capote, 5-V-1992.
Lucía Méndez Capote, 25-IV-1973.
Margarita Méndez Paciencia, 5-V-1974.
Manuela Paciencia Moreno, 18-V-1962.
Alejandro Pérez Luna, 1-XII-1981.
Juana Pérez Luna, 8-VIII-1998.
Silvia Pérez Luna, 1991.
María Pérez Oyalte, 30-V-1955.
Miguel Pérez Jiménez, 1957.
Juana Pérez Pérez, 2-XII-1964, con siete
meses de embarazo.

Rosa Pérez Pérez, 1964, embarazada.
Ignacio Pukuj Luna, se desconoce su
fecha de nacimiento.
Marcela Pukuj Luna, 1930.
Loida Ruiz Gómez, 25-XII-1985.
Manuel Santis Culebra, 2-III-1940.
Alonso Vázquez Gómez, 1951.
Victorio Vázquez Gómez, 1975.
Juana Vázquez Luna, IV-1997.
Margarita Vázquez Luna, X-1994.
Rosa Vázquez Luna, 5-VI-1973.
Antonia Vázquez Luna, 3-III-1970.
Verónica Vázquez Luna, 20-V-1977.
Josefa Vázquez Pérez, 1970.
Micaela Vázquez Pérez, 1988.
Antonia Vázquez Pérez, 10-IV-1976.
Marcela Vázquez Pérez, 1967.
y las criaturitas de vientre, "no
nacidos", asesinados a machetazos.

Polhó, amanecer del 25 de diciembre de 1997.

298

ANEXO 1

OTRAS LECTURAS

(1)

Los niños no debieran morir de calentura

Un niño ha muerto.

Así nos despertó Luciano, representante del Municipio Autónomo de Polhó en Chenalhó, Chiapas.

Hoy, el 30 de diciembre, murió un niño tzotzil no bautizado. Murió de calentura.

Durante el mes que vivió se le conoció como Pedro. Nació en la comunidad de Xcumumal mientras su familia se refugiaba de la violencia provocada por paramilitares priístas. Sus padres eran Angelina Pérez Pérez de 18 años y Pablo Arias Hernández de 20. Esta familia joven es una de las tantas familias desplazadas que ahora viven en los alrededores de Polhó.

Vivían en Acteal cuando los paramilitares masacraron a 45 campesinos indígenas. Pensaban que estarían seguros en Acteal. Fue una ilusión. En Chiapas no hay seguridad.

Huyeron a la montaña.

"Este calentura empezó a toser y, cuando estaban en la montaña, no tenían ropa, no tenían nada y se hizo daño" —tradujo Luciano del tzotzil—. Pedro es el segundo niño desplazado que conocemos que ha muerto en Polhó. Dos días antes, el 28 de diciembre a las 4 de la madrugada, murió Ana María, una niña de 48 días de edad, de pulmonía.

Llegué a la casa donde murió Pedro con Carmen Fuentes, una doctora del Distrito Federal de la Caravana Mexicana "Para Todos Todo". Encontramos al niño al lado izquierdo de la puerta, vestido en ropa nueva, ropa blanca de niño, de la ropa que trajo la Caravana.

—El cuerpo no está rígido —le hizo notar el médico ayudante.

—¿Cuándo murió el niño? —preguntó a los padres. La pareja joven respondía a través de Luciano.

—A las seis de la mañana.

—¿Por qué no lo llevaron a la clínica?

—No lo llevaron a ningún médico porque no sabíamos dónde hay este enfermero.

Sin embargo, sabían en dónde estaba la clínica porque llevaron a la hermana mayor de Pedro a la clínica cuando llegaron el 29 de diciembre a Polhó. Ella tenía una quemadura en la pantorrilla derecha, se la quemó en Acteal, nos dijo Luciano:

"Cuando llegó el tiroteo a su domicilio entonces salieron corriendo, entonces el niñito este trató de llevar el cubeta de maíz, entonces se quemó".

Afuera de la casa, nos explicó por qué no llevaron a Pedro a la clínica esta mañana.

No lo llevaron a la clínica porque no tenían dinero para pagar el tratamiento, concluyó Fuentes, en voz baja con frustración.

—Tienen que ir a diario a la clínica para curar, valdría la pena —dijo a los padres.

Afuera de nuevo, Fuentes afirma que tiene todos los detalles necesarios para hacer el informe sobre la muerte de Pedro. Antes de bajar a la clínica, donde hay cuatro pacientes en condiciones graves de hipotermia, Fuentes me dijo:

"Un niño no debiera morir de calentura".

Peter More

(2)

De niña te preguntas si todas las gotas de agua que corren por tu ventana llegan al río, sueñas que eres árbol y tus raíces llegan hasta la selva de los sueños.

Y el tiempo pasa, te das cuenta de que la gota de la ventana ahora se encuentra en tu mejilla y camina por tu cara sin detenerse una y otra vez, como si tus ojos quisieran vomitar las imágenes de guerra eterna y hambre que no quieres en tu mundo, en tu tiempo.

Tus oídos quieren esconder la infinitamente cruel verdad, se pelean tus puños cerrados con la calma, las tardes parecían un sinsentido, parecían no existir.

Sales a caminar en busca de tu hermano indígena, tomas su mano, lo miras a los ojos, te agradece respondiendo con el calor de su mano; por sus mejillas viaja la muerte bañada en lágrimas, se ahoga en recuerdos; por su boca pasean palabras tristes que cuentan historias de desaparecidos, sangre, sueños perdidos, infantes sin caminos, presentes sin nada.

No puedo llorar mientras los tienes tomando tu mano y sintiendo contigo, pero al momento en que te encuentras junto a una hoja de papel y la pluma te llama empiezas a escribir con lágrimas, miedo y dolor; esperas que el niño constructor de mundos, al fin iguales, regrese a ti y, mientras, te preguntas si todas las gotas de agua que corren por tu ventana van a dar al río.

Alejandra González Bazúa

(3)
Testimonio de un caxlan (en tzotzil significa hombre o mujer blanca)

La masacre de Acteal nos recuerda a muchos el olvido que se vive en Chenalhó. A veces parece que el olvido sólo se recuerda cuando duele, cuando se busca explicar por qué lo olvidamos. No hay palabras suficientes para describir el drama humano que se vive cotidianamente en ese rincón de nuestro país. Tampoco parece posib!e narrar los hechos que suceden porque al enunciarlos, al intentar escribirlos, pierden realidad.

Al narrar su propia historia, un sobreviviente de la masacre de Acteal dice que, al tratar de huir, oía balazos y "corría ya muerto". Ya muertos muchos vivos. Un bebé de nueve meses sólo puede expresar el dolor que le produce la ausencia de su madre dejándose morir, negándose a probar alimento alguno y a recibir el amor de una madre que no es la suya. Ese bebé come de una cuchara sin percatarse de que come, vive en el recuerdo del olvido que provocó dicha masacre.

Los relatos de los sobrevivientes, las historias de los familiares de los muertos quisieran ser ficciones. En casi cada frase hay un intento de volver el tiempo hacia atrás, de hacer que todo lo narrado sea falso, que todo lo ocurrido sea un invento. Las palabras se dicen en un afán de restarle realidad a las historias que en ellas se relatan. En cada silencio se enuncia la larga espera y la esperanza de que se reconozca la autonomía de los pueblos indígenas.

Cuando uno está tan cerca de la muerte, del dolor y la tragedia, pareciera verdad que uno se muere en pedazos, que uno puede estar muerto en plena vida. Cualquier sonido es un eco intolerable; cualquier color viste desteñido. Todo es ausencia y distancia, está uno lejos de sí mismo.

Me pregunto todavía dónde estuve todos esos días; el único susurro que responde es la ausencia de mi misma. Me percato entonces de que estuve asomada en los rincones secretos del olvido.

Ángeles Eraña

(4)
Instructivo para saber si usted tiene o no tendencias racistas (Marque con una X)

Conteste tan sólo sí o no, sin abundar en rollos sobre la conveniencia de encarcelar a todos los que siguen creyendo en la importancia del tema del racismo.

1. Usted está profundamente convencido de que los indios no tienen ni cerebro ni voluntad, y por eso se dejan manipular de quien se les pone enfrente. Si ( ) No ( )

2. Usted sabe a ciencia cierta que los indígenas son salvajes por naturaleza y que se dedican a machetearse unos a otros con tal de calumniar al gobierno. Si ( ) No ( )

3. Usted está bien informado, y por eso sabe que cualquier tratamiento informativo de Chiapas sólo favorece perversamente a la violencia revolucionaria. En materia de estados con población aborigen sólo el silencio absoluto es pacífico. Si ( ) No ( )

4. Usted no tiene duda. En Chiapas todos son culpables porque a quién se le ocurre vivir en una región llena de gente al margen del *curriculum vitae* y que, para colmo, son por así decirlo hijos de nadie. Si ( ) No ( )

5. Usted conoce a fondo lo evidente: antes de la irrupción del EZLN y el payaso farsante mequetrefe hijo de la chingada de Guillén, Chiapas era un paraíso sobre la tierra en donde la abundancia era el término modesto para designar a la perfección ilimitada. Si ( ) No ( )

6. Usted resume así la situación: los indios, por ser indios, son criaturas del atraso, el atraso es la zona en donde sólo medran los subversivos; los indios, por ser indios, ni se enteran de la situación en que viven; los indios, por ser aborígenes, se olvidan de instalar en sus chozas antenas parabólicas y por eso no se modernizan. Si ( ) No ( )

7. A usted nadie lo engaña. Si los indios quisieran salir del atraso, se harían pasar por noruegos. Si ( ) No ( )

Clave de las respuestas. Si sus siete respuestas son positivas, usted es un hombre moderno y tiene muchas oportunidades de participar en la solución de la crisis de Chiapas. Si sus siete respuestas son No, además de ser racista usted está a punto de ser investigado por la PGR a causa de su adhesión a la violencia guerrillera.[28]

Carlos Monsiváis

---

[28] Carlos Monsiváis, "Por mi madre, bohemios", *La Jornada*, 19 de enero de 1998, pp. 1 y 12.

(5)

Del Manual del Desgaste de los gobiernos priístas (obtenido en exclusiva para esta sección) [Fragmento]:

3. Cuando ocurre una matanza ampliamente advertida por elementos no afines (designación correcta para evitar el nombre más exacto de "ratas oposicionistas"), lo oportuno es *a)* declarar la profunda indignación; *b)* prometer la acción rápida y eficaz que continúa la eficaz y rápida acción que el gobierno ya ha emprendido desde sus orígenes; *c)* asegurar que la investigación será llevada hasta sus últimas consecuencias, sin importar la edad, la estatura, el sexo, el grado académico, las obsesiones literarias y el signo astrológico de los culpables; *d)* proceder a la detención de culpables menores; *e)* promover que los culpables mayores se declaren satisfechos por la acción expedita de la justicia; *f)* si no es posible que los articulistas afines siembren sospechas sobre la calidad moral de las víctimas, que se dispersen dudas sobre sus posibilidades de resurrección en el Juicio Final.

4. Si la opinión pública internacional protesta, llámesele "chismosa, entrometida, metiche, lavandera, vieja chimolera", y que se le pidan cuentas por las veces que su marido se ha metido con la del 7.

5. Si la opinión pública no cree en los resultados de la fulgurante y transparente investigación, césese a dos o tres funcionarios, y si después de esto todavía insisten, publíquese un edicto decretando que el problema en cuestión ya pasó de moda.[29]

Carlos Monsiváis

(6)

Sangre, sudor y lágrimas

En una de sus magnas obras, Cioran dirá que el fanático es incorruptible; porque "si mata por una idea, igualmente puede hacerse matar por ella". En ambos casos —señalará—, tirano o mártir resulta un monstruo. En este sentido, ¿qué otro adjetivo podemos dar a los protagonistas de la masacre de Acteal? ¿qué son si no fanáticos, inhumanos y enfermos quienes riegan los campos con pólvora y reparten balas en vez de pan?

---

[29] Carlos Monsiváis, "Por mi madre, bohemios", *La Jornada*, 29 de diciembre de 1997, p. 16.

De esta manera, en el sureste mexicano el grito de lamento se ahoga con sangre. Poco a poco, ante los ojos de sus propios hermanos, los indígenas chiapanecos ven cómo se derrama la vida; y la esperanza de justicia y dignidad, se asfixia bajo el peso de las metrallas y el llanto desprendido de una voz no escuchada. Inevitablemente sienten sobre sus hombros la agonía y la desesperanza. Los rostros de los niños reflejan la inocencia que brinda la ignorancia y, desde lejos, observan melancólicos que no hay razón suficiente para obsequiar la muerte. Sus pies descalzos, plegados a la tierra de donde emergieron, parecen acariciar armónicamente el lugar que los reclama y los exige; lugar en que se encuentran clavados ya, por la intolerancia y la imprudencia, hombres y mujeres, niños y ancianos que a través de la historia sólo han reclamado el derecho a la vida.

Uno a uno, en forma lenta, y salpicadas sus fauces de amargura, los indígenas mexicanos han visto guardar bajo la tierra los restos descompuestos de quien algún día caminó junto a ellos. A su lado, sepultados también, se hallan los suspiros brotados del recuerdo de momentos felices; los sueños fallidos que vislumbraron a los hombres bajo un mismo canto; las esperanzas, los buenos deseos, las ilusiones... Se vive la muerte en todos lados. A cada minuto, el hambre, la miseria y la enfermedad se apoderan lo mismo del viejo que del recién nacido. Repentinamente, la muerte robusta y sonrojada devora inaplacable la risa infantil, el grito libertario y el aliento prenatal que percibe la madre al frotar su vientre con las manos. Incendiados, sus corazones sudan cansados y tristísimos al contemplar sus casas devastadas, al mirarse desnudos, hambrientos y muriendo.

Enmanteladas las montañas de pañuelos blancos que piden tregua, y durmiendo a ciegas y en rebaños, la palabra aletea en el aire húmedo y vencido cortando el silencio que arrulla los cuerpos cuyo espesor yace, sin fortuna, en medio de lodo y piedras.

Las almas enlutecidas cabalgan a lo lejos mientras los grillos nocturnos repiquetean evocando lo intragable. Sobre su piel, la muerte; sobre su ser, olvido. Entristecidos, sus ojos miran la existencia bajo miles de pies que los oprimen y que, dejándolos inmóviles, toman su voluntad en blanco y la acorralan para aniquilarla. En un mismo instante, desde una nebulosa de eterna soledad y cogidas de las entrañas de la nada, se ven caer pausadamente las fuerzas de seguir luchando. Sus cuerpos, alimentados con lágrimas, se precipitan al refugio que alberga centenares. Hombres, mujeres y niños que, con su voz inaudible de sollozos, se han convertido en víctimas de la brutalidad y del engaño.

A kilómetros de distancia, mientras tanto, todos los episodios de miseria nos resultan ajenos. Nos parece tan fácil ser indiferentes ante el autoritarismo y la injusticia; escondiéndonos en lo más recóndito de nuestras falsedades. Se mira tan sencillo ignorar que al tiempo que disfrutamos la comida diaria, miles de humanos enjugan sus pesares con llanto y lavan sus manos con la sangre que emana a borbotones en caminos, casas, recintos religiosos y todo lugar donde el sospechoso debe ser destruido.

Parece pecado ser indígena. Parecen no ser humanos ni tampoco merecer la oportunidad de cobijarse en la dicha. Condenados a la marginación, los indígenas chiapanecos se aglomeran de manera gradual hasta constituir un blanco fácil para sus verdugos... Y aún así, resuena en la lejanía la plegaria inasequible de seguir viviendo. La paz se sigue reclamando y, aún cargando a cuestas sufrimiento, hermanados se esfuerzan por ganarle la batalla a la muerte propinada por los tiranos institucionales; a los que parece unirse la madre naturaleza para infligir la desaparición: el exterminio.

Todavía saben sonreír y menguar su tristeza entonando mil cantos que, al unísono, yerguen los corazones y los inundan de fuerza. A pesar de todo se percibe el eco de la felicidad desoída y se vuelve imperativo seguir de pie y dar un paso y otro y otro más...hasta que el ambiente de paz y dignidad se consolide; hasta que la sangre vertida haga germinar un mundo tolerante que respete las diferencias y enarbole el respeto a la libertad, la justicia, pero sobre todo: la vida.

Germán Iván Martínez Gómez

CUMBIA DE LAS ABEJAS

Señores voy a cantar una cumbia
de la organización las abejitas;
la reina está juntamente con su pueblo,
que es el reino de Dios Poderoso.

Vamos todos a luchar
a la sociedad civil,
para un México mejor
y'un pueblo con justicia.

Los hombres organizados en su pueblo
cansados de violaciones e injusticias,
también sus representantes perseguidos
por organizar su pueblo oprimido.

Vamos todos a luchar
a la sociedad civil,
para un México mejor
y un pueblo con justicia.

Que vivan los derechos humanos,
que viva la CONAI compañeros,
que viva nuestro patrón de Chenalhó,
también la sociedad civil San Pedrano.

Vamos todos a luchar
a la sociedad civil,
para un México mejor
y un pueblo con justicia.

ANEXO 2

(1)
PROCURADURÍA GENERAL DE LA REPÚBLICA

México, D. F., a 26 de diciembre de 1997.

Boletín No. 391/97.

De conformidad con el compromiso asumido por la Procuraduría General de la República, en el sentido de mantener informada a la opinión pública acerca de los avances de la investigación del homicidio de 45 personas y de las lesiones ocasionadas a otras 25, en hechos ocurridos el pasado 22 de diciembre, en Acteal, Chenalhó, Chiapas, se informa lo siguiente:

I. Los hechos violentos y delictuosos que se presentaron en el municipio de Chenalhó, Chiapas, el 22 de los corrientes, hechos verdaderamente oprobiosos que han merecido el repudio de la sociedad mexicana, desafortunadamente no han sido eventos aislados hacia el interior de las muy diversas comunidades que integran el municipio. Tal y como se ha mencionado, existen registros sobre conflictos en esta zona desde la década de los años treinta.

II. Estos conflictos pueden caracterizarse válidamente como intercomunitarios, e incluso interfamiliares, dentro de un contexto de disputa constante por el poder político y económico, así como por la existencia de una diversidad religiosa y más recientemente de una división ideológica. Por varias generaciones las familias Pérez Méndez, Arias y Paciencia, entre las más importantes, han venido luchando por el control de distintas comunidades de Chenalhó.

III. El municipio de Chenalhó, con cabecera municipal en San Pedro Chenalhó, está ubicado en la zona de "Los Altos" de Chiapas, a 70 kilómetros de San Cristóbal de Las Casas, y sus habitantes pertenecen mayoritariamente al grupo étnico tzotzil con presencia de tzeltales. La población en todo el municipio es de alrededor de 30 mil habitantes.

IV. En las elecciones de 1995 obtuvo el triunfo para la presidencia municipal de Chenalhó un candidato del Partido Revolucionario Institucional, quien posteriormente fue sustituido por otro miembro de ese partido, de nombre Jacinto Arias Cruz. Este último es evangélico-presbiteriano, como otros habitantes del municipio y a diferencia de otros más que son católicos.

V. Los conflictos intercomunitarios se agudizaron en el municipio de Chenalhó con el surgimiento del autodenominado Consejo Municipal Autónomo, en abril de 1996. Esta organización paralela al Ayuntamiento Municipal se designó al margen de lo que establece la Constitución Política de los Estados Unidos Mexicanos y, *de facto*, ha pretendido realizar actos de autoridad. El autodenominado Consejo Municipal Autónomo es presidido actualmente por Domingo Pérez Paciencia y por otros simpatizantes del Partido de la Revolución Democrática y del Ejército Zapatista de Liberación Nacional.

VI. Este autodenominado Consejo Municipal Autónomo determinó "expropiar" en "beneficio de sus comunidades", un banco de arena ubicado en el barrio de Majomut, prohibiendo su explotación por particulares. El predio donde se ubica el banco de arena, que es uno de los más importantes, económicamente, de la región, había estado en posesión de una Sociedad de Solidaridad Social integrada por vecinos del ejido "Los Chorros" o Miguel Utrilla, afiliados y simpatizantes del Partido del Frente Cardenista.

VII. En agosto de 1996 fueron asesinados seis jóvenes en Pantelhó, población cercana al Municipio de Chenhaló; la filiación política de los occisos no es clara, aunque algunos mencionan que eran priístas.

VIII. Desde agosto del año próximo pasado, las agresiones entre distintos grupos y familias de Chenalhó no han cesado. Estas agresiones se han traducido en homicidios, personas lesionadas, secuestros, robos, incendios de viviendas y ataques colectivos. Todo ello ha originado importantes desplazamientos de población fuera de las comunidades a las que pertenecen. La identificación legal y el procesamiento de los presuntos responsables de estos hechos sólo se ha dado de manera eventual y muchos delitos permanecen impunes.

IX. La presencia de armas de fuego, incluso de grueso calibre, se ha dado en los diferentes grupos en disputa. Las acusaciones de entrenamientos "paramilitares" o "subversivos" han sido recíprocas y constantes. En diferentes ocasiones los grupos en conflicto han solicitado que las fuerzas de seguridad pública abandonen las comunidades.

X. El 5 de diciembre de 1997 se dio la primera reunión de reconciliación entre las partes en conflicto, en la comunidad de Las Limas, y ésta se repitió seis días después, alcanzándose algunos acuerdos sobre todo el de poner un alto definitivo a las agresiones y presentar a los culpables de hechos delictuosos ante las autoridades competentes. El día 14 de diciembre se firman nuevos acuerdos.

XI. A pesar de lo anterior, las agresiones entre los distintos grupos continuaron mediante secuestros, homicidios y amenazas.

XII. A partir del mismo 16 de diciembre las acusaciones recíprocas por el incumplimiento de los acuerdos se estuvieron presentando y cada vez lo fueron con mayor beligerancia. El 17 de diciembre fue asesinado Agustín Vázquez Tzecun, de quien se dijo era simpatizante del PRI.

XIII. Es en este contexto, sumariamente expuesto, que las comunidades conflictuadas de Chenalhó llegan al día 22 de diciembre, fecha en la que ocurren los incalificables hechos que son del conocimiento de la opinión pública.

XIV. A partir de que la Procuraduría General de la República ejercitó la facultad de atracción para conocer de los hechos, ha realizado diversas diligencias de las que se ha venido dando cuenta a la opinión pública.

XV. En relación con los presuntos responsables, hasta el día de hoy han sido presentados a rendir declaración ante el Ministerio Público de la Federación un total de 42 personas. Es indispensable aclarar que en la mayoría de los casos, las retenciones determinadas por el Ministerio Público han obedecido a imputaciones directas e incuestionables realizadas por habitantes de las comunidades en conflicto, quienes sin temor a equivocarse han mencionado que los retenidos pertenecen al grupo que realizó la agresión del pasado 22 de diciembre.

XVI. El día de hoy, el Ministerio Público de la Federación determinó ejercitar acción penal por los delitos de homicidio calificado, lesiones y asociación delictuosa, ante el juez segundo de Distrito en Chiapas, en contra de las siguientes personas: Tomás Pérez Méndez, Lorenzo Ruiz Vázquez, Agustín Ruiz Vázquez, Víctor López López, Pedro Girón Méndez, Alonso López Arias, Gregorio Vázquez López, Andrés Méndez Vázquez, Alonso López Entzín, Bartolo Pérez Díaz, Miguel Luna Pérez, Armando Guzmán Luna, Javier Vázquez Luna, Elías Luna Pérez, Ignacio Guzmán Luna y Antonio Ruiz Pérez.

XVII. Quienes responden a los nombres de Armando Vázquez Luna y Sebastián Luna Vázquez fueron puestos a disposición del Consejo Tutelar de

Menores en virtud, precisamente, de que por su minoría de edad son penalmente inimputables.

XVIII. Veinticuatro personas permanecen retenidas por el Ministerio Público de la Federación, a fin de que dentro del término que establece la Constitución se determine si se ejercita o no la acción penal en su contra.

XIX. Las consignaciones penales a que se ha hecho referencia no significan de manera alguna la conclusión de la investigación. Esta todavía se encuentra dentro de sus primeras fases, pero se trabaja con la mayor rapidez y precisión posibles para ubicar, y en su caso procesar, a todos los presuntos responsables.

XX. Tal y como ya se ha informado, la PGR ha venido investigando la actitud asumida por los órganos de seguridad pública de la entidad, ante los hechos del 22 de diciembre próximo pasado. Diversas declaraciones ministeriales han sido ya recibidas y se están recogiendo otro tipo de evidencias a fin de poder estar en posibilidades de determinar lo conducente.

XXI. Otras acciones se están realizando en este momento sobre el terreno, tendientes a la localización de los vehículos en que, se dice, llegaron los agresores al sitio de los hechos, así como del lugar o lugares donde se encuentran las armas que fueron utilizadas en el homicidio colectivo. Estas evidencias, apenas se obtengan, serán presentadas ante el juez de la causa y servirán , en su caso, para los efectos de la ampliación del ejercicio de la acción penal por parte del Ministerio Público de la Federación.

XXII. La Procuraduría General de la República continuará informando a la opinión pública sobre los avances de la investigación, en la medida que ello no signifique una limitación en el desarrollo de sus diligencias.

(2)
EJÉRCITO ZAPATISTA DE LIBERACIÓN NACIONAL

22 de Diciembre de 1997.

A la Sociedad Civil Nacional e Internacional.

Hermanos y hermanas:

¿Por qué?
¿Cuántos más?
¿Hasta cuándo?

Desde las montañas del Sureste Mexicano

México, Diciembre de 1997

(3)
Comunicado del Comité Clandestino Revolucionario Indígena
Comandancia General del Ejército Zapatista de Liberación Nacional

México.

23 de Diciembre de 1997.

Al pueblo de México:
A los pueblos y gobiernos del mundo:
A la prensa nacional e internacional:

En relación con la matanza de indígenas en la comunidad Acteal, municipio de San Pedro de Chenalhó, Chiapas, realizada el día de ayer, 22 de diciembre de 1997, el EZLN señala:

Primero. De acuerdo a la información recabada hasta ahora, unos 60 paramilitares del Partido Revolucionario Institucional (patrocinados por los Gobiernos Federal y Estatal) fueron los que atacaron con armas de grueso calibre a los indígenas, entre los se encontraban refugiados en Acteal.

Segundo. Como resultado de la agresión que duró hasta 4 horas, fueron asesinados cuando menos 45 indígenas, entre los que se cuentan 9 varones, 21 mujeres y 15 niños (uno de ellos menor de un año de edad). Además de los muertos, quedaron heridos 7 hombres (4 son niños) y 10 mujeres (4 de ellas son niñas).

Tercero. De acuerdo a transmisiones radiales del Gobierno de Chiapas (interceptadas por el EZLN), en las inmediaciones de Acteal y al tiempo que se realizaba la masacre, policías de Seguridad Pública del estado de Chiapas respaldaron la agresión y, en horas de la tarde y noche, se dedicaron a recoger cadáveres para ocultar la magnitud de la matanza.

Los señores Homero Tovilla Cristinani y Uriel Jarquín (Secretario y Subsecretario del Gobierno de Chiapas respectivamente), comisionaron a la policía para respaldar este crimen. El señor Julio Cesar Ruiz Ferro estuvo continuamente informado del desarrollo del "operativo" (cuando menos desde las 12 horas del día 22 de diciembre, cuando la matanza llevaba ya una hora). Aprobado por los gobiernos federal y estatal, el ataque se afinó el día 21 de diciembre en una reunión de paramilitares (dirigida por el señor Jacinto Arias, presidente municipal priísta) de las comunidades Los Chorros, Puebla, La Esperanza y Quextic, todas éstas del municipio de Chenalhó.

Cuarto. La responsabilidad directa de estos hechos sangrientos recae en Ernesto Zedillo Ponce de León y la Secretaría de Gobernación, quienes desde hace dos años dieron luz verde al proyecto de contrainsurgencia presentando por el Ejército Federal.

Dicho proyecto intenta desplazar la guerra zapatista hacia un conflicto entre indígenas, motivado por diferencias religiosas, políticas o étnicas.

Para cumplirlo, se dedicaron a financiar equipo y armamento (mediante fondos de la Secretaría de Desarrollo Social) y a dar entrenamiento militar (dirigido por oficiales del ejército federal) a indígenas reclutados por el Partido Revolucionario Institucional.

Para dar tiempo a que estos escuadrones de la muerte estuvieran listos, el Gobierno Federal Mexicano diseño una estrategia paralela de diálogo simulado, consistente en llevar una negociación sin intención alguna de cumplir lo que se acordara y aumentando la presencia militar en las zonas zapatistas.

El gobierno del estado de Chiapas quedó encargado de garantizar la impunidad de los grupos paramilitares y facilitar su operación en las principales zonas rebeldes: Norte, Selva y Altos de Chiapas.

Quinto. De esta manera unieron sus fuerzas los Gobiernos Federal y Estatal, el Partido Revolucionario Institucional y el ejército federal. Su objetivo está sintetizado por el "grito de guerra" de los paramilitares llamados "Máscara Roja": "vamos a acabar con la semilla zapatista", es decir, "vamos a acabar con las comunidades indígenas".

Sexto. Como parte de su estilo de gobierno y muestra de su "voluntad de paz", por diversos canales el señor Ernesto Zedillo Ponce de León mandó amenazas a la Comandancia General del EZLN con el siguiente mensaje: "Prefiero pasar a la historia como represor antes que cumplir los acuerdos con el EZLN".
Esta palabra sí la cumplió.
Zedillo ya pasó a la historia como asesino de indígenas y lleva en las manos la sangre de Acteal.

Séptimo. La oportuna atención de los medios de comunicación a Chiapas y la justa indignación de la opinión pública nacional e internacional frente a lo ocurrido, han provocado que los cerebros del crimen se arrebaten la palabra para lavarse las manos y para prometer investigaciones "a fondo". No van a castigar a los responsables, la impunidad está garantizada porque los que investigan el crimen son los mismos que lo planearon. Por esta razón, las declaraciones del señor Zedillo y de sus subalternos no son más que demagogia.

Octavo. Con motivo de la matanza de Acteal, el gobierno y sus voceros vuelven a llamar al diálogo sin mencionar su determinación de no cumplir lo ya acordado y sólo con el propósito de avanzar en su estrategia contrainsurgente. En este sentido, llama la atención la reciente y ridícula declaración de la COCOPA (que decidió irse de vacaciones en lugar de trabajar por la paz) sobre los hechos de Acteal. Olvidan los legisladores que el que está asesinando niños, mujeres y hombres es el gobierno, olvidan que el que está haciendo uso de las armas es el gobierno, olvidan que el que se niega a un diálogo serio es el gobierno. Es a él al que deben dirigirse cuando hablen de no recurrir a la violencia y de la necesidad de dialogar.

Noveno. Nuevamente el EZLN llama a la sociedad civil nacional e internacional y a las organizaciones independientes para que no se dejen engañar, y para que exijan justicia verdadera y no simulaciones.

Décimo. El Comité Clandestino Revolucionario Indígena-Comandancia General del EZLN se encuentra en estos momentos completando la investigación y analizando lo ocurrido para tomar las decisiones necesarias pertinentes.

¡Democracia!
¡Libertad!
¡Justicia!

Desde las Montañas del Sureste Mexicano.
Comité Clandestino Revolucionario Indígena
Comandancia General del Ejército Zapatista de Liberación Nacional.

México, Diciembre de 1997.

(4)
Procuraduría General de la República

México, D.F., a 23 de enero de 1998.

Boletín No. 023/98.

INFORME PRELIMINAR SOBRE LA INVESTIGACIÓN DE LOS HECHOS DELICTUOSOS OCURRIDOS EN EL MUNICIPIO DE CHENALHÓ, ESTADO DE CHIAPAS

El 23 de diciembre de 1997, al tenerse conocimiento en la ciudad de México de los hechos que se presentaron en la comunidad de Acteal, Municipio de Chenalhó, Estado de Chiapas, el doctor Ernesto Zedillo Ponce de León, Presidente Constitucional de los Estados Unidos Mexicanos, solicitó a la Procuraduría General de la República que, de acuerdo con la autonomía técnica de la cual goza el Ministerio Público de la Federación, se examinara la atracción de este caso al fuero federal.

Tomando en consideración lo dispuesto por el artículo 10, segundo párrafo, del Código Federal de Procedimientos Penales, toda vez que en este caso se presentaba la coincidencia de delitos del fuero común y del fuero federal, a las 4 de la tarde del mismo 23 de diciembre de 1997 se determinó legalmente el ejercicio de la facultad de atracción.

Inmediatamente, el Procurador General de la República ordenó que uno de los subprocuradores en compañía de 8 agentes del Ministerio Público Federal, 7 peritos y 40 agentes de la Policía Judicial Federal, se trasladaran a Chiapas para el inicio de las diligencias correspondientes.

Es preciso señalar que el presente informe constituye sólo un reporte sobre el avance de las indagatorias que ha realizado esta Procuraduría a lo largo de un mes, a partir de la propuesta del señor Presidente de la República de que esta Institución ejerciera la facultad de atracción. Para que no haya lugar a dudas, la PGR aclara, enfáticamente, que la investigación continúa su curso. Aunque el avance de la investigación es evidente, esta Procuraduría, en riguroso cumplimiento a las responsabilidades que la Ley consigna, proseguirá con la indagatoria y la realización de los actos de representación de la sociedad a efecto de que todas y cada una de las personas respecto de las que se acredite una presunta responsabilidad penal, ya sea como autores intelectuales o materiales o bien como instigadores del crimen de Acteal, sean sometidos a la acción de la justicia. En todo momento se mantendrá oportunamente informada a la opinión pública, tal como lo ha instruido el señor Presidente de la República.

1. El día 22 de diciembre de 1997, a las once horas, aproximadamente, un grupo integrado por lo menos de 60 personas, provenientes de distintas comunidades del Municipio de Chenalhó (Miguel Utrilla-Los Chorros, Quextic, La Esperanza, Chimix, Jibeljoj, Jobeltic, Tzajalukum, Pechiquil, Acteal y Canolal) atacó con armas de fuego a otro grupo de personas pertenecientes a la agrupación ''Las Abejas'', que se encontraba asentado en un campamento en la población de Acteal.

De acuerdo con información que ha obtenido la PGR, el grupo denominado ''Las Abejas'' fue constituido por la acción de catequistas y, por lo menos el 22 de diciembre de 1997, era dirigido, entre otros, por el señor Alonso Vázquez Gómez, precisamente catequista de la Diócesis de San Cristóbal Las Casas.

2. Producto de esta agresión colectiva resultaron muertas 45 personas y otras 25 fueron heridas, aunque sólo se tiene registro médico de 20. En los anexos 1 y 2 de este documento se refieren los nombres de los hoy occisos y de los lesionados, respectivamente. En relación con los hoy occisos, 20 fueron mujeres, de las cuales 4 cursaban con embarazo; 18 menores de edad y 7 varones adultos.

Por otra parte, el Vicario de la Diócesis de San Cristóbal de las Casas, señor Gonzalo Ituarte, tuvo algunos informes sobre los hechos de Acteal aproximadamente a las 12:00 horas del día 22 de diciembre, por lo que se comunicó media hora más tarde con el Secretario de Gobierno, licenciado Homero Tovilla, quien a su vez le dijo que se investigaría, siendo más tarde la respuesta de las autoridades, que no había novedad alguna.

A las 19:30 horas del mismo día 22 de diciembre, el Vicario Gonzalo Ituarte, al saber que había existido un enfrentamiento en el poblado de Acteal, donde varias personas resultaron muertas y heridas, se comunicó de nueva cuenta con el licenciado Tovilla, quien le contestó que sólo se habían escuchado algunos disparos y que ya había 15 elementos de Seguridad Pública en la zona para atender la situación; y quedó en darle más información al día siguiente.

En la noche de ese mismo día 22, se llevó a cabo una reunión en la casa de Gobierno del Estado con la presencia del entonces Gobernador, y al tocarse el tema de Acteal, el Coordinador de Seguridad Pública manifestó que el reporte que tenía en torno a los hechos era el mismo que le había reportado antes al licenciado Tovilla, es decir, que no había novedad.

3. De conformidad con los dictámenes de necropsia realizados por personal del Servicio Médico Forense de Chiapas, en los cuales se concluyó que 33 personas fallecieron por lesiones producidas por proyectil disparado con arma de fuego, 7 personas por lesiones producidas por instrumento corto-contundente y 5 por traumatismo craneo-encefálico, existen diferencias significativas con el estudio rendido por la Dirección General de Coordinación de Servicios Periciales de la Procuraduría General de la República, donde se determinó que en 43 casos la causa eficiente de la muerte fue por disparo de proyectil de arma de fuego y en los 2 restantes por traumatismo craneo-encefálico. En el caso de los lesionados, de los 20 casos clínicamente registrados, en 16 aparece que las lesiones fueron producidas por proyectil de arma de fuego y el resto cursaban con escoriaciones que tardan en sanar menos de 15 días.

4. El agente del Ministerio Público de la Procuraduría del Estado que se constituyó en Acteal la madrugada del 23 de diciembre, no preservó el lugar de los hechos, no dio intervención a peritos en criminalística de campo, no se fijaron fotográficamente con la pericia requerida los cuerpos de los occisos, no practicó legalmente las diligencias de levantamiento de cadáveres ni dio fe del lugar donde fueron encontrados los elementos balísticos (casquillos); estas circunstancias inicialmente dificultan el esclarecimiento de un conjunto de elementos criminalísticos como son: Las posiciones víctima-victimario(s); el lugar exacto en el que se encontraban las víctimas al sobrevenir la muerte; si los cuerpos fueron movidos del lugar, si había preparativos para alguna acción

posterior en el terreno; el posible número de agresores y, desde luego, sus identidades.

Sin embargo, a partir de las fotografías tomadas sin ninguna pericia, de las necropsias y de pruebas químicas practicadas a los 45 occisos por personal del Gobierno del Estado, la Dirección General de Coordinación de Servicios Periciales de la PGR ha rendido un informe en el que se destacan, entre otras consideraciones, las siguientes:

a) Que 43 cadáveres presentaron lesiones con características propias de las producidas por proyectil disparado por arma de fuego;

b) Que 2 personas fallecieron por traumatismo craneo-encefálico originado por objeto contundente de superficie dura e irregular;

c) Que 23 de los 43 cadáveres que presentaron lesiones por proyectil de arma de fuego, la incidencia del disparo era de atrás hacia adelante, es decir, que los victimarios se encontraban por detrás de las víctimas;

d) Por lo que respecta a los 4 cadáveres del sexo femenino que presentaron embarazo aproximado de 10 semanas a 5 meses, se determinó que ninguna presentaba lesiones cortantes de origen traumático en la región del abdomen ni de genitales;

e) De las pruebas químicas del rodizonato de sodio practicadas a los 45 cadáveres, se pudo determinar que ninguna de estas víctimas realizó disparo de arma de fuego;

f) Del estudio balístico practicado a los 114 casquillos recuperados del lugar de los hechos, se determinó que se utilizaron por lo menos 15 armas de fuego de los siguientes calibres:

- Cinco fusiles calibre 7.62, de los conocidos como "cuernos de chivo"
- Cuatro calibre .22
- Una escopeta calibre 20
- Una escopeta calibre 28
- Un rifle calibre .223, conocido como AR-15
- Una carabina calibre 30-30
- Un arma calibre 9 mm.; y
- Un arma calibre .38 especial.

g) Al presentarse personal del gobierno del Estado en el lugar de los hechos, de acuerdo con distintas declaraciones, habría encontrado 36 cadáveres en un desnivel del terreno, todos juntos, y nueve cadáveres espaciados en la periferia de la hondonada.

5. Los cuerpos de los 45 occisos fueron subidos a un camión "tipo comando", entre las 04:00 horas y las 06:00 horas, por elementos de Seguridad Pública, habiendo llegado al Servicio Médico Forense de Tuxtla Gutiérrez, Chiapas, a las 10:00 horas, aproximadamente, del mismo día 23 de diciembre, lugar éste en el que fueron practicadas las necropsias de Ley.

6. En cuanto al grupo que realizó la agresión del día 22 de diciembre de 1997, existen multitud de testimonios contradictorios sobre su número, su vestimenta, su hora de llegada a la comunidad de Acteal, si llegaron en vehículo o caminando, etcétera. Hasta ahora, la mayoría de las declaraciones testimoniales señalan que fueron alrededor de 60 los atacantes, que algunos tenían el rostro cubierto y otros no y que algunos más llevaban una pañoleta roja en el cuello; que algunos vestían de azul y otros de negro, y que habían llegado caminando aproximadamente a las 11:00 horas del día 22 de diciembre de 1997.

7. Hasta el día de hoy, la PGR ha detenido por su probable responsabilidad en los hechos delictuosos a un total de 60 personas, cuyos nombres se relacionan en el anexo 3 de este mismo documento.

La situación jurídica de los detenidos es la siguiente:

50 fueron consignados ante los jueces de Distrito en el Estado de Chiapas, habiéndoseles dictado a los 50 auto de formal prisión; actualmente se encuentran internos en el penal de Cerro Hueco, en Tuxtla Gutiérrez, Chiapas. De este mismo grupo, a 48 se les sigue proceso por los delitos de homicidio calificado, lesiones calificadas, asociación delictuosa, portación de armas reservadas; a uno como instigador de los dos primeros delitos, y a otro más por delitos de violación a la Ley Federal de Armas de Fuego y Explosivos.

Otras 3 personas, que fueron detenidas por la PGR y que resultaron ser menores de edad, continúan a disposición del Centro de Diagnóstico y Tratamiento de Menores, instancia que a la fecha los mantiene en internamiento, es decir, recluidos.

En el caso de otras 7 personas, el Ministerio Público no encontró suficientes elementos para ejercitar acción penal, razón por la cual, dentro del término legal, determinó su libertad con las reservas de Ley. Posteriormente, el Juez

Segundo de Distrito en el Estado de Chiapas dictó arraigo judicial respecto de 5 de ellas, por lo que la Policía Judicial Federal los está buscando para hacer efectiva dicha medida jurisdiccional.

Dentro del grupo de 50 personas formalmente presas, 12 son vecinos de la comunidad de Miguel Utrilla-Los Chorros, 4 de Chimix, 3 de Quextic, 3 de La Esperanza, 3 de Yibeljoj, 5 de Jobeltic, 3 de San Pedro Chenalhó, 1 de Polhó, 7 de Acteal, 6 de Canolal, 1 de Yabteclum, 1 de Pechiquil, y uno de Unión Hidalgo, Oaxaca (comandante Felipe Vázquez Espinoza).

De estos procesados, 48 son particulares y 2 ex servidores públicos (Jacinto Arias Cruz, Presidente Municipal Sustituto de Chenalhó y Felipe Vázquez Espinoza, comandante de Seguridad Pública).

8. El día 21 de enero próximo pasado, un Juez de Distrito del Estado de Chiapas dictó orden de arraigo judicial en contra de otros dos comandantes de la Dirección General de Seguridad Pública del Estado de Chiapas, destacamentados en el Municipio de Chenalhó, de nombres Roberto Martín Méndez Gómez y Roberto García Rivas, por considerar que pueden estar involucrados en los hechos del 22 de diciembre de 1997, en Acteal, Chenalhó, Chiapas.

9. En relación con los hechos de Acteal, hasta el día de hoy, ante el Ministerio Público de la Federación se han rendido un total de 328 declaraciones, de las cuales 199 son de particulares y 129 de servidores públicos. Entre estos últimos han declarado quienes el día de los hechos fungían como: Gobernador de Estado, Secretario de Gobierno, Secretario Particular del Gobernador, Presidente Municipal de Chenalhó, Procurador General de Justicia, Subprocurador de Averiguaciones Previas, Subprocurador de Asuntos Indígenas, Secretario de Asuntos Indígenas, Director General de Gobierno, Secretario Ejecutivo del Consejo de Seguridad Pública del Estado, Coordinador de Seguridad Pública, Director de Seguridad Pública en el Estado de Chiapas, Director de la Policía Auxiliar, así como 12 comandantes y 83 agentes de Seguridad Pública de la Entidad.

Debe resaltarse que todas las personas que fueron mencionadas en la Recomendación 1/98 de la Comisión Nacional de Derechos Humanos, misma que fue aceptada por la Procuraduría General de la República, ya han rendido declaración ante el Ministerio Público de la Federación.

10. Por otra parte, debe tenerse presente que 5 de las personas que han declarado ante el Ministerio Público Federal han reconocido expresamente los hechos delictivos en los que intervinieron. Estas 5 personas son: Felipe Luna

Pérez, Lorenzo Pérez Vázquez, Tomás Pérez Méndez, Felipe Vázquez Espinoza y Antonio Vázquez Secum. En el mismo sentido, debe tenerse presente que estas 5 personas formulan imputaciones en tanto que miembros de los grupos que planearon y organizaron la matanza respecto de 30 de los 48 civiles que hasta ahora ha consignado la Procuraduría General de la República y a quienes se les ha dictado auto de formal prisión.

11. En el conjunto de las 328 declaraciones recibidas por la Procuraduría General de la República se hacen imputaciones a un total de 267 personas como participantes directos en los hechos de Acteal. Muchos de estos testimonios han sido vertidos por indígenas simpatizantes del autodenominado "Consejo Municipal Autónomo de Polhó", quienes han llegado aleccionados y con listas de supuestos responsables de la matanza y con la pretensión de que por este hecho la PGR proceda a su detención. Este es un hecho grave que se considera oportuno hacer público. La PGR no ha procedido en contra de nadie ante declaraciones aisladas, inverosímiles y amañadas.

El Consejo Municipal Autónomo de Polhó es una instancia creada por el EZLN y que actúa al margen de la Constitución Política de los Estados Unidos Mexicanos.

En el caso de policías de Seguridad Pública del Estado, es indudable que varios de ellos han llegado también aleccionados y pretendiendo hacer creer a la autoridad ministerial no saber nada de lo ocurrido en Acteal el 22 de diciembre de 1997.

Debe señalarse que por lo menos en un caso se ha buscado sorprender al Ministerio Público de la Federación con la presentación de testigos falsos; esta circunstancia obedece sin duda al afán de venganza que prevalece entre los grupos en conflicto y que pretenden utilizar a la Procuraduría General de la República para estos fines; el caso concreto que fue intentado por líderes del Partido del Frente Cardenista en el Estado de Chiapas, se detalla más adelante.

12. Es importante mencionar que el Ministerio Público ha respetado plenamente los Derechos Humanos de todas las personas que han declarado, tanto como testigos o como probables responsables. La Comisión Nacional ha tenido la oportunidad de revisar las condiciones en las que se encuentran y se encontraron los detenidos, del trato que se les ha brindado, de la presencia de traductores, abogados y personas de su confianza y de la legalidad de su detención. Se invita a la CNDH a que analice los casos restantes para que se cerciore y haga pública la forma de proceder de la Procuraduría General de la República.

13. De las tres averiguaciones previas que la PGR integra sobre los hechos de Acteal, hasta ahora se considera que existen elementos para determinar la probable responsabilidad de otras 35 personas, por lo que se giraron las órdenes de localización y presentación correspondientes, y en su caso, se procederá al ejercicio de la acción penal sin detenido solicitando la expedición de las órdenes de aprehensión que procedan. No obstante, debe aclararse que la Procuraduría General de la República busca agotar la integración de todas las posibilidades que se desprendan del expediente, por tal razón ha girado órdenes de localización y presentación de todas aquellas personas que de manera directa o indirecta aparezcan señaladas como probables responsables; en su caso, la determinación de su situación jurídica se hará con toda objetividad, sin tomar en cuenta, como ya se ha dicho, pruebas manipuladas, tergiversadas o inducidas.

14. En todos los casos en que la PGR ha considerado acreditados los elementos de los tipos penales y la probable responsabilidad de los indiciados, ha ejercitado la acción penal que invariablemente ha sido valorada por los jueces con el dictado de los autos de formal prisión correspondientes. Sin embargo, dado que el Ministerio Público es una institución de buena fe, si durante las secuelas de los procesos penales se llegaran a desvanecer los elementos que se tomaron en cuenta para su consignación, sin lugar a dudas solicitará el sobreseimiento de la instancia penal.

15. La Procuraduría General de la República es consciente de que no obstante que muchos de los autores materiales e instigadores están ya siendo procesados, aún falta por identificar, detener y procesar a otros. No descansará hasta que esto suceda.

16. Averiguar el móvil o los móviles de un delito es tarea sustantiva de los órganos de procuración de justicia, y a esto se ha abocado el Ministerio Público de la Federación y, en este sentido, es oportuno formular un conjunto de consideraciones.

17. Tal y como se ha dicho, en el Municipio de Chenalhó y sus 61 comunidades, a lo largo de los años se han venido acumulando diversas contradicciones y disputas de orden económico, político y religioso. El Municipio aparece como un mosaico de grupos que responden a intereses distintos o contrapuestos.

18. Estas pugnas entre personas y grupos se vieron recrudecidas desde el mes de abril de 1996 cuando se instaló, al margen de la Constitución General

de la República, el autodenominado Consejo Municipal Autónomo de Polhó y más enfáticamente desde mayo del año próximo pasado, cuando las agresiones mutuas se hicieron más frecuentes y graves.

Un hecho de importancia en el desarrollo de los acontecimientos fue la llamada "expropiación" del banco de arena de Majomut por parte del autodenominado Consejo Autónomo de Polhó, y que antes había sido administrado por una sociedad de solidaridad social encabezada por quienes se dicen militantes del "Partido Cardenista". Esta apropiación, que tuvo lugar en agosto de 1996, generó diversos hechos violentos. El llamado Consejo Autónomo de Polhó había establecido que todo aquél que no cumpliera con su resolución de apropiación del banco de arena sería arrestado.

19. No puede pasarse por alto el hecho de que los conflictos comunitarios, grupales y familiares que desde hace años se han presentado en el Municipio de Chenalhó, a partir de enero de 1994, cuando irrumpe el EZLN, dan lugar a alineamientos bipolares; es decir, mientras que algunos grupos voluntaria o forzadamente se inscriben dentro de las bases o simpatizantes del autodenominado Ejército Zapatista de Liberación Nacional y se asumen así mismos como "perredistas", otros bajo un esquema de diferenciación y autoafirmación se proclaman priístas o cardenistas, y recurren igualmente a métodos de reclutamiento voluntarios y forzosos de individuos y organizaciones preexistentes. De esta forma, a partir de 1994 aparece una especie de "leva" que divide a los vecinos y grupos de las muy diversas comunidades que integran el Municipio de Chenalhó.

20. Dentro de la lógica arriba apuntada, y sobre todo cuando se instala dentro de la estrategia del EZLN el Consejo Municipal Autónomo de Polhó, que rivaliza naturalmente con el Ayuntamiento Constitucional de Chenalhó, los desplazamientos, robos, secuestros, amenazas, exacciones, bloqueos carreteros y comunitarios, así como lesiones y homicidios, se hacen cada día más frecuentes y más graves.

21. Las imputaciones sobre la existencia de grupos armados en las comunidades son también recíprocas. Mientras que unos denuncian la existencia de por lo menos 11 campamentos del EZLN en el Municipio de Chenalhó (3 en Poconichim, 2 en Polhó, y uno respectivamente en Barrio Xololtoy, Paraje Tulantic, Paraje Chimix, Xcumumal, Chayemal y Naranjatic), los otros denuncian la existencia de grupos paramilitares, "guardias blancas" y otras organizaciones criminales que trabajarían en apoyo del Ayuntamiento de San Pedro de Chenalhó y de cuerpos locales de Seguridad Pública.

22. Una parte de esta historia surge del análisis de las 34 averiguaciones previas que hasta ahora ha enviado el fuero común a la Procuraduría General de la República, después de que el Ministerio Público de la Federación ejercitó la facultad de atracción.

23. La Procuraduría General de Justicia en el Estado remitió 34 averiguaciones previas iniciadas por hechos anteriores a la masacre del 22 de diciembre de 1997, iniciándose 33 indagatorias por la PGR en virtud de que 2 fueron objeto de acumulación.

(5)
Relación de Agresores y Grupos Paramilitares en las Comunidades siguientes:

Ayuntamientos municipales:
  Jacinto Arias Cruz
  Manuel Pérez Ruiz
  Agustín Pérez Gutiérrez.
  José Ruiz Pérez
  Juan Santis Pérez
  Cristóbal Gómez Santis

Los actores intelectuales en la
Cabecera Municipal:
  Cristóbal Vázquez Vázquez
  Victorio Cruz Velázquez
  Victorio Arias Pérez
  Alberto Ruiz García

Col. Miguel Utrilla Los Chorros:
  Alfonso López Luna
  Agustín Ruiz Vázquez
  Lorenzo Ruiz Vázquez
  Tomás Pérez Méndez
  Diego Hernández Gutiérrez
  Juan Santis Entzin
  Antonio Santis López
  Antonio Pérez López
  Alonso Etzin Jiménez 1°

Agustín Méndez Pérez
Roberto Méndez Gutiérrez
Sebastián Méndez Arias
Antonio López Ruiz
Bartolo Pérez Vázquez 1°
Bartolo Vázquez Pérez 1°
Vicente Gómez Jiménez
Pedro Luna Pérez
Antonio Luna Pérez
Gaspar Ramírez Bores
Pedro Méndez López
Victorio Ruiz Pérez
Agustín Pérez Gómez 2°
Andrés Pérez Gómez
Cristóbal Pérez Gómez
Javier Pérez Méndez
Alonso Méndez Pérez
Agustín Gómez Pérez
Ellos tienen un camión de tres toneladas color gris, un camión de tres toneladas color rosado.

Comunidad de Yibeljoj:
  Nicolás Vázquez Pérez
  Roberto Pérez Arias

Francisco Gómez Pérez
Benjamín Gómez Pérez
Manuel Gómez Méndez
Mariano Gómez Pérez
Bartolo Santis Vázquez
José Ruiz Pérez
Tomás Pérez Ruiz
Javier Gómez Pérez
Manuel Gómez Pérez
Mariano Jiménez Pérez
Agustín Méndez Jiménez
Miguel Santis Gómez
Mariano Pérez Gutiérrez
Bartolo Pérez Jiménez
Mariano Pérez Jiménez
Andrés Pérez Jiménez
Mateo Pérez Pérez
Mariano Pérez Gutiérrez
Mariano Gutiérrez Tzajalchiton
Agustín Gómez Pérez
Mario Pérez Guzmán
Sebastián Pérez Santis

Naranjatic Alto:
Manuel Vázquez Pérez
Vicente Vázquez Santis
Miguel Vázquez Pérez
Cristóbal Vázquez Santis
Miguel Vázquez Pérez
Cristóbal Vázquez Santis
José Vázquez Ruiz
Marcos Méndez Gómez
Alonso Vázquez Pérez
Agustín Méndez Santis

Comunidad de Yashjemel:
Lorenzo Pérez Arias
Javier Arias Hernández
Jesús Pérez Arias

Federico Hernández Ruiz
Manuel Ruiz Arias
Agustín Hernández Hernández
Emilio Arias Hernández
Manuel Guzmán Pérez 2º
Abelino Hernández Pérez
Jorge Arias Hernández
Soe Hernández Gómez
Miguel Santis Santis
Antonio Gómez Ruiz
Andrés Hernández Gómez
Cantido Hernández Pérez
Marcos Hernández Gómez
Tomás Arias Santis

Colonia Puebla:
Lorenzo Gómez Gómez
Pedro Gómez Gómez
Antonio Gómez Arias
Vicente Arias Cruz
Javier Arias Cruz
Vicente Gutiérrez Méndez
Antonio Gutiérrez Méndez
Mariano Entzin (ex comisariado)
Emilio López
Juan Arias López
Alonso Jiménez López
Alejandro Gutiérrez Cruz
Agustín Cruz Gómez
Daniel Gutiérrez Gómez
Domingo Entzin Hernández
Pablo Hernández Hernández
Tomás Cruz Gómez

Comunidad de Takihukum:
Manuel Gómez Arias
Antonio Arias Pérez
José Gómez Arias
Francisco Arias Guzmán

328

Andrés Guzmán Gómez
Pedro Gómez Arias
Miguel Arias Pérez
Lorenzo Méndez Pérez

Comunidad de Yabjteclum:
Sebastián Pérez Pérez
Antonio Pérez Gómez
Antonio Pérez Ruiz 1°
Armando Ruiz Santis
Manuel Arias Ruiz
Pablo Pérez Arias
Alejandro Gómez Pérez
Luis Aguilar Gómez
Pedro Pérez Pérez
José Gómez Pérez
Pedro Gómez Santis
Cristóbal Pérez Pérez
Raimundo Pérez Pérez
Andrés Pérez Suliano
Manuel Pérez Ruiz
Victorio Pérez Arias
Miguel Arias Ruiz
Armando Santis Vázquez
Antonio Pérez Ruiz 2°
Wilfrido Pérez Arias
Mariano Pérez Gómez
Cristóbal Ruiz Jiménez
Sebastián Gómez Pérez
Miguel Pérez Gómez
Manuel Arias Santis
Pedro Arias Santis
José Arias Santis
Manuel Gómez Pérez
Manuel Pérez Pérez

Comunidad de Tzajalukum:
Antonio Pérez Pérez
Mateo Pérez Oyalte

Manuel Gómez Pérez
Manuel Gómez Ruiz
Juan Hernández Pérez
Pablo Hernández Pérez
Nicolás Hernández Pérez
Sebastián Pérez Luna
Mariano Luna Pérez 1°
Mateo Pérez Paciencia
Victorio Pérez Oyalte
Mariano Pérez Jiménez
Juan Gómez Ruiz
José Pérez Luna 2°
Mariano Luna Pérez 2°
Andrés Gómez Pérez
Juan Oyalte Pérez

Comunidad de Pechiquil:
Hilario Guzmán Luna
Felipe Pérez Gómez
Victorio Pérez Hernández
Samuel Hernández Pérez
Domingo Luna Pérez
Juan Jiménez Pérez
Sebastián Pérez Méndez
Abelardo Gómez Pérez
Andrés Pérez Santis
Manuel Luna Pérez
Lorenzo Méndez Pérez
Elías Pérez Méndez
Abraham Pérez Méndez
Mariano Ortiz Ruiz
Jesús Cura Ruiz
René Cura Ruiz
Isaías Gómez Pérez
Pedro Pérez Pérez 3°
Daniel Gómez Pérez
Samuel Guzmán Pérez
Manuel Pérez Gutiérrez

Comunidad de Acteal:
Javier Luna Pérez
Felipe Luna Pérez
Mariano Luna Pérez
Manuel Pérez Pérez
Juan Luna Pérez
Antonio Luna Ruiz
Mariano Luna Ruiz
Manuel Luna Vázquez
Ignacio Guzmán Luna
Lorenzo Gómez Vázquez
Javier Vázquez Luna
Manuel Vázquez Ruiz
Bartolo Pérez Díaz
Victorio Vázquez Pérez
Armando Vázquez Luna
José Guzmán Ruiz
Armando Guzmán Ruiz
Bartolo Santis Ruiz
José Vázquez Pérez
Mariano Díaz Chicario

Comunidad de Chimish:
Ignacio Gómez Gutiérrez
Raymundo Gómez Gutiérrez
Antonio Santis Nichte
Antonio Aguilar Pérez
Artemio Aguilar Pérez
Antonio Gómez Pérez
Manuel Gómez Vázquez
Antonio Moreno Pérez
Mariano Jiménez Pérez
José Gómez Gutiérrez
José Vázquez Méndez
Agustín Jiménez Pérez
Emilio Gómez Luna
Mariano Ruiz Luna
José Gómez Pérez
Javier Gutiérrez Pérez

David Pérez Pérez
Manuel Pérez Pérez
Marcos Santis Vázquez
Ellos tienen camión de tres toneladas color crema, marca Chevrolet, propiedad del señor Lorenzo Guzmán Ruiz Una camioneta color celeste, propiedad de Carlos López Aguilar

Comunidad de Canolal:
Nicolás Gutiérrez Hernández
Juan Santis Pérez
Mariano Arias Pérez
Victorio Arias Pérez
Marcos Arias Pérez
Agustín Ruiz Pérez
Juan Gómez Hernández
Antonio Pérez Tzunuc
Agustín Pérez Moreno
Maximiliano Gómez Hernández
Tienen una camioneta marca Chevrolet color café y otra marca Ford color blanco, propiedad de José Arias Méndez

Comunidad de Aurora Chica:
Antonio Pérez Pérez
Mariano Pérez Gómez
Bernabé Gómez Jiménez
Antonio Pérez Gómez
Antonio Pérez Pérez 2°
Mariano Pérez Pérez
Javier Gómez Pérez
Pedro Pérez Hernández
Vicente Pérez Moreno
Pablo Pérez Moreno
Manuel Gómez Cruz
Juan Jiménez Pérez

Manuel Jiménez Pérez
Agustín Pérez Moreno
Juan Pérez Hernández
Elías Pérez Hernández

Comunidad de Bajoveltic:
Juan Pérez Hernández
Jonás Pérez Hernández

Pedro Guzmán Vázquez
Manuel Pérez Luna 2°
Ernesto Gómez Gutiérrez
Antonio Pérez Hernández
José Pérez Hernández
Mateo Pérez Pérez
Manuel Pérez Gómez
Fernando Pérez Gómez

Suman un total de 245, denuncia el Consejo Autónomo de Polhó.

DOMINGO PÉREZ PACIENCIA,
CONSEJO MUNICIPAL AUTÓNOMO

POSTAL CHIAPANECA

Aquí Chiapas, aquí la pobreza envolviendo cuerpos humanos que avanzan de un lado a otro. Aquí llorar de niños(as) por las noches, debido al hambre y al frío. Aquí un sufrimiento y sentir profundos. Aquí el punto donde florece la esperanza, aun a pesar de su propio dolor —dolor que se padece por los demás—; esperanza de todo y para todos.

Chiapas: la paradoja de dos ejemplos, uno, la miseria y, el otro, la dignidad. Chiapas: corazón abierto; sueños que pueden ser vueltos realidad, en la medida en que los hombres y mujeres se lo propongan, juntos, todos. Chiapas: amanecer; a la vez, abismo del olvido y cumbre del principio. Chiapas: lugar que une el día y la noche para nacer el tiempo, el mañana. Chiapas: voz milenaria indígena rompiendo el silencio, con su grito de libertad, dispuesta a no callar más. Chiapas: muerte y vida, guerra y paz. Chiapas: el futuro contigo, con todos...

Martín Leonardo Álvarez Fabela,
Caravana Mexicana.

Nota: se debe llevar siempre,
muy cerca del corazón,
a cualquier lugar.

ÍNDICE DE FOTOGRAFÍAS

ACTEAL DE LOS MÁRTIRES
Se terminó de imprimir en el mes de enero del 2000.
Tiraje 1 000 ejemplares